La muerte en común

ANA CARRASCO-CONDE

La muerte en común
Sobre la dimensión intersubjetiva del morir

II Premio de Ensayo Eugenio Trías

Galaxia Gutenberg

 **Universitat Pompeu Fabra** *Barcelona*   **CEFET** Centro de Estudios Filosóficos Eugenio Trías

Con la colaboración de la Fundación la Caixa.

Un jurado presidido por Victoria Camps e integrado por Marina Garcés, Antonio Monegal, Miguel Trías, Joan Tarrida y David Trías concedió a esta obra el 21 de noviembre de 2023 el II Premio de Ensayo Eugenio Trías, que convoca Galaxia Gutenberg junto con el Centro de Estudios Filosóficos Eugenio Trías (CEFET) de la Universidad Pompeu Fabra

Publicado por
Galaxia Gutenberg, S.L.
Av. Diagonal, 361, 2.º 1.ª
08037-Barcelona
info@galaxiagutenberg.com
www.galaxiagutenberg.com

Primera edición: febrero de 2024

Preimpresión: Fotocomposición gama, sl
Impresión y encuadernación: Sagrafic
Depósito legal: B 53-2024
ISBN: 978-84-19738-23-3

*La pérdida es
Comunidad*

N. M. Aidt

*¿Será la muerte el lugar que ha quedado va-
cío una vez que el No ha desalojado, borrado,
contradicho al Sí completamente afirmativo de
la existencia? ¿Es la muerte, pura y simplemente, un lugar desocupado?*

V. Jankélévitch

Índice

PARTE I.
LA MUERTE

Parte 2.
EN

Parte 3.
común.

Prefacio

Aquí estamos, ante un libro sobre la muerte. Usted, con todo por leer. Y yo, con casi todas las páginas que suceden a esta ya escritas. Por este motivo este prefacio es extraño porque, más cerca de lo que debiera ser un prólogo, constituye un punto de encuentro desde dos perspectivas distintas: la suya y la mía. No le diré que he encontrado una solución a la muerte (¿es la muerte un problema que solucionar?), ni que propongo un sistema filosófico que ayuda a hacer desaparecer el dolor ante la pérdida de un ser querido o que argumento con fundamentos, como habrían hecho muchos otros antes que yo, por qué no habría que tener miedo a morir. Pero sí le diré que he aprendido algunas cosas tratando de comprender lo que sólo se puede aceptar. Este libro ahonda en la sencillez de una idea: que no hay que confundir la pérdida con lo perdido. Y es eso lo que traigo. A partir de ahí se tratará de entender la dimensión de la muerte no desde la soledad, sino desde la comunidad.

Son problemas distintos, pero lo cierto es que quien ha sufrido la pérdida de un ser querido a veces considera moralmente inmerecida la muerte y el sufrimiento con ella aparejado, como si fuéramos víctimas de una injusticia o de un castigo que no nos merecemos debido al daño que nos produce. Y así se asocian el mal y la muerte. ¿Es la muerte un mal? Muchos filósofos han abordado esta pregunta y han respondido con un no rotundo. Platón o Cicerón no la considerarán un «mal» sea porque nos espera una vida mejor, sea porque, a veces, llega a ser incluso una liberación. Otros, tan distintos entre sí como Tomás de Aquino o Simone de Beauvoir, la entienden como uno de los mayores males. El primero, porque la define como una privación de ser (y el ser, al consistir en una obra de Dios, forma parte del Bien con mayúsculas). La segunda, porque la asocia a la pérdida de seres queridos. Sin embargo, la tesis que sostengo en este libro es que la muerte no es un mal, aunque duela, a veces hasta lo más profundo e insoportable. Nada tiene que ver, por sí misma, con nociones éticas. Otra cuestión, que no es tratada en este libro, será el modo de morir o si nos matan.

¿Es lo común de la muerte que todos seamos mortales? No es a eso, a una propiedad consustancial que tienen los seres vivos, a lo que me refiero con el título, sino a la dimensión comunitaria y constitutiva de cada uno de nosotros, y que puede analizarse pensando la muerte desde otra perspectiva. Somos un nosotros y, al mismo tiempo, hay un nosotros en cada uno. Por eso *La muerte en común* es, por un lado, un intento de pensar en las consecuencias de perder a alguien que te constituye como persona y, por otro, de reflexionar sobre qué sucede en la comunidad cuando esto ocurre. Cuando se afronta la pérdida, no suele abordarse, además, su dimensión comunitaria. Si, según se dice, quien no sabe afrontar una pérdida recae en un duelo patológico, ¿qué sucede en una sociedad en la que no se sabe hacer duelo?, ¿hay duelos patológicos en el ámbito comunitario?, ¿qué impacto tiene en el todo la pérdida de un miembro de la comunidad?, ¿es sólo una cuestión «privada» que debe resolver cada uno en su casa?, ¿qué impacto pueden tener la desaparición de los rituales compartidos y el acortamiento del tiempo que nos damos en el plano individual para superar esta vivencia?

La vida cambia su sintaxis cuando un ser querido fallece. No es que no sepamos qué decir, es que el decir es un vacío que muestra los límites de las palabras que son, ellos también, nuestros propios límites. Toda palabra parece vana. Todo suena a tópico. Y sin embargo, con las palabras se puede ir un poco más lejos, precisamente porque con ellas y a través de ellas puede tejerse un discurso fluido o fallido. Y esa falla nos proporciona otro contorno y otra perspectiva. Tenemos, además, los gestos, los silencios, las tensiones o espacios donde tomar aire. Como adoquines, una tras otra, las palabras van conformando a nuestro paso un camino que nos ayuda con las quiebras en el lenguaje, que de pronto hace visibles territorios abisales, y gracias al cual podemos sortear, aceptando las disonancias, los precipicios, tanto externos como internos, que nos encontramos. El silencio es también parte de ese lenguaje liminar entre lo que quisiera decir y no puedo, entre lo que puedo decir y no quiero y que dibuja, pese a todo, la silueta de algo que, aunque quizá no pueda describir con exactitud, sí puedo señalar y que se reconozca. Necesitamos las palabras y los silencios, pero no sirve cualquiera, sólo los que nos permitan apuntar a lo común que resuena en una pérdida. El vacío que sentimos, ¿es efecto de la ausencia o apunta a una necesidad más básica que consiste no sólo en vivir una existencia con otros, sino en construir afectivamente una vida en común? ¿Hay algo *más* en la muerte del otro que no estamos viendo o es con el *menos* con lo que debemos lidiar, es decir, con la pérdida de quien ya no está? ¿Es realmente la muerte una cuestión de más o de menos?

La labor de la filosofía quizá no sea tanto «iluminar» como «dar sombra» o «sombrear», de tal modo que asombrar significaría ir hacia la sombra, incluso oscurecer para lograr, como en un dibujo, introducir sombreando una perspectiva en lo que parece plano o se eleva impenetrable. Tales midió las pirámides utilizando la sombra que aquellas proyectaban y Eratóstenes calculó con ella el diámetro de la tierra. El libro trata de pensar la intersubjetividad desde la sombra de la muerte o desde el corte de la pérdida.

Contienen estas páginas otras cosas: un camino, una caja, una jarra, un poema, una canción y una musicalidad muy viva, una barandilla para asomarnos sin caer en este abismo o para ayudarse en la subida; en suma, una forma filosófica de abordar la muerte que nos permita ver lo que esta dice de nosotros. En este libro forma y contenido se dan la mano porque he tratado de recuperar la relación entre poesía, música y filosofía, sin perder de vista que ni se puede ni se debe volver a formas del pasado porque nuestras mentalidades y formas de pensar no son las de antaño. Pero sí me parece oportuno traer algunas herramientas del pasado al presente con el fin de producir extrañeza en nuestro propio tiempo y generar una distancia que permita pensarnos. El libro está pensado como una poesía, con sus ritmos y cadencias, pero sin dejar de ser filosofía. Cada capítulo corresponde a un verso del poema que configura el índice y la estructura de tal manera que el contenido de cada uno de ellos desarrolla una reflexión a partir de ese mismo verso. *La muerte en común* es por ello una consolación filosófica con ecos del mundo clásico que no ha querido despojarse del andamiaje teórico que procede de mi tradición filosófica, que es la de la Alemania de los siglos XVIII y XIX. Y es también otro intento de decir lo indecible. Una vez más.

Introducción

El lugar desocupado

La misma canción de consuelo, casi una canción de cuna, que se canta a los niños es lo que le piden a Sócrates quienes le acompañan en su último día con vida, tal y como lo cuenta Platón en el *Fedón*, el diálogo en el que se reflexiona sobre la muerte y la inmortalidad del alma. Y así, ante esta petición y en las horas previas a la ingestión del mortal bebedizo, comienza Sócrates su exposición: con palabras que, convertidas en notas colgadas del pentagrama de un discurso, al mismo tiempo que calman y mecen, conjuran con sus formas los fantasmas que nos atemorizan. «En tal caso es preciso entonar [gr. *epáidein*] palabras de calma».[1] «*Epáidein*» en griego antiguo hace referencia a acompañar cantando y, en estrecha relación con este significado, a calmar o sanar con fórmulas mágicas o, al menos, con una entonación que consuela a quien las recibe. Le ruego a quien me lea que tenga este sentido presente en las páginas siguientes. No hay que olvidar que, poco antes al comienzo del diálogo, la filosofía ha quedado definida como «la más alta

---

1. *Fedón*, 77d-e; trad. modif. Platón, 2000c: 65-66. Para citar los clásicos normalmente se referencia el título de la obra y los versos o, como en el caso de Platón, una numeración que aparece en todas las ediciones. A lo largo del libro se indica tanto esta referencia como la página de la edición que he consultado. Cuando la traducción es mía o se ha modificado, se indica, como en este caso.

música»,[1] como si ella misma hubiera de ser entendida de algún modo como un canto o, al menos, como una partitura a la que sujetarnos cuando todo vacila.

Así lo hace Schelling cuando muere su querida esposa Caroline, aunque acabe poco después perdido en un proyecto filosófico imposible que ahonda en el silencio de un pasado que yace más allá de la memoria. También acometerá la labor de escribir su única novela, *Clara* (1810), donde una viuda dialoga con algunos personajes sobre su reciente pérdida. Cicerón, fallecida su hija Tulia en febrero del año 45 después de Cristo, se refugiará en la filosofía como nunca antes lo había hecho. Su primer gesto será leer todo aquello que haya escrito quien ha pasado por una situación similar a la suya. Nada le ayuda, según escribe en su correspondencia. Es entonces cuando el filósofo de Arpino escribe la mayor y más fructífera parte de su obra, y entre ella, una *consolación* dirigida a sí mismo que, aunque lamentablemente perdida, tuvo una honda influencia en aquellos que pudieron leerla. La calma estoica de esta obra poco tiene que ver con el sufrimiento inconsolable que se refleja en el intercambio epistolar con su amigo Ático.[2] A propósito de la música, de la filosofía y de la sabiduría puede leerse, entre las páginas de las *Tusculanas* ciceronianas, que «los griegos pensaban que la suprema erudición residía en los sones de cuerdas y voces».[3] Para los griegos, la poesía y la música no podían ser entendidas separadamente. Siglos más tarde, la música perdura y Moses Mendelssohn, en su extraña traducción del *Fedón* (1767), que adaptó y retocó en función de la sensibilidad de su época, modifica el adjeti-

---

1. *Fedón*, 61a; Platón, 2000c: 32.
2. *Ad. Att.* XII, 18; Cicerón, 2008: 189.
3. *Tusc.* I, 2; Cicerón, 2010: 81.

vo que caracteriza a la filosofía: ya no es «la más alta música», sino «la más adecuada»,[1] pero música al fin y al cabo. Ahora bien, cabe preguntarse: ¿adecuada para qué?, ¿para afrontar la muerte?

No deja de ser digno de mención que Mozart, según recoge Todorov, tenía en su biblioteca un ejemplar de la adaptación de Mendelssohn, que incluso llegaría a citar para hablar sobre la muerte con su padre.[2] Nada tiene de espantoso, escribe Mozart el 4 de abril de 1787, y por ello no se debe tener miedo.[3] ¿Qué podrá decir la filosofía como canto ante la muerte? ¿Qué dice la muerte de la filosofía si, como sostuvo Schopenhauer, «sin la muerte sería difícil que se hiciera filosofía»?[4] El filósofo alemán se hace eco de una larga tradición, que se inicia con el *Fedón*, según la cual la filosofía es una meditación sobre la muerte. Así pues, en la filosofía, ¿qué saber se escucha en sus armonías o qué armonía consoladora hay en su saber? ¿Cómo permite afrontar las disonancias consustanciales a nuestras vidas? ¿Será la filosofía una especie de canto fúnebre, un canto a la vida o el *leitmotiv* que nos acompañe durante todo el camino? ¿Toda reflexión filosófica sobre la muerte consuela al que la escucha?, ¿o hace oír también lo que no se quiere escuchar? ¿Qué papel desempeña la forma de comprender la muerte en la conformación de la subjetividad? ¿Qué relevancia puede tener el funeral en el plano comunitario en la superación individual de la pérdida?

Cebes, Simmias y Critón temen, en el *Fedón*, que nada haya tras la muerte, tiemblan por el destino de sus

---

1. Mendelssohn, 2006: 96.
2. Todorov, 2011: 141.
3. Mozart, 2012: 171.
4. Schopenhauer, 2009: 515.

almas y se interrogan, angustiados, por lo que encontrará Sócrates cuando fallezca. Nadie, sin embargo, parece preocuparse por los efectos de la cicuta en su cuerpo: si le dolerá, si sentirá vértigos o cierto desconcierto, si la muerte le llegará dulcemente o se cernirá sobre él, oscura y fría, como un velo pesado y espeso de noche que primero deshilvane su pensamiento y después a él mismo. Tampoco a él parece inquietarle. Con la cicuta ya preparada, el verdugo le informa del funcionamiento del brebaje: poco a poco su cuerpo, mecido por el sueño, hermano de la muerte, según Hesíodo, caerá, miembro a miembro, en una espesa sombra. Después, sorprendentemente, el ejecutor de la sentencia rompe a llorar en silencio debido, según leemos, a la gran calidad moral del filósofo. Sócrates, en su consolador y hechizador discurso, prefiere creer que hay algo mejor más allá de esta vida donde podrá dejar atrás su cuerpo y, liberado de él, consagrarse, feliz, al estudio, para dar rienda suelta al saber de lo que realmente es sin distorsión o engaño asociado a este cuerpo nuestro, sin las distracciones ligadas a la materialidad que nos conforma y sin la posibilidad de perderse en los erróneos caminos, de los que advirtió la innominada diosa del poema de Parménides, para acceder a la verdad: «Pues hay ser, pero no-ser no lo hay. Eso es lo que yo exhorto a meditar. / Así que te aparté, lo primero, de esa vía de indagación, / y luego de esta otra que de cierto mortales que nada saben / se fabrican, bicéfalos, pues la incapacidad que hay en sus / pechos endereza un pensamiento descarriado. / Y ellos se dejan arrastrar / sordos y ciegos a un tiempo, estupefactos, horda sin discernimiento».[1] ¿Pero no es acaso la muerte el no-ser del que nos previene la

1. Trad. modif. Parménides, 2007: 23-24.

diosa? ¿Pensar en la muerte se asemeja a pensar la nada? ¿Pensar en el más allá no supondría más bien tomar en realidad el camino de la opinión?, ¿o quizá es la muerte la que nos proporciona el acceso al ser y a la verdad? Sócrates tomará, en su caso, esta última alternativa. Su alma tendrá ante sí el camino del ser y la verdad, para el que no haría falta el cuerpo y así, feliz por recorrer este camino, consagrará tanto su vida como su muerte a la filosofía.

Desde entonces, se entenderá que la filosofía es una preparación para la muerte, como recuerda Schopenhauer. Bien está, aunque habrá que pensar bien esta afirmación tan enigmática, de apariencia algo deprimente y funesta, que traerá a Montaigne de cabeza y que hará que Spinoza, frente al obsesivo pensamiento del francés, sostenga que el hombre libre en nada piensa menos que en la muerte. Para Sócrates en cambio, como más tarde afirmarán epicúreos y estoicos, pensar en la muerte no nos hace sus esclavos, sino que nos libera de ella porque al conjurar nuestros fantasmas podemos tirar de su sábana para neutralizarlos. Otras veces, en cambio, traer a presencia los fantasmas nos encara a la realidad y, al menos si no hay ficción que desenmascarar, nos da la posibilidad de medirnos con lo que hay y actuar en consecuencia.

Quien le presta atención al cuerpo sin vida de Sócrates es Critón, que quiere saber qué hacer con el cadáver de su maestro y cómo proporcionarle el último cuidado. El filósofo le responde que el cuerpo no significa nada porque, fallecido, no estará en él. Quizá al más sabio de los hombres no le importe que, muerto y sin cuerpo, flotando su alma despreocupadamente entre las verdaderas e inmutables formas, cuando esté en el más allá nadie pueda abrazarlo o no pueda él dar la mano a las almas de otros conocidos con los que se encuentre, pero a los que se quedan lo que les preocupa justamente es cómo seguir cuidando lo que queda de él. Lo que echarán de menos, entre otras muchas cosas, es su tacto, su olor y sus maneras, y buscarán los rastros que aún quedan en una vida sin él. Es un triste consuelo creer que el alma no necesitará del cuerpo una vez muertos porque, si es verdad que hay otra vida, en ella la madre ya no podrá nunca sentar a su hijo en sus rodillas, la hija no podrá abrazar a la madre, no podremos acariciar al animal no humano que nos acompañó una parte de nuestra vida, ni los amantes podrán fundirse entre sí y sentir su calor, al menos no como ahora, con nuestros huesos y músculos, con corazones que laten y pulmones que respiran.

Sócrates reflexiona sobre su propia muerte, pero sería interesante saber qué actitud hubiera tomado ante la del otro y cómo hubiera afrontado el dolor de la pérdida. ¿Hubiera afirmado, ante el dolor por la muerte de los suyos, lo mismo que el filósofo romano Lucrecio, despreciando los llantos y los duelos? Quizá sí, debido al desdén con el que rechaza el llanto de Jantipa y de sus amigos. Hay cierta insensibilidad en el filósofo: sereno ante su muerte, parece ciego ante el dolor de los demás. ¿Dónde están las palabras de consuelo para los que le sobrevivirán? Que vaya a un lugar mejor no neutraliza el dolor de su ausencia. A quien se quiere se le echa de menos irremediablemente. Y, sin embargo, hay consuelo en sus palabras cuando se entiende que Sócrates dedicó su vida a una forma de relacionarse que, ella sí, permanece en este plano mortal y que está asociada a un concepto muy concreto de amor que nos acompaña siempre. No quiero adelantarme, pero sí que quien me lea sepa que en este texto habrá aire.

Cuando Jantipa encontró el cuerpo sin vida de su marido, ¿le abrazaría como abrazó Cicerón a su hija Tulia?, ¿besaría su frente con delicadeza?, ¿le costaría soltar por última vez su mano?, ¿o reaccionaría como cuentan que hizo Anaxágoras al saber de la muerte de su hijo, es decir, con la calma de quien sabe que era mortal? Cuando en 2015 la poeta Naja Marie Aidt hubo de despedirse de su hijo, escribió en esta misma línea: «Te besé en la mano y tu mano estaba tan fría que el frío se me extendió por la cara, por la cabeza, por el cráneo. No existe nada más frío en este mundo. Ni el hielo, ni la nieve. No hay miedo, no hay angustia, no hay pesar tan frío como tu mano; esa mano que besé con mi boca viva, cálida».[1] Y pasado un tiempo que le acerca al momento de la despedida, escribe: «le cojo de la mano, pero no puedo aguantarlo, salgo corriendo».[2] ¿Alguien puede tratar con indiferencia el cuerpo sin vida de un ser querido aunque, como sostiene Sócrates, «eso» ya no sea él? ¿Se preguntaría Jantipa, como Cicerón, por el momento en el que el cuerpo ya no es la persona? ¿Hasta cuándo Sócrates fue Sócrates? Pues, como recoge Cicerón al reflexionar sobre el maltrato que dispensa Aquiles al cadáver de Héctor, «si he devuelto el cuerpo a Príamo, le he arrebatado a Héctor», entonces ¿cuándo Héctor dejó de serlo?[3] ¿El cuerpo inerte es, como dijo Sartre de la piedra en *La náusea*, un «esto», es decir, una cosa incluso abyecta? ¿Es un heideggeriano «útil a la mano» que puede ser reutilizado como otra cosa? ¿Lo tiramos de cualquier manera? ¿Dejamos sus restos en una repisa abandonada? ¿Convertimos las ce-

---

1. Aidt, 2021: 16.
2. Aidt, 2021: 110.
3. *Tusc.* I, 44; Cicerón, 2010: 141.

nizas en una sortija para el recuerdo? ¿Transformamos
a nuestro difunto en una «cosa», como ofrecen algunos
catálogos de tanatorio?

Simone de Beauvoir reflexiona al respecto cuando
fallece su madre: «Ella decía lo mismo que mi hermana: "Un cadáver, ya no es nada". Sin embargo, eran su
carne y sus huesos, y aún durante un tiempo era su
rostro».[1] En movimiento inverso, ¿qué hacemos con
los objetos de nuestros muertos? ¿Por qué lo guarda-
mos todo o, al contrario, lo tiramos todo cuanto antes?
¿Qué valor transferimos a las cosas? ¿En qué momento
una cosa comienza a ser lo más cercano que tenemos de
quien hemos perdido? ¿Una cosa puede convertirse en
la señal de un lugar desocupado? ¿Cómo transferimos
de pronto a él un significado especial, una especie de
último hilo que nos resistimos a soltar, como se pregunta Monique David-Ménard? ¿A qué o a quién nos
aferramos con los objetos? Un cordón negro, una bolsa
de paja, ovillos de lana, unas tijeras, un dedal... de todos ellos nos habla Simone de Beauvoir porque no eran
simples cosas, sino que eran «suyas», de «su» madre.
«Al desatar el cordón negro, Poupette rompió a llorar:
"Es una idiotez, no soy fetichista, pero no puedo tirar
esta cinta". "Consérvala"».[2] De pronto hemos de hacernos cargo de sus cosas. Y no sabemos qué hacer.
Son sólo cosas, pensamos. El problema no estriba en
que sean cosas, sino en el posesivo que las califica. Eran
suyas.

Volvamos a Sócrates. Si la muerte pertenece al reino
de lo que ya no es ¿no hace Sócrates caso omiso a Parménides al sostener tantas afirmaciones sobre lo que

1. De Beauvoir, 2003: 141.
2. De Beauvoir, 2003: 142.

hay tras ella basándose en conjeturas? ¿No es la muerte la Nada de la que en realidad no hay nada que decir? ¿No implica de alguna manera tomar el camino prohibido por la diosa de Parménides? ¿No es la «raya negra» o «raya blanca», el trazo, la línea, el corte del que nos habla Blanca Varela en sus poemas escritos tras la muerte de su hijo, más acá del cual el corazón se deshoja y las cuerdas vocales se anudan y nos ahogan? ¿No consiste la muerte en la verdadera encentadura, como diría Derrida, o la noche más oscura con la que sueña Novalis y por la que desespera Montaigne? ¿No es el lugar invisible al que regresa la conciencia sobre el que escribió el filósofo de la naturaleza G. H. Schubert?[1]

De lo que sucede tras la muerte, a pesar del discurso de Sócrates en su último día, no podemos asegurar nada con certeza. Platón sólo proporciona una definición de la muerte, tan reacio como era él a las definiciones cerradas: «la muerte es el alejamiento entre el alma y el cuerpo».[2] Ante sus reflexiones podríamos decir lo que C. S. Lewis dice de sí mismo ante la muerte de su esposa: «¿No son todas estas notas las contorsiones sin sentido de un hombre incapaz de aceptar que lo único que podemos hacer con el sufrimiento [o la muerte] es aguantarlo?».[3] Podríamos también enarbolar la crítica de Arthur Schopenhauer: «esa misma reflexión que conduce al conocimiento de la muerte proporciona también las concepciones *metafísicas* que nos consuelan de ella».[4] Sin embargo, uno de los conceptos de la definición platónica de muerte puede sernos de ayuda: la

---

1. Schubert, 1999.
2. *Fedón* 64c; Platón, 2000c: 39.
3. Lewis, 2022: 48.
4. Schopenhauer, 2009: 515.

entendamos como la entendamos, la muerte separa, aparta e incluso, según los sentidos del término griego utilizado por Platón, libera (gr. *apallássō*). ¿De qué libera?, ¿de la vida? ¿De qué nos desprendemos? ¿Llegamos a soltarnos al morir o son los demás los que han de soltarnos a nosotros? ¿Qué se separa en nosotros cuando un allegado se va?

Pensar la muerte al modo de Sócrates, que afirma la inmortalidad del alma, supone adentrarse no tanto en el camino del no-ser y de la nada, como en el de la opinión de los mortales, quizá errada o tal vez no, en el que la especulación, la suposición y la opinión refuerzan lo que queremos creer que es. Quizá sea así y podamos afirmar que nuestra alma es inmortal, pero aquí entra en juego la creencia. Filosóficamente no podemos en realidad afirmar ni negar nada de lo que se encuentra después de la muerte. El propio Sócrates, tras asegurar que el alma subsiste y describir lo que podrá encontrarse más allá, lo confiesa: «Desde luego que el afirmar que esto es tal cual yo lo he expuesto punto por punto no es propio de un hombre sensato. Pero que existen esas cosas o algunas otras semejantes en lo que toca a nuestras almas y sus moradas, una vez que está claro que el alma es *algo* inmortal, eso me parece que es conveniente y que vale la pena correr el riesgo de creerlo así –pues es hermoso el riesgo–, y hay que *entonar* semejantes *encantamientos* para uno mismo».[1] Parece que las palabras de Sócrates, convertidas en el *Fedón* en discurso, canto e incluso consuelo, ya no conforman preguntas, dudas o tentativas, y tanto lo que afirma como la manera en la que lo hace encantan o hechizan no sólo a quien las pronuncia o entona, sino también a quien las escu-

---

1. *Fedón*, 114d; Platón, 2000c: 134. La cursiva es mía.

cha. Tanto es así que, según un epigrama de Calímaco escrito siglos después, hubo quien, tras la lectura del *Fedón*, decidió poner fin a su vida para ver la verdad.[1] Dulce sería creer a Sócrates... O no, porque sin cuerpo ya no habría posibilidad de abrazo. ¿Se imaginan? Encontrarnos con nuestros seres queridos en el más allá y no poder sentir la calidez de su piel. ¿No sería un infierno no poder tocarse?

La relación entre la muerte, el canto y la música tiene un largo recorrido. Los poemas dedicados a nuestros muertos se identificarán en el mundo antiguo con el canto de los pájaros: «tiempo ha ya que eres mera ceniza; pero viven tus ruiseñores, en quienes Hades, que todo lo arrebata, no hará posar sus garras».[2] El mensaje más terrible de las cosas lo cantan también los pájaros en griego según Ovidio.[3] Siglos más tarde, John Keats dedicará una oda a un ruiseñor, cuyo canto escuchan tanto emperadores como campesinos: «Y tú cantas aún y en vano escucho / ese tu canto fúnebre que es ya para mi tumba».[4] El personaje de Septimus en *La señora Dalloway*, de Virginia Woolf identifica notas en griego en los silbidos de los gorriones antes de morir. Escuchará después sonido de flautas y elegías: «cantaron en voces prolongadas y penetrantes, en griego, en los árboles del valle de la vida, más allá del río por el que los muertos caminan, que la muerte no existe. Allí estaba la mano de Septimus; allí estaban los muertos».[5] También el personaje de Richard en la película sobre la vida de Virginia Woolf, *Las horas*, dice haber escucha-

1. Calímaco, 1974: LIII.
2. Calímaco: 1999, 130.
3. *Met.* VI, 665-674; Ovidio, 2019: 40-41.
4. Keats, 2022: 485.
5. Woolf, 1999: 31, 72.

do hablar al viento en griego antes de arrojarse por la ventana.[1]

Será de nuevo Platón en el *Fedón* quien retomará el mito del canto del pájaro como lamento para indicar, sin embargo, que sólo el ser humano podrá cantar la muerte.[2] En esta misma línea, en un diálogo datado con anterioridad, el *Crátilo*, el Hades se llamará así, según la falsa etimología que despliega Platón, porque allí pueden conocerse (gr. *eidénai*) los relatos que cuenta el dios con tal virtuosismo que su canto hechiza (gr. *katakēléō*) al que los escucha. Incluso este es más atrayente y peligroso que el de las sirenas, que enloquece a los mortales.[3] El diálogo platónico es, a su manera, un pentagrama cuyas líneas son barandillas para no caer en el abismo. La filosofía podrá ayudarnos o bien a consolarnos ante la muerte o bien a asomarnos a lo que se abre con ella, pero para ello será preciso en primer lugar volver a recuperar el vínculo ahora perdido entre la filosofía, la muerte y la musicalidad asociada a la poesía.

Más allá de la ficción literaria, la muerte entrará en escena como testimonio para cantar y recordar a nuestros finados. Escribimos sobre ellos y lo hacemos, como en los encantamientos de la antigua tradición oral, poniendo sobre el papel su nombre para conjurarlos, para que vivan de nuevo en nuestro verbo, para que vivan en los verbos de otro. Su nombre no se limita a ser un signo convencional que representa a alguien, sino que es una parte esencial de aquel que lo recibe. Somos nuestro nombre y es, entre otras cosas, lo que

1. Stephen Daldry, 2002.
2. *Fedón*, 85a; Platón, 2000c: 79.
3. *Crátilo*, 403d-e; Platón, 2000b: 394.

queda de nosotros cuando no estamos y aquello con lo que evocamos a los ausentes, a quienes llamamos cuando no están, lo que sollozamos cuando los hemos perdido, lo único que podemos acariciar en ausencia de la calidez de su cuerpo. Decir su nombre en susurros, para que al pasar por nuestros labios de algún modo tome cuerpo como modulación del aire, es nuestro último consuelo. Recuérdense las palabras de Proctor en *El crisol*, de Arthur Miller, al negarse a firmar una confesión falsa que manchará para siempre su nombre pero le dará libertad: «¡Porque ahí está mi nombre! ¡Porque no tendré otro mientras viva! [...] Le he entregado el alma, ¡déjeme al menos mi nombre!».[1] Nos queda, al menos, su nombre... ¿Sólo su nombre? Así, Catulo, en el *carmen* o poema 101, hace uso del vocativo como se hacía en los epigramas, para que quien lea su poema traiga a su hermano «de vuelta» al pronunciarlo y llamarlo. Sus nombres. Verbalizarlos. Llamarlos. Este es el sentido del vocativo en la poesía y el llamamiento que se hará a los difuntos tanto en el ritual de la *conclamatio* como en un réquiem. ¿Qué invocamos por tanto y qué traemos a presencia cuando recordamos a los que ya no están?

La muerte cambia la percepción y la experiencia del tiempo. El fallecimiento de alguien cercano o significativo cambia el mundo de los que se quedan. A veces el vacío de la ausencia se vuelve más profundo y desgarrador cuando trata de impedirse que aquel mundo compartido, ya perdido, se vaya del todo. Del amigo más íntimo de Agustín de Hipóna dice el filósofo en sus *Confesiones* que, al fallecer, cambió toda su vida: «todo cuanto había contado y comunicado con él, se me vol-

1. Miller, 1997: 261.

vía en crudelísimo tormento, viéndome sin mi amigo.
Por todas partes le buscaban mis ojos, y en ninguna le
veían; aborrecía todas las cosas, porque en ninguna de
ellas le encontraba, ni podían ya decirme, como antes
cuando vivía y estaba fuera de casa o ausente: espera,
que ya vendrá».[1] La presencia del *ya no* o del *nunca
más* es el sonido que hace eco en el vacío, como aquel
cuervo del poema de Edgar Allan Poe que reposaba sobre el busto de la diosa de la sabiduría. Cuervo, entonces, en principio, y no lechuza, ha de ser el ave que
acompañe a una reflexión sobre la muerte. Nunca más.
No habrá otra vez. Quizá por ello nos aferremos a veces
al instante de la muerte.

Nada podrá encontrarse en este libro sobre el «más
allá» de la muerte o la inmortalidad del alma, sino que
desplegaré un análisis filosófico sobre lo que la muerte
pone de relieve en su «más acá» cuando ha hecho acto
de aparición. Desde la relación entre poesía y filosofía
La muerte en común se propone tres objetivos. En primer lugar, explicitar la relación comunitaria de la muerte con aquellos que han perdido a alguien en el contexto
de la Antigüedad clásica, en la recepción de este periodo
en la modernidad y, finalmente, en el impacto de esta
modernidad en nuestro presente. En segundo lugar,
abordar la muerte desde la dimensión intersubjetiva del
morir porque cuando alguien cercano fallece este dolor
abre un espacio que nos permite entender cómo se conforma nuestra subjetividad. Finalmente se reflexionará
sobre la manera de abordar la muerte y la pérdida en
nuestras sociedades. A estos tres objetivos correspon-
den las tres partes de este ensayo: «La muerte», «en» y
«común».

1. Hipona, 1972: 76.

De muertes –la del padre, de la madre, de la hija, del hijo, del hermano y de la hermana, de la pareja y de los que son compañeros de vida– buena cuenta da la literatura. De entre ella, es la poesía la que conjura, con sus ritmos, ese vacío y trae algo de aquel canto del mundo antiguo. Esta idea es central en la primera parte de este ensayo. Los poetas (y los filósofos) de la Antigüedad eran denominados *sophistes*, que significa algo así como «expertos o sabios en el arte de decir». En aquellos tiempos no existía la separación anacrónica que nosotros establecemos entre poetas y filósofos: eran una y la misma cosa. Del mismo modo, toda composición poética iba acompañada instrumentalmente de música. Ciertamente hoy la poesía parecería a algunos estar separada de la música por carecer del soporte de la lira o el aulós, aunque en realidad intrínsecamente la música esté ya en el ritmo de sus versos. La poesía *es* música. La filosofía estaría en principio separada a su vez tanto de la poesía como de la música, pero ¿podría recuperarse esta conexión entendiendo la escritura filosófica como un tipo muy concreto de composición, con sus ritmos y cadencias? En estas páginas se ponen en diálogo poetas de la Antigüedad y poetas de la modernidad, filósofos del pasado y del más cercano presente. Blanca Varela, Mallarmé, Anne Carson, Elias Canetti, Safo, Alcmán, Inma Chacón, Cicerón, Catulo, Ovidio, Menandro, Calímaco, Joan Didion, Naja Marie Aidt, Denise Riley, Rilke o César Vallejo escribirán sobre su pérdida sin saber cómo hacerlo y, en muchos casos, de tal forma que nos recuerda a la canción para niños, casi una nana, que Sócrates entona para explicarnos la muerte en el *Fedón*. Inger Christensen debe cantar para sí, pero:

> soy como un niño que
> es alimentado con dolor
> levanto el brazo
> pero no consigo escribir nada[1]

La muerte se pensará desde la medida del canto y la poesía. Ahora bien, del mismo modo que Jankélévitch se preguntó cómo puede haber algo todavía nuevo que decir sobre el amor si desde que hay poetas hay poesía dedicada a este «sentimiento», ¿cómo puede haber algo todavía que decir sobre la muerte? ¿Realmente, hay algo que decir? La muerte puede pensarse en sus semejanzas con el amor y, por tanto, en nuestra relación con los demás, con lo que nos vincula. De nuevo, Eros y Thánatos[2] o, dicho con títulos de dos diálogos platónicos que hablan entre sí, *Banquete* y *Fedón*. Y entre ambos, el *Fedro*, donde se elabora el mito del canto de las cigarras, que mueren «hechizadas» por su propio canto, y de un amor mal entendido, es decir, de un «mal amor» que daña a los implicados.

Por lo que se refiere a los contenidos de esta primera parte, «La muerte», la pérdida es el tema con el que comienza la literatura, cantada y acompañada de música desde su albor. En Grecia encontramos la *Ilíada*, de Homero, que es en sí misma un canto fúnebre, pero mucho antes, entre el Tigris y el Éufrates, allá por el segundo milenio antes de nuestra era, la cultura sumeria y acadia

---

1. Christensen, 2020: 181.
2. A lo largo del libro, cuando se empleen términos relacionados tanto con divinidades o personificaciones como con sentimientos, se utilizará la mayúscula para designar el dios o la personificación, por ejemplo «Eros», y la minúscula para indicar el estado, la emoción o sentimiento, «eros». Lo mismo al referirse a la Muerte (personificación) o muerte (estado).

alumbrarán la epopeya de Gilgamesh, rey de Uruk. En estos primeros testimonios se canta no sobre la muerte abstracta, enjuta y seca, como lo hará el Romanticismo al hacer de ella uno de sus grandes temas, sino sobre nuestros muertos concretos y singulares. Gilgamesh llora por Enkidu, su amigo más querido, lo que desemboca no sólo en una lucha, ya siempre fracasada, contra la propia mortalidad, sino también en el desgarrador dolor de la pérdida. Que le llore el río, las bestias, los hombres, que le lloren todos. Y así se lamenta: «Lloradle, [...] ¡Lloradle, oh ancianos! [...] ¡Lloradle! [...] Lloradle, osos, hienas, panteras, [...] Llórale, Santo Éufrates, [...] ¡Lloradle, jóvenes de Uruk! [...] ¡Lloradle, campesinos! [...] ¡Lloradle (vosotros, sus) hermanos [...] ¡Yo también te lloro».[1] Preocupado por su abandonado aspecto, Utanapishtî le pregunta por él y Gilgamesh responde: «¿Cómo no van a estar / Mis mejillas demacradas, / el rostro abatido / Mi corazón triste / Mis rasgos extenuados? [...] ¿Y cómo / iba yo a no deambular por la estepa [...] / Mi amigo al que tanto quería [...] / Enkidu, al que tanto quería [...] / La suerte (común) a (todos) los hombres / Lo ha derribado [...] / Mi amigo, a quien tanto quería, / Se ha convertido en arcilla».[2]

Gilgamesh lucha contra la mortalidad como lo hará Canetti contra la muerte a través del libro que jamás escribió, motivo por el cual la sombra de la muerte aparece como una melodía en casi todos sus textos. «No se puede narrar la muerte».[3] ¿No se puede? ¿Qué podemos, entonces? ¿Está dentro del camino prohibido por

1. Tablilla VIII; Gilgamesh: 2004, 147-149. La traducción citada es la de Jean Bottéro, pero se ha consultado y cotejado también la de Andrew George, 2022.
2. Tablilla X; Gilgamesh: 2004, 174-175.
3. Canetti, 2017: 150.

la diosa de Parménides? Quizá precisamente lo único
que podamos hacer es narrar para dibujar la silueta del
lugar dejado por el difunto. La muerte de Patroclo desencadena en Aquiles el mismo proceso que en Gilgamesh: el mejor de todos los hombres se describe con la
cara llena de barro, el cuerpo manchado de tierra, las
lágrimas desmesuradas, el llanto espeso, el dolor, este
dolor tan cierto, los mechones de pelo arrancados por el
suelo. Y lloremos también a Patroclo como lo hicimos
por Enkidu: «esa es la parte que corresponde a los
muertos / [...] / Así habló, y al unísono lloraron, empe-
zando por Aquiles».[1]

La literatura empieza con un duelo y quizá con el esfuerzo imposible de que lo que ha de morir sobreviva en
los versos, como cantará Schiller en su poema «Nänie»
(1795), para que canten así los ruiseñores del epigrama
de Calímaco. ¿Es esto lo que queda?, ¿el recuerdo en el
papiro, en el papel, en la piedra? ¿Lo que nos afanamos
por combatir es realmente el olvido? ¿El olvido hace
morir del todo a los que estuvieron? ¿Qué muere en nosotros con ellos? ¿Les damos algo en vida que se llevan
cuando parten? ¿Un trozo de nosotros mismos? Con
esta reflexión comienza la segunda parte: «en» Yui, uno
de los personajes centrales de la novela *Las palabras
que confiamos al viento*, de Laura Imai Messina, tiene
su propia teoría, donde las partes del cuerpo son metá-
foras de cómo nos entregamos a lo demás: «Lo cierto
era, más bien, que empezaba a entregarles piezas a sus
familiares, a sus amigos de confianza; aprendían que en
el fondo no dar abasto es lo normal, y que permitir que
los ayudaran a cuidar de una vejiga o de un cráneo es
algo que cae por su propio peso [...]. Yui estaba conven-

1. *Il.* 23. 9-12; trad. modif. Homero, 2013d: 159.

cida [...] de que, antes de morir, su madre se había llevado el intestino y su hija un pulmón. Por eso, por mucha
felicidad que la vida le concediera, siempre le costaría
comer y respirar».[1] De nuevo, Canetti en sus notas sobre la muerte anota las palabras de una niña de tres
años: «Cuando estéis muertos, ¿seguiré estando yo
completa?».[2]

Esta es la grieta por la que buscar la sombra: que la
muerte del otro nos deja incompletos, pero ¿por qué?
¿Qué queda? ¿El *vacío*? ¿Sólo hay pérdida y no-ser?
¿Sólo hay herida del «ya no» o del «nunca más»? ¿Nos
quedamos, de alguna forma, las palabras del otro, sus
formas, sus maneras, lo que de las personas hemos
aprendido, frases y fórmulas que eran suyas y ahora ya
son nuestras? ¿Y si se trata de eso, es decir, que cuando
van muriendo los nuestros nos vamos rompiendo, dis-
gregando, volviéndonos incompletos y que el trabajo de
duelo consiste precisamente en reconstruirse, dejando
en nosotros el espacio de los lugares desocupados?

Cuando ha fallecido la anciana Michka en *Las gratitudes*, de Delphine de Vigan, los dos personajes que la
han estado cuidando dialogan. Utilizan los extraños gi-
ros que ella empleaba, como cómplice homenaje: «de
recuerdo» en lugar de «de acuerdo», «de merdad» para
decir «de verdad».[3] No se trata simplemente de que
nuestros seres queridos (e incluso no demasiado queridos, pero significativos) vivan en nuestra memoria, sino
que los llevamos incorporados dentro de nosotros mismos, precisamente porque nuestra forma de ser se nutre
y se conforma de incorporaciones de los demás.

1. Messina, 2022: 93-94.
2. Canetti, 2017: 248.
3. De Vigan, 2021: 172-173.

En esta segunda parte se encontrará un diálogo con la filosofía de Heidegger y con la propuesta de Lévinas, así como con Virginia Woolf y Blanca Varela. El agua y el vacío tendrán un especial peso porque la caja de resonancia construida en la primera parte comenzará a inundarse ante la problemática del duelo. Esta parte constituye el núcleo de *La muerte en común*. Se abrirá un paisaje de vacío, un espacio vasto y hueco, como apunta la etimología de «vacío»: del latín *vacare*, que significa justamente «desocupado» en alusión al espacio de la pérdida dibujado en la primera parte que se da *en* nosotros.

Hay algo desconcertante cuando se aborda la muerte desde la filosofía: que toda reflexión se centra en la soledad y refuerza una y otra vez la noción de *sujeto*, de *individuo* y del *yo*. O se reflexiona sobre cómo afrontar la propia muerte (Montaigne, Heidegger), sobre la imposibilidad de hacerlo (Cicerón, Séneca), sobre la melancolía y el abismo de la existencia (Schelling), sobre la función de la negatividad de la muerte en la conciencia (Hegel), sobre cómo reconocer al otro éticamente a través de la mortalidad que compartimos (Lévinas), sobre la intolerable desaparición del yo (Unamuno) o sobre la no menos intolerable muerte del otro (Gabriel Marcel), por el que sentimos compasión o todo lo contrario (Schopenhauer). La muerte, desde estas coordenadas, no sólo nos obligaría a encarar la fría soledad en la que en realidad vivimos o a aceptar que estamos solos y que hemos sido arrojados a un mundo a veces cruel, a veces cálido, sino que además nos singularizaría hasta el punto de constituir, nuestra muerte, lo más propio de cada uno, como sostiene Martin Heidegger. Y así, se dice que nadie puede morir por nosotros o sentir lo que nosotros sentimos, que morimos radicalmente solos, que estamos todos solos con nosotros mismos, que el dolor es incomunicable y cuando perdemos a alguien esa muerte nos enfrenta con la nuestra, que nadie puede entendernos, que no hay nada que decir.

La experiencia de la muerte de otros nos llevaría en principio a saber que moriremos, que morirán los que nos quedan y tendríamos miedo tanto a lo uno como a lo otro. Racionalmente, al parecer, sólo nos quedaría entonar, como los epicúreos, que la muerte no es nada para nosotros: «cuando nosotros somos, la muerte no está presente y, cuando la muerte está presente, entonces ya no somos».[1] Para afrontar la muerte, emocionalmente podemos aferrarnos a la creencia en la existencia de otra vida, a la aniquilación de nuestra persona o al descorazonador pensamiento en el que, en realidad, late el deseo unamuniano de «querer seguir siendo yo», es decir «yo mismo»: «No quiero morirme, no; no quiero, ni quiero quererlo; quiero vivir siempre, siempre, siempre, siempre, y vivir yo, este pobre yo que me soy y me siento ser ahora y aquí, y por eso me tortura el problema de la duración de mi alma, de la mía propia. Yo soy el centro de mi universo, el centro del universo, y en mis angustias supremas grito, con Michelet: "¡Mi yo, que me *arrebatan* mi yo"».[2] El yo, siempre el yo. Pero, si hay una palabra imprecisa y peligrosa, es «yo», como anota Canetti en su diario, en 1984. En este libro nos centramos «en» nosotros.

He aquí una pregunta que surge con la muerte ¿quién soy yo?, o mejor, ¿quiénes soy yo? ¿Qué dice la muerte del yo si conseguimos dejar a un lado esta soledad que condiciona nuestra manera de pensar el morir? ¿Puede

1. Epicuro, 2013: 71.
2. Unamuno, 1997: 64.

esta soledad haber generado puntos ciegos para el pensamiento? ¿Hemos pasado algo por alto? ¿Cómo pensar la muerte y desde dónde? ¿Cómo *dislocamos* conceptos? Cuestionando este yo y poniendo en suspenso las maneras con las que se ha reforzado la soledad desde la reflexión filosófica cuando esta ha abordado la muerte. Ciertamente, el dolor singulariza, pero la pérdida también señala la grieta de nuestra subjetividad, donde puede analizarse no sólo el hecho de que seamos seres que viven en comunidad (este es el «mundo» que surge *entre* las personas en Hannah Arendt), sino la comunidad *dentro* de nosotros.

La tesis central de este libro, tanto argumentativamente como en la propia estructura del mismo, consiste en entender que el proceso de individuación por el cual nos diferenciamos de los demás y nos denominamos «yo» requiere de una asimilación de los otros que, interiorizados, devienen elementos constitutivos que son parte de *nosotros mismos*. El otro está en nosotros. La pérdida me permite saber qué línea de flotación se ha tocado, porque perder a alguien significativo es perder por un lado la referencia externa de uno de los pilares internos que me hacen quien soy y, por otro, con esa pérdida, cuando es muy significativa, algo de nosotros también muere. En muchos rituales de la Antigüedad, esta pérdida de uno mismo se representa con un mechón de la propia cabellera, que se arroja junto al difunto. De este modo el «lugar desocupado» dejado por el ser querido nos proporcionaría un acceso por el cual podemos analizar la muerte no desde la soledad del yo, sino desde la interiorización del nosotros. El «lugar desocupado» es una referencia a Jankélévitch, para quien la muerte sería «el lugar que ha quedado vacío una vez que el No ha desalojado, borrado, contradicho al Sí completamente afirmativo de la existencia», como aparece en la cita introductoria.[1] El lugar desocupado es, en principio, lo que nos queda cuando la vida del otro termina y nuestro duelo comienza.

En el siglo XX, C. S. Lewis, entre otros muchos, se preguntará: «¿Qué pasa con el mundo para que se haya vuelto tan chato, tan mezquino, para que parezca tan cansado?».[2] Le pasa a nuestro yo y por eso le acabará pasando al mundo, si no hay un adecuado duelo. Hay muertes que se lamentan, otras que se lamentan y liberan al mismo tiempo, cuando la enfermedad ha hecho presa al cuerpo de quienes amamos, hay otras muertes que se desean, pero todas ellas inciden en la relevancia que tiene el otro *en* nosotros y no meramente junto a nosotros. Aquí, en este lugar, se agitarán las olas con las que Virginia Woolf hablará de cómo estamos inextricablemente conectados con los demás. «No hay separación entre ellos y yo. Cuando hablaba, lo que sentía era: "Soy vosotros". Vencí esta diferencia a la que tanta importancia damos, esta identidad que tan febrilmente apreciamos».[3] En efecto, quizá no hay nada nuevo que decir sobre la común mortalidad, pero sí hay algo que decir sobre lo común de la constitución de nuestra vida. Somos seres intersubjetivos por mucho que nos empeñemos en desgajar un prístino yo del conjunto. Uno no es nunca un sí mismo puro y cristalino. Los otros significativos se convierten en hilos que, trenzados, componen quienes somos y cuya pérdida nos deshoja.[4] Y ahí, si leemos de otro modo lo contenido en el *Fedón*, puede

1. Jankélévitch, 2009: 73.
2. Lewis, 2022: 54.
3. Woolf, 2022: 274.
4. Varela, 2016: 214.

encontrarse el hilo que Sócrates deja en cada uno de sus allegados.

Es verdad que la muerte puede ser entendida, como ha hecho una larga tradición, como la cesación de la vida, el fin de la posibilidad de cambiar y de reunir más experiencias vividas en primera persona, el «futuro que no serás y que permanece», como escribe Mallarmé pensando en su hijo difunto; pero además también la muerte es la disgregación interna, la ruptura de lo que antes tenía una trabazón, una estructura que no era solamente el otro en la vida sino el otro en nuestra vida, el cambio, el terremoto para quienes se quedan. Otro sentido, por tanto, de *apallássō*. Y esto apunta al hecho de que en el interior del yo late, desde el comienzo de la formación de su subjetividad, un nosotros vertebrado en personas de diversa importancia. El yo no existe como una entidad indivisa, sino que somos nuestros vivos y nuestros muertos, somos lo que incorporamos del otro, somos la imagen interna de las personas con las que nos relacionamos. La ausencia no es local, es existencial e incluso, identitaria. Algo parecido sostiene Agustín de Hipona cuando, fallecido su mejor amigo, reflexiona: «Me admiraba de que los demás mortales viviesen, pues había muerto aquel a quien yo amaba como si no hubiera de morir, y más me maravillaba de que habiendo muerto él, viviera yo, que era otro él. Bien dijo Horacio, hablando de un amigo suyo, que *era la mitad de su alma*».[1]

Que el ser humano es un animal social lo tenemos asumido desde Aristóteles, pero por lo dicho, la pérdida nos lleva a poder pensar desde otro punto de vista: el de la comunidad en nuestro interior como estructura y pi-

1. Hipona, 1972: 77.

lar de la subjetividad, como si nuestra identidad fuera un mosaico configurado por elementos *incorporados*. El otro no es solamente un rostro frente a mí, por lo que no se trata, como sostiene Lévinas, de una relación meramente ética, porque ni depende de la voluntad ni de una decisión, sino que, contrariamente a lo afirmado por el filósofo lituano, el otro está dentro de mí porque ontológicamente me conforma. Es una relación inevitable, incluso orgánica y biológicamente necesaria. Tanto el «yo» como el «otro» son ficciones. No hay nada que no sea sin relación. Lo queramos o no, somos con los demás y lo que depende de nuestra voluntad es el modo en que nos vinculamos y cómo asumimos esa copertenencia. No sólo se trata de que la vida de los demás se trenza con la nuestra, sino de que integramos una imagen suya en nosotros que los convierte en parte constitutiva de nuestra identidad. Cuando no están, sea por la muerte o por alejamiento en vida, sólo nos queda esa imagen, a veces convertida en doloroso agujero negro de pérdida, a veces como silueta manifiesta de la ganancia de todo lo aprendido gracias al otro, ya para siempre en nosotros. Pero queda un vacío que hace que su muerte implique, en cierta manera, una herida, una grieta, una cicatriz cuya piel no quedará nunca como estaba. Quienes sobrevivimos no seremos quienes fuimos. Por eso, si se trata de alguien cercano, nadie podrá ocupar su lugar desocupado porque nadie es intercambiable para los afectos. El otro que no está es y será siempre constitutivo. «No clausura esta muerte la memoria amorosa», escribe René Char en su poema «Curso de las arcillas».

Pasamos aquí a la tercera parte, que se centra en lo «común». Olvidamos siempre el nosotros, que no es simplemente la suma de yoes que construyen en comunidad, sino la comunidad en nosotros, que nos constituye. Por eso la muerte es la sombra densa que apunta al lugar desocupado que deja el otro en nuestro interior y a través de la cual podemos reflexionar, desde la muerte misma, en la intersubjetividad que nos constituye internamente. El lugar del otro no es sólo externo, sino también interno, para bien (personas que nos aportan) o para mal (personas que nos hacen daño). La muerte es una cuestión de espacio y de tiempo que, en este lugar desocupado, se dilata. La vida es un viaje, un proceso, un recorrido compartido en el que se acumulan y nos conforman experiencias, sucesos, noticias, casualidades, personas, animales, incluso cosas que conocemos, con las que nos cruzamos y con las que nos moldeamos. Todos estos encuentros son formas de ganancia porque incluso la pérdida de lo que amamos y nos importa pesa y se lleva dentro. No es una simple ausencia entendida esta como «carencia de presencia». Es un agujero que horada y que se puede sentir como el derrumbamiento de algo que era pilar, columna o muro de carga de nuestra propia identidad. El lugar desocupado apunta al lugar que tiene el otro en nuestro interior.

Lo «común» del título no alude entonces al hecho de que todos vayamos a morir por tener en común la condición mortal, sino a que la muerte de alguien se lleva a la vez algo de sus seres queridos porque no son sólo personas *externas* las que nos acompañan en la vida, sino que estas devienen pilares, ladrillos, muros de nuestra identidad. Si tejemos nuestras vida a base de relaciones, ¿por qué consideramos a estas tan sólo elementos externos a nosotros mismos? ¿No son las relaciones las que hacen que seamos como somos? Con la muerte nos cercenamos: perdemos una parte de nosotros mismos. La vida, en cierto sentido, se empobrece, como le sucedía a

Agustín de Hipona. Ese es uno de los rasgos de lo común de la muerte: la dimensión intersubjetiva que aflora, para bien o para mal, cuando perdemos a alguien significativo. Este es precisamente otro uso del sentido del verbo griego que emplea Platón al definir la muerte –*apallássō*, es decir separarse, liberarse, desgajarse– y del que yo me apropio en estas páginas, cambiándole el matiz: no se trata de la separación del alma con respecto al cuerpo, sino de una persona con su comunidad y de una comunidad con sus personas.

Cuando se afronta la pérdida no suele abordarse la dimensión comunitaria o «común», sino que las reflexiones suelen centrarse casi siempre en el dolor que siente aquel que sobrevive a sus seres queridos. Sin embargo, y este es un punto clave para este libro, si la soledad silenciosa de la muerte en el mundo antiguo era respondida con la afirmación de la comunidad, como muy bien ha señalado Donovan J. Ochs en *Consolatory Rhetoric* (1993), ¿qué nos sucedería allí donde la comunidad responde negando la muerte o no reconociendo el valor de nuestros muertos? ¿Qué pasa cuando, en el plano comunitario, se obtiene «la callada por respuesta»? La estructura argumental de este libro presenta una reflexión que se inicia con la respuesta comunitaria ante la muerte en la Antigüedad clásica, con duelos y funerales, hasta terminar con la llamada «negación» de la muerte en nuestras sociedades, en las cuales se asocia la muerte a una cuestión *privada*. Para ello, me preguntaré a quién van dirigidos los funerales, qué significan, qué sentido aportan y cuáles son sus objetivos.

Por parte de los que quedamos, velar el cuerpo o realizar adecuadamente las exequias es un gesto de amor, pero también de respeto, de reconocimiento y de escatológica recolocación de vivos y muertos, de gran importancia en el mundo antiguo, e incluso es un gesto de creencias escatológicas, no sólo porque el momento de la muerte es entendido como un tránsito o porque nuestros difuntos llegan, por él, a transformarse en deidades protectoras, como en Roma, sino porque se sigue reconociendo y reivindicando socialmente que el vínculo con nuestros finados no desaparece con la muerte. Tanto era así en la Antigüedad, que el incumplimiento de este deber, así como del cuidado posterior de la sepultura, era motivo para perder derechos civiles. De muchos de estos ritos nos hemos olvidado hoy en día. Lejos de despreciarlos o considerarlos supersticiones que nada nos aportan, recuperar muchos de ellos con el propósito de analizar y pensar su sentido y propósito nos muestra una manera distinta de comprender nuestra forma de relacionarnos con nuestros muertos y con la muerte, y nos dan perspectiva para entender nuestra época. Hay algo *más* en las exequias y este *más* es lo que me interesa señalar. Los rituales de despedida no son sólo una reunión social, no son la mera convención de un pésame a la familia del difunto, sino que se trata de un volver a entretejer un tejido que ha sido rasgado con la muerte. La conducta de duelo, distinta según la cultura, tiene en común, entre los distintos pueblos y épocas, el hecho mismo de que los ritos se realizan siempre y que tienen una función y un significado comunitario: no sólo se refieren al pasado y al recuerdo, sino al futuro y a la reconstrucción de un grupo que ha quedado roto. La muerte implica, entonces, una disrupción en el equilibrio de la vida social. Esta pérdida es común también en este sentido, y aceptarla y darse el tiempo para ello es el primer paso para reconstruirnos como comunidad.

En el ámbito individual, quien no supera la pérdida de un ser querido y no hace el duelo adecuadamente cae en una patologización del mismo, de tal modo que la sombra de la pérdida no sólo le acompaña sino que oscurece sus días y ralentiza sus tiempos.[1] ¿Qué sucede si esta reconstrucción social no se realiza? ¿Puede haber una patologización de un mal duelo en la comunidad? ¿Qué efectos puede tener? ¿Qué impacto pueden tener la desaparición de los rituales comunitarios y el acortamiento del tiempo que nos damos individualmente? Velar por el cuerpo y cuidarlo, abrir la puerta de nuestra casa y dar un lugar al difunto en torno a un grupo, visitar su tumba y cuidar del difunto, más allá del rememorar, es algo que diferencia nuestro tiempo del de Sócrates, lo que tendrá consecuencias en el modo en el que se afronta hoy la pérdida. Maquillamos la muerte para apartar el dolor de nuestra casa. ¿Cómo seguir adelante si no han podido enterrarse los restos de quien se ama? ¿Cómo avanzar y «dejar atrás» si el vacío duele y, aunque el tiempo pasa, parece que seamos nosotros los que no pasamos por el tiempo? ¿Cómo «dejar atrás» si hacerlo supone perder del todo a quien ya no está?

La gran diferencia entre el mundo antiguo y nuestra época no consiste sino en la negación de la muerte. Es esta una de las características de nuestro tiempo: vivimos como si la muerte no existiera o como si no fuera con nosotros. Y eso es justamente lo que Hegel advierte como lo más irreal y peligroso en la *Fenomenología del espíritu*: «la vida del espíritu no es la vida que se asusta ante la muerte y se preserva pura de la devastación, sino la que la soporta y mantiene en ella».[2] El Romanticismo, en el XIX, con Novalis, y el surrealismo, en el XX, con Cocteau, serán movimientos que traten de traer de

1. Cfr. Freud, 2020; Kristeva, 2017; Bowlby, 2016.
2. Trad. modif. Hegel, 2010: 91.

nuevo a la cotidianidad la muerte, siempre mirando de reojo todo aquello que la cultura clásica nos ofrece, pero desde un plano en el que el ser humano se encuentra solo ante ella, desgajado de la comunidad. Ahora bien, ¿qué significa que hayamos olvidado la muerte? ¿Qué repercusiones tiene para la subjetividad haber apartado a nuestros muertos?, ¿qué lugar les damos?, ¿qué lugar nos dejan darles? ¿Cómo hemos convertido la pérdida en un desgarro por el que la identidad hace aguas? ¿Con qué trata de ocuparse infructuosamente el lugar desocupado? ¿Nos andan cantando nanas o las nanas son precisamente lo que rechazamos? ¿Qué ruido apaga los gritos que estamos condenados a lanzar hacia dentro? ¿Qué canto puede componerse desde la filosofía? Esta última parte, compuesta por tres capítulos, responde, desde la modernidad, a los tres capítulos de la primera parte: el impacto de la muerte en la comunidad y en uno mismo, en el capítulo 5; el papel de la filosofía en una sociedad que niega la muerte será el hilo del capítulo 6, y, finalmente, el cuenco que, como veremos, consigue conformar la poesía, que puede estar vacío... o lleno.

Esta es la propuesta que ofrezco. Aunque alguna metafísica ha querido acaparar la reflexión sobre la muerte y la ha convertido en el objeto del misterio más impenetrable, oscuro e indecible por excelencia, este libro propone una forma de medir su sombra. La muerte es el *factum* más antiguo y más certero del que todos tenemos experiencia. Que nos duela, que nos atraviese, que vaya a lo más recóndito no significa que se pierda en el abismo oscuro de lo inaccesible ni que se restrinja a un ámbito trascendente fuera de nuestro alcance. Si hay que buscar en los «abismos» y «vacíos» que sentimos ante ciertas experiencias no es porque estos preexistan como un «inconsciente originario», sino que son el efecto de un proceso de constitución personal. Quizá lo que llamamos interioridad no sea más que la forma en la que, en nuestro desarrollo, algo ha sido conducido y empujado a lo más profundo como efecto de los pliegues y repliegues con los que nos hemos formado, del mismo modo que el interior de nuestro cuerpo es tal como efecto del desarrollo celular. Vivimos siempre en el plano de una existencia de carácter inmanente, donde lo que llamamos interior no es más, por lo dicho, que un pliegue. La muerte tiene menos misterio del que le otorgamos porque nos hemos acostumbrado a asociarla con lo que se sustrae a nuestros sentidos, sin prestar atención a lo que *de facto* se presenta. Puede indagarse, desde lo que vivimos, como un hecho radical que nos permite reflexionar sobre lo que dice de nosotros y en nosotros. Se hace necesario quitar algunos velos o sudarios con los que tratamos el tema de la muerte como un fantasma y hacer de su negatividad (no-ser, no-estar) una caja de resonancia. Si la muerte es invisible, quizá pueda escucharse a través de ella la música de la filosofía y de la poesía.

En el lenguaje, en el canto y en la musicalidad, podemos encontrar la silueta de la pérdida para nosotros. Hölderlin y Schiller, Lessing y Novalis, Platón y Cicerón, Schelling y Hegel, Heidegger y Lévinas o Gabriel Marcel, así como las disputas bizantinas sobre iconoclasia y el papel de la teología negativa nos ayudarán a entender nuestra imagen de la muerte y a hacer «borde» ante la pérdida como hace, en opinión de Montalbetti, la poesía. Es, como veremos, el vacío encerrado por el paisaje de las palabras de un poema lo que permite entender algunos textos, por antiguos que sean, como cajas de resonancia y que, al leer a Gilgamesh o a Aquiles, escuchemos en ellos el familiar dolor de la muerte, del que nadie ha podido ni podrá escapar. Del mismo modo que, según Schelling, el fondo siempre es tal en relación con el mar que descansa sobre él, el No es el espacio vacío conformado por el borde del lenguaje, de lo que sí puede decirse, a partir de tres modulaciones: la pérdida, el vacío y la ausencia. La *muerte* es una pérdida que deja un vacío *en* nosotros y una ausencia en lo *común*.

PARTE I

La muerte

nos convierte en niños

Describe olas. Elevadas, encrespadas, furiosas. Olas tristes también, pesadas como losas, veteadas por los colores de las algas y por los reflejos de los peces color plata. Olas lentas y macizas, olas que avanzan despacio por el peso mismo de sus aguas y que parecen desplegarse en otra temporalidad. Olas que rugen bajo un día sin sol, con un sonido profundo, que viene de lejos, que conecta con algo interno, casi primitivo, con una matriz a la que seguimos unidos y que un griego llamaría *delphys* («vientre»), de donde viene la palabra con la que designa también la lengua de Homero al hermano: *adelphós*. Olas que sollozan pero que quedan en silencio cuando las nereidas entonan su canto fúnebre. Olas del Egeo, de las que emerge la inmortal Tetis deshecha en lágrimas ante la pérdida de quien salió de su vientre, su hijo Aquiles. Olas como altos muros negros en movimiento, inexpugnables, coronadas ahora por la figura encarnada del lamento. Olas como lápidas. Olas que pesan toneladas. Así, paradójicamente, quien queda desfigurada por el dolor adquiere la figura del sufrimiento. Aquiles ha muerto. En la cresta, rodeada de espuma salada, Tetis parecería la diosa Afrodita si no fuera por la oscuridad, por el sollozo del viento y por el rugido del agua que la acompañan. Las olas son su cortejo. Aunque Tetis no sea Afrodita, cuando la muerte se lleva, como bruma derramada sobre los párpados, a su hijo, bien podría ser relacionada con el dios Eros. Eros es el dios que toma la forma de un niño, como niña que llora inconsolablemente es ahora ella. Queda entonces el silencioso vacío de quien no está y el grito de los que quedan.

En la Antigua Grecia, ese grito y ese abundante llanto quedan recogidos, entre otros, bajo la forma musical del *thrēnos*, que Schiller recupera en los versos del poema en el que trabaja, y que inspiran también este comienzo, como si estos pudieran, de alguna forma, constituir el recinto sin fondo en el que contener el mar, las olas y las lágrimas, para elevar sobre ellos aquello que no puede borrarse: que una vez, los que se fueron estuvieron. De ellos deja constancia la escritura. Schiller lee la descripción homérica de las olas. Y así, mientras los dedos de su mano acarician el áspero papel de un libro abierto que corresponde a la *Odisea* de Homero y sus ojos recorren el oleaje de ese pasaje, la otra mano humedece el plumín en el tintero. Con suave gesto, quizá embargado de emoción, Schiller escribe: «También lo bello debe morir» (al. *Auch das Schöne muß sterben*).[1]

Las reflexiones del poeta alemán se refieren a la pérdida irreversible de un tiempo idealizado, el de la Antigua Grecia –que ahora él llora–, donde la belleza alcanzó, en el arte y en la vida una de sus cimas y donde el ser humano admiraba el mundo por el placer de hacerlo, sin afán de extraer de él sus riquezas. Todo estaba –cree él– en armonía y equilibrio, mientras que ahora el presente es sólo ruina, disonancia, ruido, como plasmó Füssli, a su modo, presa del mismo espíritu, en *La desesperación del artista ante la grandeza de las ruinas an-*

---

1. Schiller, 1965: 242; trad. Schiller, 2009: 195.

tiguas (1778-1780) frente a los restos del coloso de Constantino. Pero Schiller también se encuentra en un momento en el que la muerte y la enfermedad son parte de sus preocupaciones diarias.[1] Mientras escribe *Nänie*, el título del poema al que corresponde el verso reproducido más arriba, tiene sobre la mesa la traducción que realizó Johann Heinrich Voß de la *Odisea* en 1782. Allí se encuentran las olas que agitan su mente y sacuden su cuerpo. Es sobre ella donde reposan sus dedos, embebiéndose de uno de los momentos más estremecedores del canto XXIV. Tras la muerte de Aquiles, Tetis, su madre, sale de las aguas junto con las nereidas, para ofrecer exequias a su hijo.[2] La inmortal siempre supo que la muerte gloriosa sería el destino de Aquiles, no sólo por ser mortal, sino porque únicamente muriendo alcanzaría la fama imperecedera de sus hazañas, aquella que todavía hoy nos hace recordarle. Las olas rugen como ruge ella misma por dentro. Según Homero, este ensordecedor ruido atemoriza a los aqueos. El sabio Néstor los tranquiliza: «Hete aquí que su madre ha salido del mar con las ninfas / de las aguas y viene al encuentro del hijo que ha muerto».[3] El mar en el que vive será para ella desde entonces la profundidad sin aire de una tumba en vida.

Cuando, en la *Ilíada*, Aquiles decide acabar con la vida de Héctor tras conocer que este ha segado la vida de Patroclo con su espada, Tetis ya sabe que está todo dispuesto: «¡Ay de mí, paridora fallida del mejor de todos!, / yo, puesto que parí un hijo irreprochable y pujante, / [...] / a ese yo [...] / no lo recibiré de nuevo /

1. Safranski, 2006: 462-473.
2. *Od.* 24. 43-49; Homero, 2000: 383.
3. *Od.* 24. 55-56; Homero, 2000: 383.

regresando al hogar [...] / Tras hablar así, dejó la cueva, / y aquellas con ella / derramando lágrimas iban, y
en redor de ellas la ola del mar / se rompía».[1] Como
último gesto de cuidado hacia su hijo sólo puede en-
cargar a Hefesto unas armas nuevas y el más bello escudo que haya visto jamás mortal alguno: «ahora a tus
rodillas llego, por si quisieras / a mi hijo de veloz hado
darle adarga y casco de cuatro cimeras / y bellas cani-
lleras, ajustadas con plateadas hebillas, / y coraza».[2]
Con este destino por delante y tras hacer este último
encargo, Tetis debería estar preparada para el funesto
desenlace, pero ¿cómo no sufrir cuando llega el momento y la muerte le arrebata a Aquiles? ¿Cómo no
aparecer sobre las olas como una Afrodita oscurecida
por el llanto? ¿Acaso no es el amor el que alimenta el
deseo irrealizable e irrefrenable de volver a abrazar a
su hijo?

La *Ilíada* es, toda ella, un épico canto fúnebre, donde
se suceden los nombres de los caídos en la guerra en
pasajes de una extraña belleza: los rizos dorados de Eu-
forbo se oscurecen por la rojiza sangre que mana de su
herida,[3] como si, al describirlo así, su cuerpo se hubiera
transformado en una estatua de rojo hierro; el aliento
vital de Patroclo al salir de su cuerpo vuela hacia el
Hades,[4] como vuela el de Héctor desde sus heridas.[5] Sus
almas son el hálito de quienes, al leer estos pasajes, sus-
piran por ellos y por el texto, es decir, sus almas se rea-
vivan con nuestra respiración. Ningún abrazo recibirá
en el umbral de su casa a los que lo cruzaron para irse a

1. *Il.* 18. 54-60; Homero, 2013d: 5.
2. *Il.* 18. 457-62; Homero, 2013d: 29.
3. *Il.* 17. 45-55; Homero, 2013a: 264.
4. *Il.* 16. 856; Homero, 2013a: 261.
5. *Il.* 22. 361; Homero, 2013b: 149.

Troya sin saber que esa sería la última vez. Nosotros, que los leemos, sí lo sabemos. Esa última vez que los caídos a veces no saben o no quieren saber que lo es, y que los que sobreviven rememoran. La última vez que vemos a alguien que morirá poco después, ¿cuándo fue?, ¿cómo?, ¿qué se dijo?, ¿se dijo lo suficiente?, ¿se abrazó con toda el alma?, ¿les dijimos que los queríamos?, ¿los llenamos de reproches?, ¿qué hicimos o qué dejamos de hacer? No habrá retorno a casa para muchos de los aqueos y, sin embargo, pese a la muerte multitudinaria, ninguna singularidad se pierde en el poema. Todos quedan nombrados y todos llorados.[1] Todos viven en el poema de Homero. Por eso, en los versos de la *Odisea* que relee Schiller para componer *Nänie*, encontramos a la nereida encrespando el mar, aumentando su volumen con el imparable llanto, al mismo tiempo que el sonido de los vientos se hace uno con el de los sollozos. Como ecos, ocupan el espacio del poema resonando, atrapados en la métrica de sus versos. Como ecos de una conversación en cualquier lugar y en cualquier tiempo sobre un ser querido fallecido: ¿te acuerdas de aquella vez?, ¿y de aquella otra?, ¿recuerdas aún sus rasgos?, ¿y su olor?

Las nueve musas cantan por turnos los cantos fúnebres o *thrēnoi*.[2] Tetis llora como sólo pueden hacerlo aquellos cuyo dolor por la pérdida no tendrá un final en un tiempo que para los inmortales es eterno. Sollozan y gimen también los hombres mortales. Lloran tanto por el difunto como por ellos mismos. Junto con los ritos funerarios, llorar es, en la Antigua Grecia, la parte que corresponde a los muertos (gr. *géras thanóntōn*): «llore-

1. Míguez Barciela, 2016.
2. *Od.* 24. 60-61; Homero, 2000: 384

mos a Patroclo: esa es la parte que corresponde a los muertos».[1] Llanto (gr. *góos*) y canto (gr. *thrēnos*) se dan, de este modo, la mano. Pero no puede cantarse ante la muerte de un ser querido como quien entona una canción cualquiera, sino sólo gritar o guardar el más ahogado silencio cuando sólo hay desgarro dentro. En el instante posterior al último suspiro del finado, lo que participa del silencio es el inaudible roce de las lágrimas al precipitarse por las mejillas. Pero esta fina línea de la lágrima, como un trazo sobre el lienzo de la piel, esconde la profundidad de un corte profundo. La pérdida es un corte externo que esconde un desgarro interno.

«También lo bello debe morir», escribe Schiller. Pero ¿por qué «debe»? ¿Podría, acaso, no hacerlo? ¿No será que no le queda más remedio que fallecer y el último consuelo es pensar que al hacerlo con un «debe» se inscribe en un sentido más alto que no comprendemos? Por otro lado ¿a qué se refiere ese «también»? ¿Es que lo que no es bello no merece morir del mismo modo?, ¿o lo que aparece en el poema, por el hecho de aparecer en él, ya es bello? «También ser un *canto de lamento* en los labios de los amados es soberbio» (al. *Auch ein Klaglied zu sein im Mund der Geliebten ist herrlich*), escribe Schiller al final de su poema.[2] ¿Qué significa esto? Que hablamos de la importancia del recuerdo. Pero ¿sólo nos queda el recuerdo? En otro poema, *Los dioses griegos*, Schiller parece explicar este «deber». Y así, dice: «lo que ha de vivir inmortal en el canto, / debe sucumbir en la vida» (al. *Was unsterblich im Gesang soll leben, /*

---

1. *Il.* 23. 9; Homero, 2013d: 159.
2. Schiller, 1965: 242; trad. modif. Schiller, 2009: 195. La cursiva es mía.

Muß im Leben untergehen).[1] Nos encontramos ante el tópico según el cual la desaparición no es total si aún los recordamos y su existencia queda al menos por escrito, como si los nombres pudieran vivir más que los hombres mismos. Este sería el sentido, en principio, de la poesía de Schiller: darles un lugar para que no mueran del todo, de un modo muy parecido a los ruiseñores de los que hablaba Calímaco[2] o como, mucho antes, y a través del canto, había hecho Seikilos consigo mismo y su música en su epitafio. *Escritos*, o mejor, *inscritos*, ya no serán invisibles, como denota la etimología del Hades, ese oscuro lugar al que van a parar los muertos (gr. *aidēs*): ya no se perderán en la noche del olvido.

Pero no debiera olvidarse que, aunque su imagen desaparezca, si caen en ese fondo, su misma presencia altera la superficie de lo que sobre él se levanta. Aunque el corazón del que muere se detenga, permanece su latido, es decir, su ritmo, en la comunidad que le despide. No queda una simple huella. Queda un contorno. Queda un sonido que reverbera. No es solamente su nombre sobre piedra o papel lo que los hace perdurar, sino volverlos a conjugar en un verbo que los diga en nosotros. El finado no vive, por tanto, en la grafía, sino en la verbalización. Por eso el lamento significa que aquel a quien amas ha dejado una marca tan fuerte, y a veces tan buena, que tanto te ha aportado, que era tan significativo, que los dolientes se consideran cercenados. La cuestión es esta: ¿qué perdemos con el ser amado? Además de a quién, ¿sabemos qué perdemos con él o ella?

Lo que estremece a Schiller, a quien llorará desconsoladamente Goethe cuando aquel muera, en 1805, es

---

1. Schiller, 1965: 173; trad. modif. Schiller, 2009: 63.
2. Cfr. Calímaco, 1999: 130.

que ni tan siquiera una madre inmortal puede arrancar a un hijo de las garras de la muerte. Ningún poder puede tanto. Ni siquiera el mismo Zeus. «Incluso lo divino sucumbe», reflexiona Séneca siglos antes.[3] Este será el motivo de la *consolatio per exemplum* que aparecerá en Homero o en Eurípides y según la cual la muerte no perdona a nadie, ni siquiera a los hijos mortales de los inmortales dioses. Escribe Schiller en su elegía, que es la métrica usada para cantar a los muertos desde la poesía antigua: «Ni su madre inmortal salvó al héroe divino, / cuando, muriendo en la puerta Escea, cumple su destino. / Pero ella surge del mar con todas las hijas de Nereo, / y arranca un lamento [*Klage*] por su hijo glorioso. / ¡Mirad! Los dioses lloran, todas las diosas lloran, / que lo bello se deteriora, que lo más perfecto fallece».[4] Encontramos en estos versos la tristeza por lo irrecuperable, la fuerza de lo irrenunciable y la aceptación de lo inexorable porque ni siquiera una madre inmortal puede salvar la vida de su hijo.

Lo bello muere y no es bello porque muera, es bello porque vive, es bello porque nos importa, es bello porque el mundo es mejor por su existencia. En realidad todo lo vivo perece. No hay más remedio. Los versos de Schiller recuerdan a otros escritos por la mano de Shakespeare en *Hamlet*, cuando la reina, fallecido su marido, ante el duelo desesperado de su hijo a causa de la muerte de su padre, le dice: «Bien sabes que es la ley común / que todo lo que vive ha de morir [ing. *all that lives must die*], ha de pasar de la naturaleza / hacia la eternidad».[5] Para Schiller la eternidad es el poema. Si,

3. Séneca, 2022: 15.
4. Schiller, 1965: 242; trad. modif. Schiller, 2009: 195.
5. Shakespeare, 2008: 159.

como leemos al final de *Nänie*, quien muere desciende sin sonido (al. *klanglos*) al Hades y es honorable que los seres queridos entonen cantos de lamento (al. *Klaglied*) en su memoria, entonces lo bello de nuestra vida pervivirá en estas melodías y revivirá cada vez que leamos sus versos.

Triste es, sin embargo, que el recuerdo adquiera siempre la forma de lamento. Este acto de lectura en el que damos vida al difunto recuerda a aquellas tumbas del mundo grecolatino que, situadas en los caminos, estaban acompañadas con un epigrama compuesto de tal manera que, al ser leído por el viajante, obligaba a mencionar necesariamente al fallecido porque, escrito en primera persona del singular, apelaba al viajero al leerlo y establecía un diálogo directo con él.[1] «Tú, que me lees. Aquí yazco». Entre algunos epigramas funerarios podemos leer: «Saber quieres, caminante, cuál es mi nombre y quién me engendró. Lo sabrás, como es justo. Mi padre era Mitríades, mi madre Creste, y yo soy Cenis, de amargo destino. A los veinte años he muerto –fue un parto causa de mi muerte–, poco tiempo después de haber comenzado a vivir. ¿Qué más te puedo decir, extranjero? Así es la vida, caminante».[2]

¿Por qué la muerte nos convierte en niños? ¿Por nuestro llanto? ¿El solo recuerdo de nuestros difuntos nos lleva al sollozo infantil? ¿Es la Muerte un niño, como Eros, o el inesperado golpe de guadaña convierte a los supervivientes en uno? El difunto, necesitado de cuidados de sus familiares para cruzar al otro lado, ¿se convierte en un niño? «Su voz añorada –escribe C. S. Lewis al morir su esposa– [...] en el momento menos

1. Rodríguez Alonso – González González, 1999: 136.
2. Del Barrio, 1992: 82.

pensado me puede convertir en un niño que echa a llorar».[1] No es sólo el llanto desconsolado de Aquiles, ni el de Tetis, o siglos después el de Lewis lo que nos convierte en niños. Tetis no se transforma en una infante por llorar a su hijo, ni tampoco lo hace Aquiles cuando pierde a Patroclo o cuando Orfeo pierde a Eurídice. No es lo que nos convierte en niños que Hécuba recuerde a su hijo como aquel infante al que amamantó o como al que alimentó en nuestra contemporaneidad la poeta Naja Marie Aidt,[2] pero sí incide en la idea de que quien muere una vez nació, fue acunado, lo recibió una familia que lo incorporó como parte de los suyos, que le dio, incluso antes de nacer, un lugar cuando se estaba gestando al pensar en su nombre. Estaba en un nosotros, una comunidad de pertenencia. No es lo que nos convierte en niños entender la muerte como el cierre de un ciclo y el comienzo de otro que nos lleva de vuelta a la posición fetal del enterramiento en la madre tierra, como ha mostrado Edgar Morin en *El hombre y la muerte*.[3] Ni tampoco, por mucho que Lévinas sostenga en *El tiempo y el otro* que «morir [...] es convertirse en la conmoción infantil de un sollozo»,[4] porque la muerte del otro nos encare a nuestra muerte o la del otro y que nos revolvamos contra ello, impotentes, temerosos o furiosos como niños. Tampoco lo es, como llegará a sostener Platón en el *Fedón* desde la tesis órfica-pitagórica de la metempsicosis, porque los que vivimos nazcamos de los muertos o no, al menos, en el sentido en el que lo piensa Platón, como veremos.[5] Lo que nos convierte en

1. Lewis, 2022: 25.
2. Aidt, 2021: 14.
3. Morin, 2021: 115-139.
4. Lévinas, 2009: 60.
5. *Fedón*, 70c-d; Platón, 2000c: 51.

niños es, entre otras cosas, el hecho, como le sucedía a Tetis, de que, aunque la muerte llegará con certeza e incluso a veces la esperamos, su llegada es siempre insólita, siempre nueva. No sabemos qué hacer. Nos sentimos desconcertados, en una situación extraña, de corte, que parece que nos arroja fuera del mundo en el que antes habitábamos. Ese mundo también se ha perdido.

«Esto es nuevo», dice Georges, uno de los personajes centrales de la película de Michael Haneke, *Amor* (2012), cuando el estado de salud de Anne, su esposa, es peor de lo que creían y sólo queda encararse a la idea de un final próximo. Este baño de realidad nos deja inermes. La muerte es siempre inédita. Por eso nos desarma. Por eso balbuceamos un pésame. Por eso no sabemos qué decir y volvemos a la incapacidad infantil de articular palabras que tengan algún sentido, que digan algo que pueda ayudar y que reconforte. Por eso llorar es nuestro consuelo.

Hay lágrimas, sin embargo, que ahogan. Por otro lado, «igual que un niño no comprende a qué fuerzas se enfrenta [...] tampoco los dolientes comprenden la muerte», como describe Aidt cuando pierde a su propio hijo.[1] Por eso la muerte, a su manera, puede ser pensada de otra forma, no como la vieja y esquelética parca que siempre imaginamos, no como una figura ataviada con una negra cogulla. Su figura sería joven, siempre renovada, como lo es cada pérdida: nueva, diferente, singular, aunque cada golpe nos conduzca hasta el mismo desolado paisaje. Como la infante retratada por Edvard Munch en *El niño y la muerte* (1897), que parece taparse los oídos junto al lecho de una mujer fallecida –¿su madre?–, así también reaccionamos muchas veces: ne-

---

1. Aidt, 2021: 114.

gando lo evidente o siendo incapaces de comprender, porque estamos sobrepasados. Nada nos prepara para ese momento. Y menos en la actualidad, cuando adquirimos herramientas para ser productivos, pero no tanto para vivir y convivir, con todo lo que ello implica. Es eso lo que nos convierte en niños que nada entienden o que entienden otra vez lo que habían olvidado, en niños que se esconden bajo la mesa, que cierran los ojos, que nada quieren saber, en dolientes desconsolados, desubicados, desconcertados. A esto apunta el prefijo «des-» (lat. *dis*): a una falta, en este caso de consuelo, a una alteración del lugar que se ocupaba y a una ruptura de la sincronía... ¿con el fallecido o con la comunidad de los vivos?

I. DESCONSOLADOS

En la Antigua Grecia se distinguían tres fases en los funerales, distribuidos con rituales y actos en un orden concreto, que tenían una función determinada tanto de cara al difunto como de cara a la propia comunidad. No se trataba tan sólo de despedir al difunto, sino de reconstruir un vínculo comunitario que quedaba roto. Las exequias, por tanto, no consistían en un mero acto de despedida, sino en una forma de cuidar una herida *común*. El silencio del difunto y el llanto de los dolientes quedaban así contestados de forma persistente por la comunidad. La función de los funerales era performativa en base a una retórica que trataba de influir en el pensamiento y el sentimiento y ayudar a asumir la muerte.[1] Por eso requería tiempo, aunque la duración

1. Cfr. Ochs, 1993.

de este necesario proceso se viera reducido desde el periodo arcaico al posclásico por algunas reformas, como las de Solón, que lo redujo a tres días, reguló los lamentos públicos y simplificó las exequias. En todo caso, se sabía de la necesidad de un tiempo de cura porque, en caso contrario, la propia comunidad enfermaría (¿Y en nuestra época? ¿Sabemos que una comunidad enferma si no aprende a curar sus heridas? ¿Curamos heridas porque somos cuidados por la comunidad o sedamos el dolor individualmente?). Otro de los propósitos de Solón era, además, evitar que el funeral transformara su función de reparación en una práctica de ostentación, con el fin de favorecer la concordia de los grupos sociales.[1]

En todo caso, las tres fases antes señaladas permanecieron inalteradas La primera recibía el nombre de *próthesis* y recaía en las mujeres, que cuidaban el cuerpo del ser querido como si estuvieran ante un niño que necesitara ayuda. El ritual consistía en velar el cuerpo, lavarlo, ungirlo, vestirlo y llorarlo. Aunque estas acciones se acabaron haciendo en el interior de las casas, inicialmente –y esto es relevante para subrayar el peso de la comunidad– se realizaba en el exterior con el fin de facilitar la participación de todos los integrantes de la misma.[2] Con el tiempo y las reformas de los siglos VI y V antes de Cristo, este rito quedó reducido al espacio doméstico. Lavar el cuerpo. Cuidarlo. Ecos de estas costumbres nos llevan, me llevan, a una de las escenas más bellas y tristes de la serie *A dos metros bajo tierra* (2001-2005), protagonizada por una familia que regenta una funeraria, cuando en la última temporada una madre es capaz de, con todo el

1. Calero, 2021: 523.
2. Ochs, 1993: 41.

dolor y con todo el amor, limpiar con cariño el cuerpo de su hijo en su propia casa para prepararlo para el entierro. Después, volviendo a la *próthesis* griega, ojos y boca eran cerrados por sus más allegados, los vestían de blanco (o con ropas nupciales si no habían podido contraer matrimonio antes de morir) y los colocaban con los pies en dirección a la puerta o a la calle, de tal manera que los preparaban para su marcha. Se trata de un movimiento, por tanto, inverso al del nacimiento, con el que entramos en el mundo de cabeza. En realidad, si bien estos actos se realizaban con el difunto para que pudiera cruzar al *otro lado*, por lo que respecta al mundo de los vivos, ayudaban también a mentalizar a los allegados. Estos rituales eran parte de un proceso que había que recorrer con cuidado, con sus tiempos y sus pasos, solos pero al mismo tiempo, acompañados. Los seres humanos necesitamos tiempo, y este era, a través de las ceremonias de despedida, el que nos dábamos, que nos preparaba y nos mentalizaba para decir adiós. Tan difícil es este momento que la despedida no puede reducirse a una palabra pronunciada sin más, desligada de un proceso de transición, sino como el final de todo un recorrido que nos ha preparado para despedirnos.

En las exequias se perfumaba también el cuerpo. Había flores, cuya función consistía tanto en camuflar el olor, como en alejar la mala suerte y los malos espíritus en la partida del alma del difunto. Es importante recalcar enfáticamente que, se creyera o no en otra vida, el ritual ayudaba a los vivos porque les permitía expresar el dolor y les hacía recorrer un camino de aceptación para comenzar el proceso de duelo. Como aparece reflejado en el ánfora geométrica del Dipylon (750 antes de Cristo), las mujeres se mesaban los cabellos y los hombres levantaban la mano en un gesto de adiós. Así, por ejemplo, si en su último día Sócrates no quería los llantos y golpes de pecho de Jantipa, como leemos en el *Fedón*, puede que se debiera no al desprecio por el dolor de su esposa, sino a que esta «parte que corresponde a los muertos», es decir, lo que los vivos debemos darles porque les corresponde: llorar, cuidar el cuerpo del difunto, lavarlo, ungirlo con aceites, velarlo o despedirse, debía hacerse cuando la persona hubiera fallecido. En caso contrario era un mal presagio.[1] Por eso, al final del *Fedón*, Sócrates quiere lavarse a sí mismo antes de beber la cicuta, para ahorrarles trabajo a las mujeres. Sin embargo, al hacerlo las priva de algo importante: el derecho a cuidarle, porque los ritos de duelo no eran en realidad tanto para aliviar a los que se iban, como para acompañar a los que quedaban, que debían atravesar una prueba de supervivencia: pasar el trago de la pérdida, y que la vida sin los difuntos, y una vida buena, siga. Volveré después sobre esto.

En la *Ilíada*, circunscrita al periodo arcaico, son nueve los días que lloran a Héctor para decirle adiós,[2] como nueve meses lleva la madre en el vientre a su hijo para preparar su venida al mundo. En el poema homérico, Hécuba, la madre de Héctor, con palabras parecidas a las de Tetis, se dirige a él cuando sabe que luchará con Aquiles y encontrará la muerte. Derramando lágrimas, descubre su regazo y le muestra el pecho con el que le amamantaba de niño: «te lloraré en los lechos, querido retoño a quien yo misma pariera»[3] y pone de este modo ante Héctor el vínculo mismo entre una madre y su hijo.[4]

1. Cfr. Alexiou, 1974: 6.
2. *Il*. 24. 664; Homero, 2013b: 241.
3. *Il*. 22. 79-81; Homero, 2013b: 133.
4. Cfr. Míguez Barciela, 2019: 84.

Cuando muere, se golpea el pecho con violencia. Este gesto, extraño para nosotros, se daba también en los rituales funerarios romanos: en algunos casos se golpeaban los senos que habían amamantado (lat. *ubera*) en lugar de gestos más neutrales, como golpes en el pecho o en el pectoral (lat. *pectora*), porque se conectaban los ritos fúnebres con los del nacimiento.[1] El fallecido «se convierte en un niño» que necesita ser cuidado, lavado, vestido y requiere de ayuda para «cruzar».[2] La madre y el pecho de Hécuba representan que el vínculo afectivo es también físico.

La relación entre el amamantamiento y la muerte, del pasado al presente, se encuentra incluso testimoniada en algunas estelas fúnebres del mundo egipcio.[3] También este vínculo maternofilial pervive en nuestro tiempo y así, cuando la poeta Naja Marie Aidt puede al fin escribir tras haber perdido a su hijo y «le vuelven» las palabras, le recuerda a su propio hijo en *Si la muerte te quita algo, devuélvelo*: «Yo te amamantaba»[4] y golpea su cuerpo: «veo mis pechos, el vientre, veo la cicatriz de la cesárea, y me golpeo en los pechos, el vientre, la emprendo a golpes conmigo, con este cuerpo inservible ya para siempre marcado por su llegada a este mundo».[5] Fallecido su hijo en 2008, también Denise Riley reflexiona sobre su experiencia, en la que su hijo vuelve a estar en su interior «como un embarazo vivido al revés, que rebobina desde el momento en que murió a su vida ahora encarnada en tu cuerpo».[6] Quizá por eso, como tantas ve-

1. Corbeill, 2004: 99-100.
2. Cfr. Vermeule, 1984: 43.
3. Borrego Gallardo, 2011.
4. Aidt, 2021: 14.
5. Aidt, 2021: 107.
6. Riley, 2020: 47.

ces se ha hecho notar, no hay palabra para designar a quien ha perdido a un hijo: no porque el lenguaje no pueda designar ese estado –como sí puede hacerlo con la viudez o la orfandad–, sino porque quien es padre lo será siempre: no puede ser otra cosa, como tampoco, tras la muerte, una hermana o un hermano deja de serlo. Así, Sergio del Molino escribe, en *La hora violeta*: «Este libro es un diccionario de una sola entrada, la búsqueda de una palabra que no existe en mi idioma: la que nombra a los padres que han visto morir a sus hijos».[1] Y recuérdense las palabras de Antígona ante la muerte de su hermano Polinices en la tragedia de Sófocles: «Si un esposo se muere, otro podría tener, y un hijo de otro hombre si hubiera perdido uno, pero cuando el padre y la madre están ocultos en el Hades no podría jamás nacer un hermano».[2] Los hijos, por ley natural, están dirigidos a vivir su propia vida, pero los padres vivirán en torno a esta falta: «Pienso seguir luchando por él como una leona. Que nadie lo trate mal. Que nadie lo olvide. No mientras yo viva. Sigo protegiéndolo, sigo conociéndolo exactamente igual de bien que a mis hijos vivos».[3] No se deja de ser madre o padre.

La pérdida es profunda y requiere del cuidado de toda una comunidad tanto hacia el difunto como hacia los dolientes, convertidos, ellos también, en niños: «Somos como niños / Desvalidos. / Nuestros amigos nos ayudan en todo. / Nuestros amigos acuden en nuestro auxilio. / Nos hacen avanzar a empujoncitos, de un momento hasta el siguiente».[4] Quizá quepa otra explica-

1. Del Molino, 2021: 11.
2. *Antígona*, vv. 909-913; Sófocles, 2000: 110-111.
3. Aidt, 2021: 123.
4. Aidt, 2021: 81.

ción, más fría y práctica: que mientras quien ha perdido a un marido o a una esposa, a una madre o a un padre cambia su situación legal y su estado de cara a la aplicación de derechos y deberes –y así, se dice: viudo, viuda, huérfano o huérfana–, no hay cambio de estado cuando se pierde a un hijo o a una hija, a un hermano o a una hermana, a un amigo o a una amiga, tampoco a los abuelos ni a los nietos.

En la segunda fase de las exequias griegas o *ekphora*, que significa literalmente «llevar fuera», un cortejo fúnebre acompañaba al cuerpo al nuevo lugar, espacial y metafórico, que habría de ocupar. La tercera y última fase consistía en la cremación o la inhumación. En todo el proceso, los llantos eran acompañados de música, ya fuera vocal o instrumental. En realidad, la música estaba muy presente en todos los momentos de la vida de la antigua Hélade. Cada tipo de poesía, por ejemplo, aparecía asociada a un instrumento musical. En el comienzo de la *Ilíada*, por ejemplo, no se le pide a la musa que nos cuente los sucesos desencadenados por la ira de Aquiles, sino que nos los cante. La música (gr. *mousiké*), el «arte de las musas», no era considerada un mero acompañamiento ni estaba referida únicamente a los sonidos, sino que también estaba asociada a la poesía y a la danza. La música era la misma estructura articuladora de lo que se contaba, aquello que, en cierta medida, daba la forma adecuada al contenido.[1] Desde el punto de vista colectivo, la música formaba parte de un ritual, de un conjunto de prácticas y usos sociales que estaban muy arraigados en la cultura griega.

Decir adiós requería en el mundo griego un tiempo humano de reconstitución y un espacio que se preserva-

---

1. Cfr. Comotti, 1986: 6.

ba. Se cuidaba el proceso. Me pregunto si este momento se ha eliminado de nuestras sociedades, si se ha arrinconado el duelo, si, en lugar de reponer fuerzas para vivir y darnos la mano, se nos empuja y fuerza a volver a la vida, con la muerte aún tan cerca. Podemos recuperar aquí la etimología de *próthesis*: significa «antes» de la ordenación o del establecimiento (gr. *thesis*), ¿de qué? Del nuevo orden que es preciso instaurar tras un golpe como el de la muerte: el nuevo lugar del difunto y la nueva configuración que han de alcanzar los vivos. Pero si se fuerza, si se empuja, el deudo avanza roto, desconfigurado, sin saber qué hacer con la ausencia. Y todo le parece desdibujado.

Por lo tanto, las exequias tenían una función no sólo en la esfera individual, como parte del cuidado del ser irremplazable y como expresión de amor a la persona singular que nos importa, sino también en el ámbito social, en dos sentidos: como un reconocimiento del lugar que el finado ocupaba antes y ocupará a partir de los ritos en la comunidad una vez que esta se haya reconfigurado, y como una reconstitución de la comunidad misma que ha sufrido la pérdida y de sus integrantes. Negar que el mundo es distinto tras una muerte significativa es negar la realidad de la importancia de cada ser vivo para el todo. Es interesante destacar que la palabra griega para funeral es *kēdeía* (gr. *κηδεία*), que está relacionada con una familia de conceptos que significa, también, alianza, parentesco político e incluso alianza matrimonial.[1] *Kédistos* significa «muy querido» y el verbo *kēdeyō* no sólo se empleaba para referirse al acto de celebrar honras fúnebres, sino también al de velar e incluso casarse, es decir, es un acto de vinculación por el

---

1. Alexiou, 1974: 10.

que se reconoce al difunto, que no se le olvidará, y gracias al cual la comunidad sigue adelante. Dicho de otra
forma, aunque la muerte separe, las honras fúnebres
fortalecen y reconocen la relación que se tiene con quien
ha muerto, reconfigurándola, así como fortalecen a la
comunidad cuando la aparición de la muerte la debilita.
Toda despedida del difunto es, al mismo tiempo, una
curación de los dolientes y de la comunidad. Es, ciertamente, una despedida, pero esta no conlleva una desaparición o una eliminación del finado en su círculo familiar. Así, los difuntos se seguían cuidando. Incluso en
la época clásica, cuando un ciudadano quería desempeñar un cargo público, era necesario que demostrara que
visitaba y cuidaba la tumba de sus familiares.[1] Cuando
alguien moría, por tanto, sus allegados no se desenten-
dían de él y no sólo por creencias escatológicas o su-
persticiosas, sino porque seguía siendo familia o parte
del clan que debía ser cuidado (gr. *génos*).

En realidad, había varias formas de dolerse y todas
ellas eran importantes. Margaret Alexiou, en su estudio sobre el lamento ritual en la tradición griega, señala
tres: el *thrēnos*, el *góos* y el *kommós*,[2] aunque existen
otras de complicada diferenciación y con cambios de
uso a lo largo de la propia tradición de la Grecia Antigua. Parecen, en todo caso, remitir a formas primitivas,
de llanto estridente e inarticulado, que van reconfigurando el espacio sonoro del duelo. Etimológicamente
podrían apuntar a la familia del murmullo y del susu-
rro.[3] También podrían incluirse otras modalidades del
lamento, como el epicedio (gr. *epikedeion*, donde *kedeia*

1. González, 2018: 88.
2. Alexiou, 1974: 102.
3. Calero, 2021: 520.

significa «funeral», como ya hemos visto) y el iálemos (gr. *ialémos*). Todas ellas tienen en común que son endechas, esto es, canciones luctuosas recogidas por una métrica. De ese modo, la música y la muerte, el canto y el llanto, la métrica limitada y el dolor ilimitado están íntimamente relacionados desde la memoria más antigua de los ritos funerarios. Se dolían cantando o, al menos, los lamentos más profundos de dolor encontraban en la música el brazo al que sujetarse ante un sufrimiento que no cede y que, obstinado, sacude las almas sin descanso. En griego antiguo, el sollozo que no cesa se dice *góos alíastos*, «obstinado», «incesante». No en vano, como señaló Severino en *El parricidio fallido*, la historia de la música es la historia de la evocación del grito.[1]

La música, por lo tanto, acompaña todo el rito fúnebre y, como parte de él, acrecentaba la expresión de dolor y le daba salida.[2] Esta manifestación era muy importante en las exequias, y no sólo por lo que se refiere al llanto y al dolerse, sino también por ser expresado en el marco regulado de un rito en relación con la dimensión musical. Se levantaba un espacio sonoro, una habitación de sonido que recogía el grito inarticulado de dolor. Así aparece reflejado en los muchos restos arqueológicos, en los que, junto a los dolientes, aparecen figuras de músicos que tocan el aulós, un instrumento de viento de origen frigio relacionado con el *thrēnos* y gracias al cual podía transmitirse un gran sentimiento.[3] Por otro lado, el *kommós*, de influencia oriental, según Margaret Alexiou, consistía en un lamento acompañado de salvajes gestos y asociado con cierto éxtasis y des-

---

1. Severino, 1991: 66.
2. Rodríguez López, 2010: 173.
3. Cfr. Schlesinger, 1970.

control.[1] Nada en común hay en el *kommós* con las otras dos formas, *thrēnos* y *góos*, más controladas de lo que pudiera pensarse.[2]

El *góos* (plural *góoi*) es la respuesta más personal y a veces espontánea a la pérdida, cuando lloramos la muerte de quien realmente nos importa. Era entonado por las mujeres más cercanas al difunto. Aunque era más estilizado que el lamento deshilvanado de quien no puede pronunciar una palabra, es la expresión desnuda de la desmesura del dolor, en la que las palabras van por fin aflorando. Se habla del difunto no para un público que nos escuche, sino al muerto mismo, pero al hacerlo indirectamente, se habla a la comunidad entera y se configura el espacio de una consolación familiar y cercana. Es un canto íntimo. Le hablamos a él, a nuestro ser querido, le lloramos evocando su carácter singular y único. Por eso el *góos* tendía a una forma narrativa y no era un sollozo ininteligible. El *thrēnos* (plural *thrēnoi*), más calmado y con un tono más consolador que apasionado, era compuesto y puesto en escena de forma más planificada y ejecutado por profesionales. En él dominaba sobre todo el elemento musical.[3] En cierto sentido, podemos decir que, frente a la desmesura del *góos*, con una mímica del dolor que desfigura los rostros, como le sucede a Tetis al perder a Aquiles o a Aquiles cuando muere Patroclo, el *thrēnos* proporcionaba figura, daba orden, encauzaba el dolor al abrazarlo y darle cobijo con su estructurado y medido sonido en una métrica para el dolor.

Es un *thrēnos* lo que cantan las nueves musas que acompañan el llanto de Tetis, con el que comenzaba

1. Alexiou, 1974: 103.
2. Alexiou, 1974: 7; Ochs, 1993: 42.
3. Alexiou: 1974: 103.

este capítulo: «Nueve Musas cantando por turno con voz melodiosa / entonaron sus *thrēnoi*: no vieras allá ni un argivo / con los ojos enjutos, que así penetraba aquel canto».[1] La voz humana se fusionaba con el sonido del aulós. En cierto sentido, las cualidades del sonido de este instrumento de viento facilitaban una pérdida de sí a través de su melodía,[2] una forma de llegar a donde las palabras no podían hacerlo. Por eso el aulós era también, en otro ámbito, el sonido de la fiesta que proporcionaba el acceso a un sentimiento de comunidad, con música y danza, en el que el sujeto podía, de este modo, *salir de sí* y sentirse parte de algo más grande. Este llanto musicalizado es nuestro hilo de Ariadna. Ahora bien ¿qué partitura acompañaría a este canto funerario?, ¿qué notas se arrancarían del aulós? ¿Qué música acompañaría al doliente? ¿Qué pentagrama ayudaría a encarar la pérdida y sublimarla? De lo que estamos seguros es de la presencia del canto entonado por las mujeres y del uso del aulós. La muerte del otro la cantan los seres queridos. En la propia muerte lo que se encuentra es precisamente la falta de música. Una hidria del 550 antes de Cristo que se encuentra en el Louvre presenta esta simbología a través de la representación de la muerte de Aquiles y el canto de desconsuelo: caída junto al cuerpo de Aquiles hay una lira de caparazón de tortuga, llamada *chelys*, que recoge una de las musas. Quizá porque sólo a través de ella puede ahora resonar Aquiles.

El papel fundamental del duelo recaía en las mujeres más próximas al finado, al que se consagraban expresiones de amor en una ceremonia que reflejaba los dife-

---

1. *Od.* 24. 60-61; en Homero, 2000: 384.
2. García López, 2012: 141, 147.

rentes vínculos que el difunto mantenía con los distintos miembros de su comunidad. El final de la *Ilíada*
relata los funerales de Héctor. Entre las escenas descritas en el canto XXIV, las tres mujeres más próximas a él
–su esposa Andrómaca, su madre Hécuba y su cuñada
Helena– comienzan a entonar un canto de lamento, intenso y personal, más narrativo, es decir un *góos*. Este
queda respondido por el de otras mujeres en una ende-
cha más contenida, el *thrēnos*, que es el mismo con el
que las nereidas acompañaban el *góos* de Tetis. Este
diálogo entre el *góos* y el *thrēnos* tiene una estructura
establecida en la que hay una alternancia de voces.

En el funeral de Héctor canta el poeta: «Ellos, una
vez que condujéronlo dentro del ilustre palacio, a aquel
luego / en cincelados lechos lo pusieron y a cantores
sentaron al lado, / iniciadores de los trenos, y ellos canción lamentosa [*thrēnos*] / los unos entonces entonaban,
el treno, y las mujeres añadían su lamento. / Entre ellas
Andrómaca, de blancos codos, comenzaba el llanto
[*góoi*] / por Héctor matavarones, su cabeza sosteniendo
entre sus manos».[1] Con *góos* llora por tanto Hécuba a
su hijo; Andrómaca, a su marido, a su amigo, a su compañero de vida, y Helena, a su cuñado, y con *thrēnos*
son respondidas. En los tres casos, los cantos comienzan con el uso de un vocativo, con el que se le llama, se
le «convoca»: con un agitado, espeso y abundante llanto (gr. *hadinós góos*) llama Andrómaca a Héctor: «¡Marido!»; Hécuba toma la palabra: «¡Héctor, con mucho el
más querido de todos mis niños!», y con un «¡Héctor,
el más querido con mucho de todos mis cuñados!», comienza Helena su lamento. También Aquiles, muerto
Patroclo, lo saluda con un vocativo y establece un diá-

1. *Il.*, 24. 719-724; Homero, 2013b: 244.

logo imposible con él: «¡Hola [gr. *jaîre*], Patroclo!».[1]
Este vocativo que llama al difunto, que lo convoca, aparece en muchas inscripciones funerarias griegas y romanas, como hemos mencionado anteriormente, sobre las
lápidas en los caminos. Tras hablar Andrómaca, responden otras mujeres con «el constante llanto».[2] Toma
la palabra entonces Hécuba y provoca a su vez «un insondable llanto».[3] Después interviene Helena y «el in-
menso pueblo daba lamentos».[4]

Se encuentra, de este modo, una alternancia de voces
que conforma un canto antifonal entre dos grupos de
dolientes, los extraños y los parientes. Antifonal (gr. *an-
tiphone*) significa justamente «la voz que responde bajo
una forma musical e incluso litúrgica». Por otro lado,
los tres lamentos constan de las mismas tres partes: el
saludo directo al difunto (A), la parte narrativa (B) y la
despedida, de nuevo dirigida explícitamente al fallecido
(A). Estos tres elementos después aparecerán en la tradición escrita y especialmente en la tragedia, a la que se
añade el uso de interjecciones de dolor,[5] en el epitafio y
en algunas elegías. La presencia de este ordenamiento
da cuenta de una estructura definida que se encontrará
también en la parte melódica.[6] Por otro lado estas prácticas funerarias apuntan a lo que será la elegía, el verso
del duelo, acompañada, además, con el aulós.

Góos y *thrēnos* tienen algo de mágica función, de encantamiento, e incluso el origen de ambos términos está
relacionado con algún tipo de conjuro que conforma la

---

1. *Il.* 23. 19-20; Homero, 2013b: 160.
2. *Il.* 24. 746; Homero, 2013b: 245.
3. *Il.* 24. 760; Homero, 2013b: 247.
4. *Il.* 24. 775; Homero, 2013b: 247.
5. Calero, 2021: 522.
6. Comotti, 1986: 32.

base misma del lamento.[1] Se turnan, así, gemidos y llantos, repeticiones de fórmulas, encantamientos musicales, emociones que quedan, de esta manera, depositadas en la arquitectura musical de los cantos. Si el dolor desdibuja la forma, mancha los rostros de tierra, y desfigura los rasgos, en las palabras de las tres familiares –Hécuba, Andrómaca y Helena–, encontramos en definitiva una suerte de estribillo en el empleo de fórmulas, pero también una estructura que se repite, un canto que rodea, ordena y articula el dolor informe, un continente para depositar las lágrimas hecho de música y llanto. El llanto tiene, gracias a la pared sonora que lo soporta, un territorio en el que desplegarse sin caer en el vacío: un pasamanos, una barandilla. Estos cantos fúnebres son la nana que territorializa el dolor y le pone límites a través de la métrica.

Podríamos recuperar en este punto las reflexiones que desarrollan Deleuze y Guattari al analizar la figura musical del ritornelo: «Las componentes vocales, sonoras, son muy importantes: una barrera de sonido, en cualquier caso una pared en la que algunos ladrillos son sonoros».[2] Ladrillos pues, para no afrontar sin barreras el vacío del primer impacto desgarrador de la conciencia de la pérdida, ladrillos para construir un muro a media altura en el que apoyarse. En el canto se suceden juegos de palabras, algo a lo que es proclive el propio idioma griego con sus aliteraciones o el empleo de *homoiotéleuton*, figura retórica que consiste en la repetición de un mismo sonido al final de una o varias palabras, de forma parecida a una rima: «La angustia arrastra angustia sobre angustia» (gr. *pónos pónōi pónon phérei*), exclama el semicoro cuando Áyax se arroja sobre la espada con la que en-

1. Alexiou, 1974: 137.
2. Deleuze-Guattari, 2015: 318.

contrará la muerte voluntariamente.[1] Por otro lado, la reiteración de gritos, de gestos de duelo, de llamadas por el nombre propio tiene la función de establecer contacto con el difunto, activando el vínculo a través del conjuro o epodo (gr. *epodé*). El desarrollo de la poesía, no se olvide, estará marcado por el carácter rítmico de la tradición oral.

La música era especialmente relevante por su capacidad de hacer sentir un estado emocional concreto. Así, Aristóteles, cuando analiza en la *Política* el uso de la música, la entiende como una técnica imitativa, como ya hiciera en la *Poética*, pero en la que no se trata de *representar* una escena, sino de *reproducir* un sentimiento. Quien observa un cuadro puede identificar una escena de sufrimiento que le despierte piedad, pero con la música se lleva a experimentar el sufrimiento que quiere expresarse. La música no sólo acompaña al llanto, sino que es capaz de hacer presente un estado de ánimo: «en los ritmos y en las melodías, se dan imitaciones muy perfectas de la verdadera naturaleza de la ira y de la mansedumbre, y también de la fortaleza y de la templanza y de sus contrarios y de las demás disposiciones [...] y la costumbre de experimentar dolor y gozo en semejantes imitaciones está próxima a nuestra manera de sentir en presencia de la verdad de estos sentimientos».[2] La música, la melodía, el ritmo, pero también el tipo de sonido, susurrado, suave, expresivo del aulós no sólo acompañan en el lamento, sino que son capaces de hacernos sentir lo mismo, pero protegidos y mecidos por su canto. De ahí que, cuando esta música es escuchada en un momento que presenta para el doliente cierta desincronización con

1. *Áyax*, vv. 868; Sófocles, 2000: 46.
2. *Política*, 1340a. 19-24; Aristóteles, 2000a: 425.

el ritmo de los vivos, en el momento de la pérdida de un ser querido, se pueda producir a través de su escucha un efecto de sublimación y catarsis.[1]

En esta misma línea, la música en la Antigua Grecia se asociará a la curación: el centauro Quirón, que enseñó a Aquiles a blandir la espada y a tocar la lira, fue también quien enseñó a Asclepio, el dios de la medicina, su arte de curar. Con la música, de algún modo, se abre la posibilidad del consuelo y de la curación del alma al levantar con sus melodías un espacio para el dolor. Encontramos, de este modo, constelaciones de sentido que asocian el canto sanador y el llanto desconsolado, la añoranza a causa de la muerte y el amor, el dolor desmesurado acompañado de una composición métrica que, aunque de una profundidad ilimitada, lo contiene al darle una figura. De este modo, el canto marca un recorrido con el que el doliente se siente identificado con y por lo que siente. Al mismo tiempo, su música y sus ritmos le llevan a una salida para el dolor, al lograr sincronizarle con la comunidad.

No es casual que el aulós fuera el instrumento de los cantos fúnebres, porque con él se pueden conseguir mimetismos entre su sonido y el de las voces humanas, entre palabras y notas, y entre el verso y la melodía. El propio Platón, que quiere desterrar la música que acompaña a quejas y lamentos, entiende que, en referencia a la música frigia (que es la del aulós), su sonido es el que imita mejor los tonos y modulaciones de la voz humana.[2] El del aulós es reconocido como el más mimético de los sonidos que puede extraerse de un instrumento.[3]

---

1. Cfr. *Política*, 1341a. 40; Aristóteles, 2000a: 432.
2. *República*, 399c; Platón, 2000d: 172.
3. Csapo, 2004: 219.

Por otro lado, frente a la cuerda pulsada de la lira, este instrumento fluía de una nota a otra, con un flujo constante, algo que también puede hacer la voz hablada, según la definición que proporciona Aristoxeno: como un continuo melódico, que puede atravesar un espacio donde ha irrumpido el corte de la muerte. Su sonido proporciona un pasamanos para atravesar el precipicio del dolor.

En la literatura griega, un ave quedará asociada al sonido del aulós por su capacidad mimética: el *iynx* o torcecuello, que siempre fue asociado a la magia y al encantamiento. Su familia etimológica ha llegado a asociarse con términos –(ἰύζω, ἰυγμός e ἰυγή)– que suelen expresar un «grito de pena o dolor», y alguna vez «de alegría».[1] Si en castellano lo llamamos torcecuello es porque mueve el cuello y lo retuerce como si quisiera hipnotizarnos. Se consideraba, además, que era un ave que mediaba entre el mundo divino y el humano, ave de muerte, pero también de amor, al ser el pájaro de Afrodita, como aparece en la Pítica IV de Píndaro, así como el ave del encantamiento por amor.[2] En *Los persas*, de Esquilo el término ἴυγγά tiene el significado de añoranza o nostalgia, cuando se echa de menos a aquellos a los que se ama y se siente el deseo de estar con ellos.[3] Si la muerte la cantan las aves en griego, seguramente sea no sólo por el mito terrible de Ovidio según el cual las hermanas Procne y Filomela y el criminal Tereo son convertidos en aves que cantan con tristeza ante un desenlace teñido por la muerte violenta, sino también porque el canto de algunas especies, como el del torcecuello,

1. Moutsopoulos, 1990: 292, n. 42-44.
2. Cfr. Vernant, 2003: 133.
3. *Los persas*, vv. 988; Esquilo, 1966: 92.

nos recuerda al aulós, el cual acompaña al llanto, se fusiona con él y es capaz de mitigarlo con el poder de su hechizo.

El canto es lo que posibilita que el doliente «no se suelte» de la comunidad de los vivos. Lo que se experimenta al perder a un ser querido y la añoranza que se siente al evocar su presencia apuntan al deseo de que vuelva a estar presente, que el vacío sea ocupado de nuevo por el finado, que comparta con nosotros una vez más el tiempo de la vida y la promesa del futuro. El sentimiento salvaje que arrastra en el dolor de la pérdida consiste en el deseo doloroso, imposible y desmesurado de que el ausente vuelva a estar. En griego este sentimiento recibe el nombre de *póthos*, quien, al ser hijo de Afrodita según leemos en *Las suplicantes*, de Esquilo[1] y encontramos en Píndaro y en el *Fedro* platónico,[2] es hermano de Eros, amor, y de Hímero, deseo erótico.[3] Póthos como tal queda caracterizado como deseo amoroso, pero también, y sobre todo, aparece en contextos en los que se está hablando de un amor que lleva con ímpetu y ciegamente a desear la presencia del muerto ausente.[4] Es el deseo añorante e imposible de estar con alguien de quien hemos sido privados, de ahí que digamos «echar de menos» (gr. *pothéō*).[5] Platón habla de él en el *Crátilo*, para diferenciarlo del deseo como impulso hacia algo presente (*hímeros*). Póthos sería la fuerza interna que nos mueve cuando anhelamos lo alejado e inalcanzable,[6] pero que, al no poder avanzar realmente

---

1. *Las suplicantes*, vv. 1039; Esquilo, 1999: 157
2. *Fedro*, 242d; Platón, 2000c: 334.
3. Cfr. Luca, 2017: 178.
4. Vermeule, 1984: 260.
5. Cfr. Chantraine, 1974: 922.
6. *Crátilo*, 420a; Platón, 2000b: 421.

hacia lo que se desea, se dirige inexorablemente hacia su vacío. Póthos nos hace caer, presos de la tristeza, y se convierte en el núcleo absorbente del pensamiento obsesivo y recurrente hacia el desaparecido. Los allegados al difunto estarían habitados de *póthos*, y no podrían, como le sucede a Aquiles, ni comer, ni beber, ni dormir. Vernant lo relacionará con el vocabulario del duelo[1] y traerá a colación *Los persas:* «Los lechos se llenan de lágrimas con la *póthōi* de los maridos».[2] Juego de ausencia que no se reduce a un no-ser, con la muerte ese anhelo se convierte en un centro oscuro que ocupa la totalidad del horizonte vital. Póthos se asemejaría además a Eros porque, si este último hace que todo se tambalee, con el primero las rodillas ceden y caemos al suelo cuando las fuerzas nos abandonan. Nos sentimos disgregados. Póthos es capaz de matar, y también, en trabajo conjunto con Sueño, de hacer despertar con el lamento fúnebre en los labios cuando ha muerto alguien cercano, como le sucede a Diomedes.[3] Es un elemento primordial en el duelo: sin él no hay tristeza, ni añoranza, ni señal del amor que se tuvo. Es él quien puede llegar a invadir o llenar de «música fúnebre» el pecho de los dolientes y, al mismo tiempo, como dice el poeta espartano Alcmán, el que afloja los miembros.[4]

No realizar las exequias es muy peligroso porque, como tal, *póthos* consiste en un estado anímico que, de no ser encauzado, puede arrastrar en su desmesura hacia el vacío y hacia la muerte a quien lo experimenta, debido a que, al apresar obsesivamente el vacío del au-

1. Vernant, 2001: 136.
2. *Los persas*, vv. 134-135; Esquilo, 2000: 9.
3. *Il.* V, 413; Homero, 2019: 70.
4. Cfr. trad. de García Gual, 2020: 128.

sente, desgaja su alma y lo aparta (o suelta) de la comunidad y de sí mismo (recuérdese nuestro *apallássō*). La madre de Odiseo muere de tristeza por la desaparición de su hijo, que no consigue superar[1]. Y tal es el dolor de Aquiles por Patroclo que puede afirmarse que ya ha comenzado a morir cuando el amado fallece. Ya no come. Ya no vive. Muerto en su interior, crece en él el vacío y todo lo ocupa: «mi corazón ha dejado de gustar la comida y la bebida almacenada dentro, / porque te añora. Ninguna otra desgracia podría sufrir, / ni aunque me enterara de la muerte de mi propio padre».[2] Por esta negativa a cuidarse sus compañeros temen por su vida,[3] e incluso piensan que puede llegar a darse muerte: «Antíloco, desde la otra parte, gemía, vertiendo lágrimas, / las manos cogiendo de Aquileo, y gemía en su corazón de mágica fuerza, / pues le aterraba que la garganta se cortara con el hierro». Este es su *póthos*: dedicado a la rememoración constante e ininterrumpida, obsesivamente evocando el vacío y desgarrándose a sí mismo, abre en su interior el pozo negro que lo arrastra hacia dentro. Cuando regresa a la batalla, Aquiles, movido por Póthos, no lucha por el pueblo aqueo. Lucha por vengar a Patroclo. Consumada su venganza, ya no tiene vida que vivir porque no tiene motivos para hacerlo. La obsesión por un ausente ocupa su horizonte vital. Más allá de su difunto no habría nada.

Como una de las divinidades del amor (denominadas *erotes*, plural de *eros*) Póthos era a veces representado, al igual que otras formas de amar, como un niño alado. Eros, por otro lado, según el mito narrado por Apuleyo

1. *Od.* XI, v. 202; Homero, 2000: 174.
2. *Il.* 19. 321; Homero, 2013b: 59.
3. *Il.* 18. 32-34; Homero, 2013b: 4.

en *El asno de oro*, es también quien posibilita el regreso de Psykhe (el alma) tras descender al inframundo y le limpia los ojos del sempiterno Sueño (Hypnos), hermano de la muerte, que parecía haberla invadido. En el proceso de duelo, el sentimiento de *póthos*, que lleva al doliente a alejarse de la vida, ha de transformarse en *eros*, que lo integra de vuelta a la comunidad de los vivos.

Sólo a través del duelo, que permite reconfigurar el vínculo con nuestros finados y con el mundo que nos queda, es posible la vida. Y para ello la música es aquello que, al acompañar a lo desmesurado, permite unir de otro modo y recolocar lo que se ha derrumbado. Aquiles, que tocaba la lira a lo largo de los cantos de la *Ilíada* para encontrar consuelo, cuando ha muerto Patroclo, deja de hacerlo. Aquiles llora (*góos*) sin *thrēnos*. Y así, pese a la muerte de todos ellos, pasados los siglos, Aquiles vive, según entiende Schiller, en el poema. Es la conciencia de la pérdida la que le lleva a construir en el tiempo presente de sus versos el espacio de una conjuración en el que, de alguna manera, pese al paso del tiempo, algo queda. Pero ¿qué tipo de ritmo ha de tener una música que acune en el dolor y nos consuele? ¿Y qué métrica, los versos que la acompañen?

II. DESUBICADOS

El título escogido por Schiller para su elegía no es casual: *Nänie* hace referencia a las nenias (lat. *neniae*), una tradición antigua incluso para la Antigua Roma.[1] La nenia, además de una divinidad cuyo santuario se

1. Mommsen, 2022a: 242.

encontraba tras la Porta Viminalis que velaba por los moribundos en sus últimos días, designaba un canto fúnebre de enigmático origen.[1] Eran cánticos, casi sollozos, compuestos no para recordar más tarde al finado al inmortalizarlo en la poesía, como quisiera Schiller, sino como despedida y desahogo, el último, en el momento de los ritos funerarios. El poema de Schiller integra, así, a su modo la tradición griega y el mundo romano para dar cuenta de la pérdida. Eran sollozos cantados, en los que las voces lloraban con sonidos nasales, a veces interrumpidos con silencios y con gritos.[2] Este canto es en realidad el grito de la madre o del familiar cercano que acaba de tener noticia de la muerte del ser querido. Nada puede articular este dolor en un discurso coherente, *lógos*, sino sólo lanzar el sonido de una voz doliente, *phoné*.

Esta distinción entre *lógos* y *phoné*, aunque establecida por Aristóteles en la *Política*, fue recuperada siglos después por Herder para hablar, precisamente, del modo humano de expresar el dolor. En su *Ensayo sobre el origen del lenguaje*, con el que ganó el Premio de la Academia de Berlín en 1771, sostendrá que las pasiones más fuertes del alma se manifiestan inicialmente como gritos, como sonidos salvajes e inarticulados, porque el origen del lenguaje nada tiene que ver con un don divino, sino con nuestra sintiente animalidad: «Es como si, al llenar con gemidos los aires insensibles, se quitara

1. Dutsch, 2008: 258.
2. La recuperación de algunas de las músicas entonadas en la Antigua Roma es muy reveladora. A estos esfuerzos debemos interpretaciones que suenan de la manera más fiel posible a las de entonces, como la que puede escucharse en la reproducción de *Neniae* (Synaulia, *Music from Ancient Rome*, vol. I. Wind Instruments, Amiata Records, 1996).

parte de su dolor y absorbiera nuevas fuerzas para soportar el sufrimiento».[1] El sentimiento suena, dice Herder, y el lenguaje, antes que letra escrita, es sonido e incluso canto. El grito, por tanto, va dirigido a expresar
dolor, a exteriorizarlo, a sacarlo de dentro, y aunque
pueda transmitirse, esa no es su principal función. De
ahí que gritemos incluso «en una isla desierta, sin ver a
un semejante compasivo, sin tener señales o esperanza
del mismo».[2] Si para Aristóteles el *lógos* es la forma que
tenemos de calificar lo bueno, lo malo, lo justo y lo injusto, la *phoné* es el sonido de lo que se impone como
doloroso o placentero. El grito, el sollozo contenido o el
más desbordado aparecen en los momentos de pérdida,
cuando el tiempo se quiebra y queda suspendido. Quizá
por ello el oído sea el sentido del tiempo, que nos permite experimentar, incluso más allá del olfato defendido
por Proust, otras temporalidades. Grita la madre que
pierde a su hijo en la película de Terrence Malick, *El
árbol de la vida* (2011), como grita Tetis ante la muerte
del suyo. Grita cuando el tiempo, de pronto, se ha res-
quebrajado y suspendido. Es sintomático el final del fil-
me: todos los conocidos están, de alguna manera, juntos en la orilla de un mar en calma. Se canta en el duelo,
cuando el tiempo del doliente es ya otro, y al mismo
tiempo recomienza su curso lento y, a la vez, desincro-
nizado con respecto al resto de la comunidad. Despedimos al difunto con una melodía que acompasa su tiempo al nuestro. Con el ritmo de la música puede
acelerarse y ralentizarse nuestra temporalidad interna
cuando se acompasan los latidos con los otros que no
somos nosotros.

1. Herder, 2022: 51.
2. Herder, 2022: 51.

Aunque tenemos mucha información sobre las ceremonias romanas conocidas como *laudatio funebris* o elogio fúnebre, se desconoce el enigmático origen de las nenias porque este canto, tan denostado posteriormente, no ha dejado apenas rastro por sus características. Lo que sabemos de la nenia es que, inserta en la pura tradición oral, era un canto entonado por las mujeres más cercanas al difunto. Se acompañaba de tibias, el equivalente al aulós en Roma. Thomas Habinek las entiende, en relación con la etimología, como la forma de designar el último o más liminar extremo de algo. Según él, la palabra «nenia» se conectaría con el griego *néatos*, que significa «extremo», «último». De ahí que pueda ser concebida como la última canción compartida por el círculo íntimo de dolientes ante el cuerpo del finado. Para sostener esta tesis, Habinek recupera algunas antiguas fuentes, como la del gramático Diomedes, para quien la nenia es «la última y definitiva canción que, junto con los lamentos, es cantada al difunto».[1] Nenia, de forma muy significativa, también haría referencia a lo primero, a lo «más nuevo» e «inicial», que es, al fin y al cabo, el otro extremo. Sin embargo, pese a la etimología ofrecida por Diomedes, no está muy claro que la nenia haya recibido influencia griega porque hay constancia de su uso antes del impacto cultural del mundo heleno.[2] En este sentido, John Heller considera que el origen de la nenia se debe más bien a la onomatopeya o la iteración silábica en torno a «ne-ne», que aproximaría el nombre del canto al sonido nasal de una persona que se lamenta,[3] lo que habría sostenido el pro-

---

1. Citado por Habinek, 2005: 235-236, 245.
2. Cfr. Henri, 1903: 217.
3. Heller, 1943: 220.

pio Cicerón,[1] o incluso a aquel «ne-ne» con el que se niega repetidamente la muerte.[2]

La nenia parece haber sido siempre entendida como una pieza musical y se asoció de esta manera a los sonidos tradicionales y a los gestos de duelo.[3] Debido a la tradición oral de la que forma parte, no ha quedado constancia de ninguna nenia auténtica. Salvo una, cuya explicación me reservo para más tarde. Es importante resaltar que el sonido de desmedido dolor de la voz humana encuentra en la música instrumental que la acompaña una forma o un patrón que aparece como un ritual social que se repite: la música guía el llanto, lo articula, lo orienta y le proporciona una forma característica. Sin la tibia, la nenia sería mero llanto desmedido, pero gracias a ella hay una medida para el llanto. La *laudatio funebris*, en cambio, era un discurso en prosa y sin música, y estaba reservada para ser realizada por y para varones de las clases elevadas. Se celebraba públicamente y era pronunciada en solitario por un miembro de la familia o, en su defecto, un buen orador. En el libro VI de sus *Historias*, el historiador griego Polibio, en un intento de entender la costumbres romanas, describe cómo estas ceremonias tenían algo de espectáculo: «Cuando, entre los romanos, muere un hombre ilustre, a la hora de llevarse de su residencia el cadáver, lo conducen al ágora con gran pompa y lo colocan en el llamado foro [...] si a éste [al difunto] le queda algún hijo adulto y residente en Roma, éste, o en su defecto algún otro pariente, sube a la tribuna y diserta acerca de las virtudes del que ha muerto, de las gestas que en vida

---

1. Henri, 1903: 386.
2. García-Hernández, 2021: 5.
3. Dutsch, 2008: 261.

llevó a cabo».[1] Las nenias, en cambio, se cantaban en una especie de sollozo melódico, en procesión, en medio de gritos rituales. Su sonido recordaba al llanto (gr. *góos*) muy sonoro (gr. *eriklaggē*), de las gorgonas cuando Perseo le corta la cabeza a Medusa y sus hermanas se lamentan. Ese grito sería el mismo que el de las almas de los muertos al descender al Hades (gr. *klagge nekuon*), tal y como nos recuerda Vernant en *La muerte en los ojos*.[2]

La sociedad romana daba un gran peso a los rituales fúnebres y aunque son muchas las supersticiones (era importante ayudar al difunto a pasar al otro lado para que no volviera vengativamente), en su mayor parte este ritualismo obedece a la necesidad de brindar herramientas a las personas que no sólo han perdido a alguien, sino que por este hecho han entrado en contacto con el mundo de los muertos. Su casa es, de algún modo, un lugar de muerte que debe ser convenientemente tratado, cuidado y cerrado, y cada miembro de la familia está, a su vez, en el umbral entre vivos y muertos que debe sellarse para seguir viviendo con normalidad y que no expanda su funesta y gris sombra sobre los vivos. Todo este proceso estaba muy ritualizado a través de muchísimos gestos y detalles.

Realizar los ritos era, pues, importante para el finado, para los dolientes y para la relación entre vivos y muertos, que no se perdía, sino que se renovaba con la muerte. De nuevo, el ritual era una ayuda para el tránsito. El ámbito doméstico adquiere la consideración de funesto, porque la muerte salpicaba a todos los integrantes de la familia, que tenían la obligación de infor-

1. *Hist.* 6.53.1; Polibio, 1981: 215.
2. Vernant, 2013: 57.

mar a la comunidad del deceso. Se vestía de negro porque, según nos cuenta Artemidoro, era el color de la
curación: «un ropaje negro predice la curación, ya que
no son las personas fallecidas, sino las que lloran la pérdida de seres queridos quienes se visten con prendas de
este tono».[1] Si recordamos lo sostenido también por Artemidoro, el blanco sería el color que augura la muerte
porque los cadáveres son amortajados con un sudario
de este color. Es la familia la que debe curarse, precisamente porque en ella se ha abierto una herida que obliga a una reconfiguración.

Son muchas las diferencias del mundo romano con el
mundo griego, pero una creencia generalizada en Roma
que no aparece en Grecia es aquella según la cual el familiar difunto puede transformarse en una divinidad
protectora (manes) o en una maléfica (lémures). Según
se realicen las exequias se convertirá en una o en otra.
Los ritos funerarios obedecían, de este modo, a cuatro
funciones: ayudar en el viaje al difunto para que este se
transformara en una divinidad lo suficientemente fuerte
como para cuidar a su familia desde el más allá; en relación con esta, reubicar al ser querido en el lugar de los
muertos y alejar su alma, por tanto, del lugar de los vivos; al mismo tiempo, restituir el mundo de los vivos,
que ha sido alterado con el fallecimiento; y, finalmente,
«limpiar» a la familia que ha sido tocada por la muerte
que, en este tránsito de su difunto, ha entrado en contacto con el mundo de los muertos.[2] En todo el proceso
la familia y la comunidad en su conjunto tenían mucho
peso porque se les responsabilizaba del éxito del tránsito de su ser querido y de la «sanación» de la comunidad

1. *Sueños*, II. 3; Artemidoro, 2002: 130.
2. Cfr. Requena Jiménez, 2021: 43.

misma. Con el fallecimiento era costumbre apagar todas las luces de la casa, especialmente el fuego del hogar, como señal de tristeza, pero cuando el cadáver estaba preparado, se iluminaba toda la casa para crear un ambiente de seguridad y protección. También se cuidaba el cuerpo, se lavaba, vestía y perfumaba, se lo velaba y se lloraba por él en la habitación más importante de la casa, se exponía públicamente después y, finalmente, tras la pompa fúnebre, en la que también había lamentos y sonido de tibias, se enterraba o cremaba. Más adelante, en las grandes ceremonias, el sonido de las tibias cedió paso al de las *tubae*, el agudo *lituus* y los *cornua* para avisar a las gentes de la presencia del cortejo fúnebre.[1] El luto se guardaba durante nueve días o novenario, tiempo en el que se pensaba que la «casa» estaba ya purificada después del paso de la muerte.[2] Otra vez, nueve días de luto, como nueve meses de gestación.

Es interesante que los ritos de lamentación y luto se vertebren, con ciertos matices, en dos grandes grupos: el que venía dado de la mano de los hombres y que se escribía (como el epigrama, la elegía o el epitafio) y el que era llevado a cabo por las mujeres dentro de una tradición oral acompañada de música.[3] Sin embargo, aunque no conservamos nenias como tales, algunas de sus características pueden rastrearse en muchos textos de la literatura latina, a veces incluso despectivamente, por la deriva que estas tuvieron en los últimos tiempos de su uso. En sus orígenes formaban parte de una elaborada secuencia de ritos que acompañaban el proceso de despedida al difunto. Con pesar, por su caída en el

1. Arce, 1988: 46.
2. Requena Jiménez, 2021: 200.
3. Cfr. Alexiou, 2002: 107-108.

olvido, Ovidio las recuerda en varias ocasiones, como en sus *Fastos*: «En tiempos de nuestros abuelos los músicos eran muy necesarios y se les tenía en gran estima. La tibia sonaba en los santuarios, sonaba en los festivales, sonaba en los tristes funerales [...]. Sobrevino un tiempo en que de repente se debilitó el papel del agradable arte [...]. Ninguna canción fúnebre acompañó al féretro».[1] Y en sus memorias desde el destierro, considera inseparables la tibia y la pluma con la que escribe sus desgracias, es decir, la música fúnebre y la elegía: «¿De qué hablarán, mientras tanto, mis libros, sino de tristeza? / Esta es la tibia que va a tono con mi funeral».[2] Si con el tiempo las *neniae* adquirieron un sentido negativo que llevó a parodiarlas o rechazarlas, se debe a la identificación de las plañideras pagadas (denominadas *praeficae*) con el círculo cercano que lloraba a sus muertos con sinceridad. Séneca por ejemplo, en la *Apocolocintosis*, menciona, en tono burlesco: «Agatón y unos cuantos picapleitos lloraban, pero esta vez de corazón», y llega incluso a componer una nenia *en verso*.[3] Catulo, el gran poeta neotérico, antes de componer una reformulación de la nenia auténtica, como trataré de argumentar en el capítulo 3, escribirá también, como parodia en verso, una dedicada a un pájaro muerto: «Llorad, Venus, Cupidos y hombres todos / sensibles [...] ¡pobre pájaro! [lat. *miselle passer*]».[4] En todo caso, aunque acabó siendo identificado con cierta impostura artificial, su origen era un canto realmente sentido. La función de las *praeficae* puede ser equiparada con la de

1. *Fast.* 6. 659-669; Ovidio, 2001: 230.
2. *Tr.* 5.1. 47-48; Ovidio, 2002: 139.
3. *Ap.* 12. 1-3; Séneca, 1996: 215.
4. Catulo, 2018: trad. modif. 192-193.

las plañideras griegas pero también con las *taptara* que aparecen en los textos hititas. La relación, por tanto, del llanto y el lamento fúnebre con un canto reiterado y repetitivo se remonta incluso más allá del tiempo de los griegos y romanos. Pero la cuestión, más allá de que fueran sentidos o no, era el efecto que generaban los cantos por sí mismos en los oyentes: abrían el camino para permitirse sentir a los que, tocados con la muerte del ser querido, no sabían cómo o en qué apoyarse. Cicerón, en *Sobre las leyes*, incide en que las virtudes de los hombres distinguidos se han de traer a la memoria en la asamblea pública con canto acompañado de flautas o, más propiamente, tibias (*tibicinem*), «a lo cual se da el nombre de nenias [*cui nomen neniae*]; palabra con la que también denominan los griegos los cantos lúgubres».[1]

En Roma el duelo era reconocido como una de las grandes emociones, capaz de transformar y perturbar completamente a quien ha sufrido una pérdida. De ahí, por un lado, la importancia social de rendir adecuadas exequias a los difuntos y, por otro, la superstición que los llevaba a despedirse apropiadamente de sus muertos. La nenia hacía referencia a los poderes mágicos de las palabras, como en el mundo griego, que, en un determinado orden y ritmo, hacían posibles conjuros y encantamientos. Algo, por tanto, de conjuro, aunque también de desgarro, es lo que las caracteriza. Horacio en su Epodo XVII las caracteriza como cantinelas marsas, es decir, de brujería, cuyo sonido puede hacer que la cabeza se vea afectada (lat. *caputque Marsa dissilire nenia*).[2] El mismo Horacio también las equiparará con los *thrēnoi*

1. *De leg.* II, 61. Cicerón, 2009: trad. modif. 109.
2. Horacio, 2019: 561.

corales del mundo griego.[1] El historiador Suetonio sigue
la misma idea: se canta de forma coral la pérdida singu-
larizada de especial relevancia en el seno de una comunidad, como puede verse plasmado en el funeral de Augusto.[2] Su uso en las exequias podía deberse a la creencia en
el poder de atracción y guía de los difuntos hacia el otro
lado. Hay que tener presente, además, el intento exitoso
de Augusto de introducir en el Imperio las tradiciones
más antiguas del pueblo romano.[3] En la nenia, como en
los funerales griegos, era imprescindible llamar al difunto por su nombre. Era, además, un conjuro para los vivos, quienes, de esta manera, podían aliviar su dolor y
mecerse en una música que, de algún modo, los sostuvie-
ra en un momento de su vida en el que les era arrebatado
el apoyo que podía significar un ser querido. Las *neniae*,
por tanto, conjuran, como recuerda Horacio, convocan
para hacer resonar un vacío con un lamento, como destaca Suetonio, pero al mismo tiempo suponen el reconocimiento del carácter significativo del difunto o de aquello
que se ha perdido con el fallecimiento, como encontramos formulado en Cicerón. Pese a no estar ya, el ser querido forma parte de otro modo de la comunidad que,
como tal, le da un lugar en la memoria. Formará ya
siempre parte de ella y su lugar de asignación dependerá
de las exequias que se le tributen. Una vez consumados
los ritos, el difunto estará al fin «situado»: «se dice que
"están situados" los que están sepultados. Y, sin embargo, su sepulcro no es tal antes de que se hayan hecho
honras fúnebres».[4] Son formas de práctica identitaria en

1. Cfr. Dutsch, 2008.
2. Suetonio, 2010: 190.
3. Zanker, 2018: 128-200.
4. *De leg.* II, 57; Cicerón, 2009: trad. modif. 106.

las que se efectúa el procedimiento por el cual se reconfiguran las relaciones interpersonales y se recolocan los estatus en la familia.[1] El difunto no deja de ser miembro de la comunidad que le despide: esta sólo lo recoloca, pero no lo hace desaparecer.

La práctica de las *imagines maiorum* o *imago* narrada, por ejemplo, por Polibio es muy descriptiva en este sentido. En el atrio de las casas de las clases altas, que disfrutaban del *ius imaginum* (derecho a tener imágenes) se guardaban y representaban los antepasados de la familia a través de bustos y máscaras. Así, cuando un familiar acababa de morir, unos actores de constitución parecida a la que tenían los antepasados se colocaban estas máscaras sobre la cara para integrarse en el cortejo fúnebre: «Cuando fallece otro miembro ilustre de la familia, estas imágenes son conducidas también en el acto del sepelio portadas por hombres que, por su talla y su aspecto, se parecen más al que reproduce la estatua».[2] Toda su familia, viva y muerta, le acompaña en el tránsito. De esta costumbre viene la expresión «brillar por su ausencia» porque cuenta Tácito que en el funeral de Julia, viuda de Casio y hermana de Bruto, sus imágenes no estaban presentes en el cortejo y esta ausencia «brilló» precisamente porque deberían haberla acompañado: «resplandecían en particular Casio y Bruto, precisamente porque sus efigies no estaban a la vista».[3] Y su ausencia, de pronto, adquirió mucha más importancia.

Ahora bien, según sabemos, la *nenia* en Roma es, al mismo tiempo, una *nana*. Debía acunar, ¿pero a quién?

1. Cfr. Feldherr, 2000: 210.
2. *Historias*, VI. 53-54; Polibio, 1981: 216. Cfr. Arce, 1988: 24.
3. *Anales*, III, 75; Tácito, 2021: 328.

¿Al difunto o a la familia? Para comprender la relación de la nenia con la nana es relevante el papel de las mujeres, al que ya se ha hecho referencia. Pueden encontrarse también en el mundo hitita figuras similares en los funerales, en los que el papel de comadrona era uno de los roles interpretados por quienes participaban en el duelo. Así, el día de la muerte de alguien recibía el nombre de «el día de la madre». Por eso, como argumenta Dutsch, no es sorprendente en realidad que el mundo latino al que pertenece la nenia, el canto que acompañaba a los difuntos en su último viaje, remitiera a una canción infantil.[1]

El niño y el difunto. Ciertos rituales de las exequias romanas reflejaban los que tenían lugar en torno al nacimiento.[2] Así, tanto el recién nacido como el recién fallecido se colocaban en el suelo, ambos se lavaban, a ambos se los vestía, el recién nacido no recibiría su nombre hasta pasados nueve días, mientras que el difunto no sería enterrado o quemado hasta pasados nueve días, e incluso en los tiempos de Numa se estipuló que el tiempo de duelo por los niños debía guardar relación con su tiempo de vida; es decir, que si el niño había cumplido tres años al fallecer, tres meses debía durar el duelo. También existían algunas inversiones: al niño se le abren los ojos, al difunto se le cierran; el niño viene al mundo de cabeza, mientras que al finado se le sacaría de su casa con los pies por delante. Y si el niño debe ser nutrido, también ha de serlo el difunto. La mujer ponía, así, de sí misma, como en el parto, sangre, leche y lágrimas.[3] Recordemos el pecho de Hécuba.

1. Dutsch, 2008: 270.
2. Dutsch, 2008: 263; Corbeill, 2005: 91-106.
3. Corbeill, 2005: 106.

En este ámbito perteneciente al mundo infantil es en el que tenemos la única reminiscencia de nenia que nos ha llegado, gracias a Horacio: se trata de un juego de palabras infantil, que se cantaba como una canción repetitiva de fácil rememoración: «*rex eris... si recte facies*» («rey serás... si lo justo haces»).[1] Al parecer, este tipo de nenia/nana tenía una estructura muy repetitiva y basada en quiasmos, lo que incide de nuevo en la gramática de las fórmulas mágicas. Hechizaba. Según Ovidio en los *Fastos*, estos cantos se asemejaban asimismo a los de los extraños pájaros de plumas blancas que, encantados por las brujas, bebían la sangre de los niños lactantes cuando dormían y los mataban.[2] Por otro lado, en relación con el encantamiento, la nenia tiene una naturaleza dual: como el *pharmakón* del que hablaban los griegos, era capaz tanto de enfermar como de curar, de cerrar una herida pero también abrirla. Podría decirse de las nenias lo que Virgilio dice de los cantos marsos: «Sabía con ensalmos y el tacto de sus manos / adormecer las víboras y culebras acuáticas / de ponzoñoso huelgo y apaciguar su furia / y con su arte curar sus mordeduras».[3]

La nenia es una nana para acompañar al difunto en su viaje, pero también para acunar a los dolientes. En griego, para referirse a las nanas el término más común es *baukalēmata* (gr. βαυκαλήματα) o *katabaukalēseis* (gr. καταβαυκαλήσεις).[4] Las canciones de cuna se entienden como un encantamiento mágico protector dirigido contra lo desconocido o lo amenazante en el marco de

1. *Epístolas* I.1. 59-63; Horacio, 2019: 237-238.
2. *Fast.* VI, 132-164; Ovidio, 2001: 207-208.
3. *Eneida*, VII, 753-755; Virgilio, 2010: 244.
4. Kousoulini: 2015, 10.

una especie de ritual con ritmos, repeticiones y aliteraciones que, por un lado, alivian como si mecieran a quien las escucha y, por otro, generan una proyección en torno a esa barrera de sonido[1] dentro de una tradición oral que, como tal, no deja rastros en el registro arqueológico, pero sí en el literario. Así, también aparecen las nanas en los himnos homéricos a Deméter, diosa asociada al reino de los muertos, junto a la idea de actuaciones contra maleficios.[2] Como sostiene Platón, este canto no es profesional, sino que son las madres o los familiares más cercanos quienes lo entonan y encantan a los niños como con «música de aulós» y así, dice el filósofo: «cuando las madres quieren dormir a los niños que cogen el sueño con dificultad no les ofrecen [...] silencio, sino una melodía y justamente como si encantaran a los niños con música de aulós».[3] A través de la canción de cuna, y al aludir a la muerte, las mujeres ahuyentan sus miedos, de tal manera que se presenta como un vehículo para la magia apotropaica, es decir, un tipo de acciones, prácticas o incluso de representaciones, como la máscara de la gorgona o *gorgoneion*, a través de las cuales se consigue hacer retroceder o dar la vuelta (gr. *apotrépō*) el mal que pueda acechar.

Canto oral, por tanto, musical, doméstico y no profesional, la nana en Grecia se cantaba, como el precedente mesopotámico, no para dormir al infante, sino para protegerle y calmar al mismo tiempo los miedos de la familia cercana. La canción de cuna era importante para conseguir un sueño para el niño que no desembo-

---

1. Cfr. Malinowski, Waern, Karanika.
2. *Himnos homéricos*, «A Deméter», vv. 225-232; Bernabé Pajares, 1988: 72.
3. *Leyes*, VIII, 790d-e; Platón, 1999: 12-13.

cara en la muerte. En los idilios de Teócrito, Alcmena acaricia la cabeza de Heracles y lo acuna con mucho cuidado.[1] El poeta recoge una muy antigua superstición por la cual era necesario cuidar el proceso del sueño para que el niño despertara: de no hacerlo, el resultado podría llevar al dormido del sueño temporal al sueño eterno de la muerte, para el que no hay nuevo amanecer.[2] En *Filoctetes*, la tragedia escrita por Sófocles, se da un paso más: se canta para calmar el dolor: «Sueño que no sabes de dolores ni de sufrimientos, llégate propicio a nosotros, haznos felices, haznos felices [...] y mantén ante tus ojos esa radiante serenidad que ahora se ha extendido».[3] La nana protege y calma el dolor.

También la muerte, que convierte a los dolientes adultos en niños, puede rastrearse en el epicúreo Lucrecio, para quien las lamentaciones fúnebres recuerdan al lamento de los niños al contemplar la luz: «ninguna noche sucede al día, ninguna aurora a la noche sin que, mezclados con débiles vagidos, oigan los llantos compañeros de la muerte y del negro entierro».[4] Como adultos, lloraríamos al contemplar la noche, la nada y el vacío. La nenia como nana estaba también dirigida a los difuntos, aunque su canto proporcionaba un desahogo ante aquellos que, al sobrevivirla, se sienten inermes, como niños. En el sueño de la muerte, niña es Dulce Chacón, como encontramos en la poesía que compone su hermana Inma: «Duermes, / y la nana de Dulce de Luna / abanica tu nombre».[5] Niña doliente es Joan Didion cuando piensa que quizá pueda deshacer la muerte

1. Idilio XXIV; Teócrito, 1986: 208.
2. Waern, 1960.
3. *Filoctetes*, vv. 825-835; Sófocles, 2021: 466.
4. Lucrecio, 2010: 119.
5. Chacón, 2023: 23.

si lo desea: «Yo había estado pensando igual que los niños, como si mis pensamientos o deseos tuvieran el poder de darle la vuelta a la narración y cambiar los resultados»,[1] y niña es, también, por sentirse desvalida.[2] Niño es Matthew Arnold al gritar, furioso, de dolor en sus poemas, como recuerda también Didion;[3] niña es Naja Marie Aidt;[4] niña encerrada en una torre azul es Blanca Varela;[5] niña se siente Inger Christensen,[6] y prosigue en su poema: «soy como un pájaro [...] abro el pico / pero no consigo cantar nada».[7] Niño es también quien espera la muerte, como Iván Ilich al enfrentarse a su mortal enfermedad: «sin poder ya contenerse, rompió a llorar como un niño. Lloraba a causa de su impotencia, de su terrible soledad»[8]. ¿Cómo se podrá lograr consuelo? ¿Qué podrá escucharse para encontrar un lugar de respiro allí donde parece que ya no queda aire?

III. DESCONCERTADOS

Es la muerte, dice Jankélévitch, la que es siempre joven: se presenta como lo haría el dios Eros, representado como un niño debido a que es siempre nuevo para los que se enamoran.[9] Por ello, la muerte es insólita y familiar. «Nos golpea de improviso», dice Séneca.[10] Todo en

1. Didion, 2021: 34-35.
2. Didion, 2019: 115.
3. Didion, 2021: 43.
4. Aidt, 2021: 81.
5. Varela, 2016: 214.
6. Christensen, 2020: 181.
7. Christensen, 2020: 181.
8. Tolstói, 2021: 91.
9. Jankélévitch, 2009: 20.
10. Séneca, 2022: 11.

ella parece estar sometido a la sorpresa, a la ruptura de
la normalidad, aunque no haya nada más normal que la
muerte. Algo parecido afirma el protagonista de la película de Yōjirō Takita, *Okuribito* (2008), Daigo Koba-
yashi, cuando explica a su mujer que su empleo, prepa-
rador del cuerpo de los fallecidos, aunque pueda dar
miedo y despertar supersticiones, es digno. Mika, su esposa, entre el horror y la incomprensión, le suplica que
busque un trabajo normal. Daigo le responde de esta
manera: la muerte se inscribe en una normalidad que no
queremos asumir, pero eso no quiere decir que no exista. Daigo hace con esmero y con cariño un trabajo que
no esperaba desempeñar jamás: él es músico de formación y trabaja como tal en una orquesta que acaba di-
solviéndose. Por necesidad acepta el empleo en una funeraria. Lo interesante de Daigo es que con el mismo
sentimiento que tocaba el chelo prepara ahora los cuerpos para las despedidas: de forma ritual y tratando los
restos mortales con el respeto que merecen. Daigo asea
los cuerpos y los embellece delante de sus familiares en
una atmósfera de recuerdo y respeto. Es a través de esos
rituales como consigue que los dolientes puedan despedirse de sus seres queridos en un acto final lleno de cuidado. Toca, en cierta medida, los sentimientos y los afina. Y él mismo consigue para sí quedarse en paz con sus
seres queridos y consigo mismo. Eso, en realidad, es lo
que hacen los rituales: no son meramente el medio para
despedirse, sino el camino mismo para asumir el fallecimiento y dejar actuar los vínculos de afecto que conectan entre sí a una comunidad. Se trata de otro tipo de
orquesta.

A través de las exequias, siempre y cuando no sean
desmesuradas e incluso artificiosas, como denunciará
Solón en la Antigua Grecia y sobre las que críticamente

escribirán Cicerón o Plutarco, se realizan performativa-
mente aquellas acciones que nos cambian al realizarlas
y nos preparan para despedirnos de nuestros seres queridos, de tal modo que la comunidad puede reconocer
para sí misma su herida y, asumida esta, seguir adelante
a través de una reconfiguración. En esto, ni Epicuro ni
Lucrecio tendrían razón porque aunque sostienen que
la muerte «no es nada para nosotros» –porque cuando
ella está, nosotros ya no estamos–, el vacío que deja el
difunto no es ni una nada ni una nadería: es la silueta de
un lugar desocupado. El hecho de que la muerte nos lleve a la nada significa también que genera una herida en
la comunidad. Contra lo sostenido por el filósofo Lucrecio cuando afirma que no debemos temer a la muerte
porque la nada a la que nos precipita es la misma de la
que procedemos, no es lo mismo haber estado y haber
generado una huella que no haber existido jamás.[1] Esto
es también así de cara a los que sobreviven al finado: el
que ni llegó a gestarse, el que nunca existió no forma
parte de nuestras vidas, mientras que quien ha nacido,
aquel que se esperó aunque no naciera es y será siempre
un «fue» que forma parte de un «nosotros». La muerte
implica, por tanto, una disrupción en el equilibrio de la
vida: la personal, pero también la colectiva.

Toda muerte implica cambios. Estos pueden ser o
bien adaptativos o bien hacer más profunda la disfuncionalidad. Estamos acostumbrados a pensar que el
duelo es algo que tiene que hacer una persona, pero ¿y
si también debe hacerlo la comunidad? ¿Y si debe haber
un duelo en común que facilite la readaptación del grupo y, sobre todo, ayude a los miembros más allegados al
difunto? ¿Se puede afrontar la muerte del ser querido

---

1. *Rerum natura*, vv. 972-977; Lucrecio, 2010: 183.

allí donde una sociedad convierte la muerte en un tabú? ¿Estamos radicalmente solos a nivel comunitario? ¿Se puede hacer duelo cuando el duelo mismo ha de pasar inadvertido?

Los ritos, se crea o no en una vida más allá de la muerte, ayudan sobre todo a la comunidad herida a restituirse. Ese es, según Ochs, el valor «retórico» de los «ritos funerarios»: que convencen para seguir y para que se den los pasos necesarios para cerrar una etapa, de tal modo que pueda comenzarse otra. Este sería también el papel relevante de los banquetes funerarios como acto de nueva constitución (lat. *condere*), de condolencia y de recomposición.[1] De esta manera, se pone de relieve el vivir en el acto de comer y de convivir, en el acto de hacerlo juntos de acuerdo con unas costumbres, un cuidado mutuo. Por eso, como sostiene Donovan J. Ochs, aunque el difunto es el centro del funeral, todos los actos que se realizan en el mismo van dirigidos a la comunidad en su totalidad. Por tanto, las ceremonias constituyen un caso particular de comportamiento colectivo cuyo fin es la sanación y el cuidado que una sociedad se da a sí misma. Ochs indica de este modo que el funeral tiene como función restablecer y calmar a la comunidad a través del carácter performativo, formalizado, simbólico y funcional del mismo.[2] La costumbre de mesarse los cabellos y ensuciarse, embadurnarse la cara o llenarse la cabeza de barro, tierra y cenizas (gr. *miaínesthai*) sería, según Burkert, una representación simbólica de este derrumbamiento del orden colectivo.[3] Incompleta por la muerte de uno de sus miembros, la

1. Burkert, 2013: 95.
2. Ochs, 1993: 8.
3. Burkert, 2013: 99.

comunidad está desconcertada, desligada, desequilibra-
da, como si el orden hubiera sido trastocado y todo estuviera desacompasado. Las relaciones han sido altera-
das y, por tanto, el tejido social ha sido trastornado. Un
fallecimiento genera una disfuncionalidad, una quiebra
del orden, del funcionamiento de la normalidad, de las
relaciones entre las personas, porque no se trata únicamente de que alguien no esté, sino de que su muerte genera cambios en los modos de relación entre los supervivientes.

Diferentes aspectos aparecen en el funeral ante la
muerte de un anciano, de una persona joven, de una ca-
sada o soltera o de un niño, así como también hay cambios si se tiene en cuenta la clase social, no sólo por el
carácter concreto del fallecido, sino por la dimensión de
la herida que deja en el ámbito comunitario. Si no hay
adecuadas exequias a nivel colectivo, no hay una reconfiguración funcional del espacio comunitario porque,
perturbado el orden o el estado «normal» de las cosas,
hay falta de concierto, lo que significa que es necesaria
una nueva disposición que permita a la totalidad avanzar. No suenan acordes las voces porque hay una nota
que ha dejado paso a un silencio y a una profunda disonancia no resuelta. Por eso, en el mundo antiguo se
prestaba atención a la dimensión social del funeral. Con
los rituales se despide al difunto, pero también sirven a
otro propósito, donde no sólo las palabras, sino también los gestos, las canciones y las narrativas transfor-
man una comunidad doliente.[1] De ahí la importancia de
preguntarse a quién van dirigidas las exequias, qué implica realizar ciertas acciones simbólicas y a qué propósito sirven.

1. Ochs, 1993: 2.

La respuesta de Ochs es que los lamentos constituyen un instrumento simbólico para la comunidad y para la *polis*.[1] El funeral proporciona oportunidades para la autorreflexión –como escuchar, mirar– y una oportunidad para la interacción social, para el reconocimiento de las relaciones, la asunción de la desaparición de otras y la restructuración del grupo sin el difunto. La función del funeral parece basarse fundamentalmente en la memoria, pero en realidad se dirige con mayor importancia hacia el futuro, porque se trata de restructurar el mundo, el orden, una vez que este ha sido afectado por la ausencia del difunto y, por tanto, se ha alterado el tejido de relaciones. Para el difunto, es un ritual de paso hacia otro lugar; para los vivos, es una transición hacia otras relaciones y otra vida.

No se trata de creer o no en otro mundo, en un más allá o en la verdad de una idea religiosa (escatológica), sino de ser consciente de que los actos que rodean a estas ceremonias tienen efectos en el mundo de los vivos. Podemos sostener, siguiendo la tesis formulada por Kerényi, que la realidad de una creencia no se basa únicamente en un modo de pensar, sino en una realidad del mundo.[2] En el caso de la Antigüedad, se tiene por válido que la realidad de los seres humanos se estructura en una comunidad que, con la muerte, queda, también ella, herida de algún modo. El difunto no es solamente un miembro de la comunidad que podrá ser reemplazado por otro que cumpla sus funciones, sino el reconocimiento de que la singularidad de su persona, sus particularidades, dejan un vacío cuyo contorno no puede ser llenado por otro sin dejar huella o marca. Por eso, es necesario reconocer que

1. Ochs, 1993: 43.
2. Kerényi, 2009: 38.

el fallecimiento afecta no sólo a las personas cercanas al difunto sino a la comunidad que lo rodea y a la sociedad de la que forma parte. El peso del tejido de la comunidad es importante. Ella misma, al quedar destejida por la muerte, trabaja por cubrir y restructurar los vínculos, no para sustituirlos por otros como si nada hubiera pasado, sino para reconstruirlos de otra manera y hacerlos más fuertes. No se trata de afrontar la muerte solos, sino de hacer ver que, aunque el dolor es propio, afrontarlo es cosa de todos. Se da un tiempo y un espacio para ello. Por eso estos ritos ayudan sobre todo a la comunidad herida a restituirse: no son el medio para alcanzar un objetivo, sino parte misma de la curación, al presentar una forma de dolor con la que puede lidiarse. En cierto sentido, el dolor del vacío consigue una representación.

Desde el desgarro, ningún horizonte puede abrirse, ningún nuevo día puede nacer que no lleve obsesivamente al anterior. Y así, enquistado en el dolor, el doliente se desliga más de la comunidad, se pierde en sí mismo, vive, en realidad, entre vivos y muertos. Con la muerte, el tempo social cambia y se produce un corte respecto al tiempo que rige nuestra normalidad. El ritmo de las palabras, acompañadas con el tono de los *auloi*, permitía a la comunidad reunirse en un sentimiento, rodeada de un ritmo que los hacía vibrar a todos en la misma sintonía. Este es, precisamente, el sentido de la fiesta subrayado por Kerényi: sentirse comunidad.

En esta misma línea quizá quepa ver en las exequias modos de delimitar, dar forma, contorno a lo ilimitado del dolor y, en cierta medida, reorientarlo para encontrar una salida del *póthos* del dolor interno a través de los ritmos, las cadencias y las melodías. De ahí la importancia de las repeticiones rítmicas y de ciertos marcos fijos. «Consolar», del latín *consolor* significa «apaciguar o calmar» (lat. *solor*) en comunidad o en reunión (como indica el prefijo «con-»). Normalmente entendemos que una persona *consuela* a otra, pero ¿y si se trata de generar el espacio entretejido de relaciones, incluso institucionalizadas, por las cuales se hace posible el alivio *en nosotros*? No es, por tanto, la iniciativa individual de dar el pésame, sino el acto comunitario, que proporciona un lugar con una temporalidad concreta, pausada, lo que hace posible no ser arrastrado por la muerte del ser querido, sino por la vida de una comunidad que se está reconfigurando a través de estos rituales. Enquistado en el dolor, como la madre de Odiseo o Aquiles, el doliente se desliga más de los vivos y tiende hacia la muerte no por la muerte misma, sino por ser arrastrado por el vínculo que se tiene con el difunto a una temporalidad que no es la de la comunidad. Gritar, por ejemplo, puede llegar a tener un valor comunitario al convertirse en el «recipiente» en el que el doliente vierte también su grito, que queda así depositado en un tejido sonoro colectivo en el que apoyarse y sentir un soporte cuando el suelo se ha abierto bajo los pies.[1]

Los cantos permiten a los dolientes habitar en un espacio sonoro compartido en el que la comunidad vibra en el mismo tono. Aristóteles, como vimos, señaló la importancia de la música e incidió en la influencia que esta tiene en nuestro estado anímico: con la música nos llega realmente el sentimiento que se quiere transmitir a través de ella. Este impacto que la música ejerce sobre el estado emocional es explicado por Aristóteles a través de la afinidad que existe entre nosotros y ciertos ritmos en determinados momentos, como si pudiéramos unificar la vibración de lo que suena con la que sentimos

---

1. Cfr. Engel, 1962: 275.

dentro: «por eso muchos sabios afirman, unos, que el alma es armonía, otros, que tiene armonía».[1] En los ritos colectivos, de este modo, parece que nuestra alma vibra con la armonía de los cantos.

Los ritos fúnebres consiguen, así, que si la muerte nos desconcierta, es decir, descompone, desgaja, introduce desgarro, perplejidad y el sentimiento de un mundo roto, con los acordes de voces e instrumentos se abre la posibilidad del reencuentro y de una melodía que, aunque dolorosa, indica una salida, la posibilidad de un «concierto». Volvemos a concertar, es decir, a concordar con la vida más que con la muerte. Todo ha de tener su mesura, sin embargo. El mismo motivo que explica la capacidad catártica y liberadora de la música puede ser, si no es aplicada con cautela, fuente de peligro. Por eso, de entre todos los instrumentos, paradójicamente Aristóteles rechazó con mayor énfasis el aulós porque su sonido puede llegar a «arrebatar el alma».[2] Longino pensará algo muy parecido: «¿Acaso el aulós no provoca en el público ciertas emociones, haciéndole perder de alguna manera la cabeza en un completo frenesí? ¿No obliga al oyente a ir a tempo gracias a cierto ritmo interno, poniéndole en sintonía con el canto, aunque esté totalmente desprovisto de cultura musical?».[3] Así también Aristóxeno, como recoge Plutarco, sostiene que, con ocasión de la muerte de Pitón, Olimpo tocó el aulós en el primer canto fúnebre.[4]

Volvamos al *Fedón*. En este diálogo, Platón había definido la muerte,[5] a través de Sócrates, como la «separa-

1. *Política*, 1340b. 16-19; Aristóteles, 2000a: 427.
2. *Política*, 1342a. 9-11; Aristóteles, 2000a: 432.
3. *Subl.* 39. 2; Longino, 2022: 158.
4. *Sobr. la música*, 1136C. 5; Plutarco, 1978: 380.
5. *Fedón*, 64c; Platón, 2000c: 39.

ción [gr. *apallássō*] de alma y cuerpo», donde *apallássō*
hace referencia a «separar» pero también a «soltar»,
«echar fuera», «partir» o «alejarse». Por tanto, en la
muerte, según se entiende normalmente, el alma se ale-
jaría del cuerpo. Pero más allá de este sentido, del que
en realidad nada podemos afirmar sin basarnos en la
pura creencia –¿hay un alma inmortal?–, nos podemos
preguntar: ¿y si se trata de otra separación? ¿Y si, más
allá de Platón, recuperamos el sentido de *apallássō* de
otro modo? ¿Y si en realidad lo que encontramos con la
muerte es la separación que los dolientes experimentan
respecto del mundo de los vivos? ¿Se trata de que al morir el difunto se *suelta* de los vivos o son los vivos los
que han de soltar al difunto? ¿Qué se separa dentro de
nosotros cuando un allegado se va? ¿En qué ritmos y
temporalidades distintas vivimos cuando la muerte
cambia nuestro mundo cotidiano? ¿Hay un ritmo del
difunto que no sea el silencio? ¿Cuál es el ritmo de los
allegados más próximo al del finado? ¿Y cuál es el ritmo con el que vibra la comunidad? ¿Cuál sería la función de la música en nuestro estado anímico y cómo se
articula con la comunidad? ¿Por qué la nenia es una
nana que nos alivia?

Podemos dar una primera respuesta. En los cantos
antiguos vistos, sean *thrēnos*, *góos* o nenia, la vibración
y el tempo interno de quien ha perdido a alguien con-
cuerda con la vibración y el tempo externos de estos
cantos y así, la música, que en principio exteriorizaba el
dolor, al sincronizarse y hacerse una con la de los dolientes, consigue paulatinamente identificar ritmo interno y ritmo externo hasta lograr finalmente una inver-
sión por la cual es lo externo lo que guía el sentimiento
interno y le proporciona la oportunidad de una salida al
bucle interno de dolor. El doliente ha de vibrar con el

ritmo de la comunidad de los vivos y no dejarse llevar
por la melodía luctuosa del difunto, que sólo le condu-
cirá a la muerte. La tonalidad reordena, reagrupa y genera un territorio en el que encuentra espacio la forma
de la interioridad propia. Es la pura materialidad sonora la que levanta las paredes de un recipiente para verter
el dolor. Así, el canto regla el espacio y lo delimita para
contener, paradójicamente, lo ilimitado del sufrimiento

Cercanos a las nanas son, pues, a veces, los cantos
funerarios, que están relacionados con el llanto, como
si ese ritmo y su melodía permitieran no sólo expresar el
dolor, sino también darle salida, al dejar mecer el sufrimiento entre las notas de una melodía que al mismo
tiempo que exterioriza, sin embargo, desgarra. Deleuze
y Guattari escriben, en *Mil mesetas*: «Un niño en la oscuridad, presa del miedo, se tranquiliza canturreando.
Camina, camina y se para de acuerdo con su canción.
Perdido, se cobija como puede o se orienta a duras penas con su cancioncilla. Esa cancioncilla es como el es-
bozo de un centro estable y tranquilo, estabilizante y
tranquilizante, en el seno del caos. Es muy posible que
el niño, al mismo tiempo que canta, salte, acelere o ami-
nore su paso; pero la canción ya es en sí misma un salto:
salta del caos a un principio de orden en el caos, pero
también corre constantemente el riesgo de desintegrar-
se. Siempre hay una sonoridad en el hilo de Ariadna».[1]
La música puede hacernos salir del laberinto del dolor
o profundizar más en él. Puede, incluso, ser el hilo que
nos una en la danza de una muerte compartida, como
la de Aquiles cuando sabe que, muerto Patroclo, su
destino es la muerte.[2] En él el vacío crece y todo lo ocu-

1. Deleuze y Guattari, 2015: 318.
2. *Il.* 19. 421; Homero, 2013b: 65.

pa.[1] El llanto tiene, gracias a la pared sonora que lo soporta, un territorio en el que desplegarse sin caer en el vacío: un pasamanos, una barandilla. Este asidero es la nana, que territorializa el dolor y le pone límites a través de la partitura del canto. De este modo, la dimensión social del duelo proporciona un orden cuando todo parece caótico, una compañía cuando la soledad se impone y un lenguaje, aunque no sea verbal, que es capaz de sincronizarse con nuestro dolor y darle forma.

La muerte es generadora de cultura y por tanto conforma la comunidad porque la manera de afrontarla revela en qué estado se encuentran los vínculos entre los miembros de una comunidad, así como la concepción que se tenga de lo que significa ser un «sujeto». Los rituales sociales son necesarios a nivel simbólico para tejer y entretejer, para volver a zurcir, allí donde se sufren daños. La pérdida nos deja cercenados por el límite que impone la guillotina de la muerte. Lo que queda puesto de manifiesto bien a través del mundo griego o romano, o incluso el egipcio, al que Jan Assmann dedicó su trabajo[2], es que las exequias son tanto para los que se quedan como para los que se van. En ambos casos, en la Antigüedad, constituyen un ritual de paso y de transformación que debe permitirles superar una prueba, bien para el difunto, que habrá de cambiar su estado y convertirse en otra cosa, en una divinidad o un rey, bien para los dolientes, de modo que superen esta pérdida y devengan supervivientes y no muertos vivientes.

---

1. *Il.* 19. 321; trad. modif. Homero, 2013b: 59.
2. Assmann, 2000.

2

que cantan en una ciudad sin muros

Jantipa gime y se golpea el pecho.[1] Como si tuviera a flor de piel la capacidad de sentir y todo fuera extremo y desmedido, a veces Apolodoro ríe sin medida y otras no puede controlar el llanto,[2] hasta que, llegado el último momento, las lágrimas se imponen.[3] A Sócrates en cambio «se le ve un hombre feliz», lleno de serenidad y nobleza.[4] Cuando Critón le ve beber la cicuta no es capaz de contener su llanto,[5] como tampoco puede hacerlo Fedón, que llora con violencia y libera mares de lágrimas «de manera que cubriéndome comencé a sollozar, por mí, porque no era por él, sino por mi propia desdicha».[6] Por lo que sabemos, Platón no está presente.[7] El motivo de su ausencia, según se cuenta en el diálogo, es que ha caído enfermo. ¿Lloraría por su muerte o se alegraría por su maestro? Como en el final de la película *El séptimo sello* (1957), de Ingmar Bergman, los personajes del diálogo platónico parecen representar las diferentes reacciones que tienen los hombres ante

1. *Fedón*, 60a-b; Platón, 2000c: 29.
2. *Fedón*, 59b; Platón, 2000c: 27.
3. *Fedón*, 117c-d; Platón, 2000c: 139.
4. *Fedón*, 58e-59a; Platón, 2000c: 25-26.
5. *Fedón*, 117d; Platón, 2000c: 139.
6. *Fedón*, 117c; Platón, 2000c: 139.
7. *Fedón*, 59b; Platón, 2000c: 27.

la muerte, pero no ante la propia cuando esta nos persigue en un juego perdido de antemano, sino, salvo en el caso de Sócrates, ante la muerte de quien nos importa. No cuesta imaginárselo ocupando el lugar del caballero Antonius Block, conversando con la Muerte, aunque su diálogo sería muy distinto al sostenido por el cruzado. Al contrario que Block, Sócrates no desespera ni pide más tiempo, no propone juegos de ajedrez, no lo demora ni busca prórrogas.

Con el mar en calma, como en la escena inicial en blanco y negro que nos presenta Bergman en su película, Sócrates está tumbado cerca de la orilla, quizá algo incómodo porque él prefiere estar en la ciudad y no termina de encontrar acomodo en la arena de la playa. La naturaleza además no suele «decirle nada» como confiesa en el *Fedro*. De fondo llega el rumor de las olas, su batir contra las rocas y el silbido del viento que todo lo arrastra y que tiene, por lo mismo, la capacidad de traernos ante nosotros lo inesperado. Huele a sal. El cielo está gris, como una cúpula de plomo cubierta de nubes. En lo alto planea un ave marina de contorno oscuro. Como si el tiempo se hubiera parado y con él las olas, el estruendo del mar desaparece. Se hace el silencio. Sócrates levanta la cabeza. Y la ve. La Muerte. Su imagen no se corresponde con las representaciones femeninas de la misma, como la de las Keres, que representan la muerte violenta. Con su androginia y su oscura casulla, sería en todo caso más parecida al dios adolescente (y a veces alado) Thánatos, identificado posteriormente con los dioses latinos Mors y Letum. Thánatos era, según Hesíodo, hijo de la Noche (gr. *Nyx*) y hermano gemelo de Sueño (gr. *Hypnos*), con el que siempre está, y que aparecía para trasladar el alma del difunto cuando este había tenido una muerte en la plenitud de la vida y, por tanto, antes de que el cuerpo padeciera los efectos de su hermano Geras (la vejez). Thánatos representa la muerte aristocrática y heroica. La que tiene ahora frente a sí Sócrates viste de riguroso negro, pero carece de guadaña. Es más bien, con todo, una representación medieval de la muerte. Sólo destaca su pálido rostro en la oscuridad que la rodea. La Muerte puede verse, por tanto, y aunque en esta escena tiene la cara inexpresiva de un don nadie, en otras películas de Bergman, como *Fresas salvajes* (1957), tiene un rostro reconocible: el nuestro, el de nuestros seres queridos, que, teniendo sus rasgos, al morir son y no son los que eran. Cuando Simone de Beauvoir cuenta cómo fue la muerte de su madre, describe así los momentos en los que, sin conocer su destino, ella la acompañaba: «al pie de su cabecera fue donde vi a la Muerte [...] tenía el mismo rostro que mamá cuando descubría su mandíbula en su amplia sonrisa de ignorancia».[1]

Con otro sentido muy distinto del empleado por Lévinas al hablar del rostro para quien el «otro es un más allá inaprensible»,[2] ahora el otro es materialmente un más acá aprehensible y precisamente por eso, de difícil aceptación. Este carácter corruptible, propio del cuerpo sin vida, lo convierte en objeto de negación. Lo finito, por tanto, en el rostro. Del mismo modo y lejos de lo sostenido por el autor de *Ética e infinito*, allí donde para aquel la presencia del otro no entraba en la esfera de nuestra mismidad, es decir, en lo que forma parte reflexivamente de nosotros mismos, y reconocía así la alteridad frente a nosotros en un ámbito ético, tras el fallecimiento lo que sentimos de forma intensa es la pre-

---

1. De Beauvoir, 2003: 154.
2. Lévinas, 2020: 217-219.

sencia de una alteridad en nuestro interior, la de nuestro ser querido, que forma parte de nosotros, que es
constitutiva, que está dentro, que siempre lo estuvo,
pero que ahora late en nosotros con más fuerza. El vínculo no es únicamente ético, sino consustancial. Nos
hemos hecho con él. Y por eso duele: porque no es un
añadido a nuestras vidas, porque no es un acompañante
que roce nuestra superficialidad, sino porque construimos una vida con ellos o contra ellos. Y ya no están.
Una muerte puede pesar si la persona nos aportó, pero
también puede liberar, bien porque supone el fin del sufrimiento de quien amamos, bien porque nos hizo la
vida peor. El rostro del fallecido significa una identidad
para los dolientes, pero es un rostro en el que no hay
nadie que exprese nada. Las máscaras mortuorias descritas por Polibio o Tácito como representaciones de los
rostros de los difuntos serían, de un extraño modo, representaciones de la muerte una vez que esta se ha presentado. Resuenan aquí las preguntas que Cicerón se
hace en las *Tusculanas*: ¿en qué momento Héctor deja
de ser Héctor?[1] o, dicho desde el *Fedón*, ¿el cuerpo de
Sócrates es Sócrates o sólo un resto? ¿Es «eso» lo que
nos queda?

Ante la pregunta de la Muerte en la película de Bergman, «¿Estás preparado?», Sócrates, con gesto impasible como lo imagina Cicerón,[2] respondería: «Pienso que
nada voy a ganar [muriendo] más tarde, nada más que
ponerme en ridículo ante mí mismo, apegándome al vivir y escatimando cuando ya no queda nada».[3] Sobre lo
que hablarían en el trascurso de esta conversación po

1. *Tusc.* I, 44; Cicerón, 2010: 141.
2. *Tusc.* III, 15; Cicerón, 2010: 214.
3. *Fedón*, 117a; Platón, 2000c: 138.

demos elucubrar varios escenarios, pero no cabe duda de que, allí donde Antonius Block muestra sus miedos, está arrepentido por haber sido indiferente a los hombres y a las cosas y se lamenta por haber vivido ajeno a la sociedad, Sócrates se mostraría satisfecho por una vida examinada, por haberse sentido concernido por todo lo humano y por la búsqueda incansable de la verdad, lo bello y lo justo en las calles de la ciudad. Puede que Sócrates incluso ayudara a la Muerte, como hiciera con Menón, a alumbrar todos los conocimientos de los que dispone sin saberlo, en esa ignorancia que la propia Muerte confiesa tener a lo largo de la película de Bergman: «Yo no tengo nada que revelar. Yo no sé nada». Empezaría, quizá, desde la simpatía que le despierta este no saber y después se interrogaría sobre si ella es una imagen de la muerte o la Muerte en sí misma, sobre qué es lo que la diferencia de la nada y del no-ser. La muerte no tendría misterio alguno, en eso estarían de acuerdo los dos, aunque lo que haya después de ella esté sujeto a la especulación. Esta actitud serena y confiada de Sócrates sería, desde entonces, modelo de conducta para muchos de los que se dedican a la filosofía. Así, aparecerá también Aristóteles en el tratado seudoaristotélico *Liber de pomo* o *Libro de la manzana,* de mucho predicamento en el siglo XIII gracias a Manfredo de Sicilia y que es llamado así por ser una manzana lo que une a Aristóteles con la vida: «si no fuera por esta manzana que en mi mano tengo y cuyo olor me reconforta y prolonga mi vida, ya habría expirado».[1] En este texto, los sabios se congregan en torno a un Aristóteles platonizado que afirma, rotundo, la inmortalidad del alma, recomienda sus propios libros y muere en paz y sin re-

1. Acampora-Michel, 2001: 76-77.

sistencia, aunque se apegue a la vida bajo la forma del fresco olor de la fruta del conocimiento... si bien, lo cierto es que la manzana, antes de ser fruta del saber, lo fue del amor.[1]

A diferencia de Sócrates, los que lo acompañaban en este último día, como los compañeros de viaje de Block, reaccionarán de modo diferente. En una de las escenas finales de la película, los seis personajes –Karin (la esposa de Block), el herrero y su mujer Lisa, la misteriosa joven que no habla, Antonius y Jöns– aguardan la llegada inminente de la muerte. Están todos juntos, pero solos con ella ante su presencia. No se miran entre sí. Llama la atención que la muerte les haya llegado no a campo abierto, en medio de los oscuros caminos, en las calles o tabernas, sino al llegar a casa de Block, que es una fortaleza rodeada de muros y almenas. Quizá se deba a que, como sostuvo Epicuro, «a causa de la muerte, todos los hombres habitamos una ciudad sin muros»[2] porque no hay protección posible ni barrera aunque se esté dentro del castillo más inexpugnable. Siempre llega. Morimos, le moriremos a alguien, se nos morirá a nosotros un ser querido. Qué importante este pronominal: «le moriremos», «se nos morirá», «se nos muere». Su muerte es algo nuestro, algo que nos afecta. Karin, el herrero y Lisa reaccionan con sumisión, silencio y congoja. La joven muda, salvada por Jöns a lo largo de la película, lo hace con lágrimas serenas en unos ojos cuya mirada refleja la nada que tanto teme el caballero. Antonius llora. Pese a su enfado, la actitud del escéptico escudero Jöns sería la más parecida a la de Sócrates. Le dice a Block: «Sécate las lágrimas y mira el fin con sere-

1. Carson, 1988: 87.
2. Cfr. García Gual, 2022: 2018.

nidad». La cámara de Bergman apunta a sus ilumina-
dos rostros sobre un fondo negro, como si poco a poco
ellos mismos en su palidez se transformaran en la imagen de la Muerte en la playa del comienzo, pero ahora
con otra cara, una reconocible: la de cada uno de ellos.
El rostro mismo del funesto personaje ya no se ve en estas últimas escenas, y del primer plano de la joven muda
que de pronto verbaliza «*Consummatum est*» pasamos
al primer plano de otra joven, Mia, lejos de esa escena
de muerte y llena de vida en un amanecer, es decir, un
recomenzar. Después, ya muertos los compañeros de
viaje de Block, danzan. Y dice Jof, viéndolos desde lejos: «la Muerte les invita a bailar cogidos de las manos». Así se sostiene que la muerte nos iguala a todos,
ricos y pobres. Puede que la muerte nos iguale, pero hay
grandes diferencias en el morir.

Por lo dicho, también para Bergman parecería que la
muerte es cuestión de soledad y que si tenemos algo en
común es que todos marcharemos con ella y allí estare-
mos todos igualados. Morimos solos ciertamente, pero
también desde el comienzo de la película, cuando Antonius sabe que la Muerte viene a buscarle sin demora,
busca momentos compartidos y, sobre todo, busca aportar algo positivo a los demás y dejar una huella que, aunque no conozca nadie, permanezca. Quiere más tiempo
antes de morir para hacer, por fin, algo con sentido.
Siente que el vacío, más que en la muerte, cae del lado de
la vida que ha vivido. Su propósito es entretejerse con
los otros y que la humanidad no le sea indiferente. Así lo
hace al ayudar a los juglares, Jof, Mia y su hijo Mikael,
cuando los salva de la muerte. «Llenarse» será a lo que
aspire, lo que incide no en la soledad de la muerte, sino
en la colectividad significativa de lo que queda tras ella.
«Haber llenado». En un día tranquilo y sencillo Block le

confiesa a Mia: «Siempre recordaré este día. Me acordaré de esta paz, de las fresas y del cuenco de leche, de vuestros rostros bajo esta última luz. Me acordaré de Miguel así dormidito y de José con su laúd. Conservaré el recuerdo de todo lo que hemos hablado. Lo llevaré entre mis manos, amorosamente, como se lleva un cuenco lleno de leche hasta el borde... Me bastará este recuerdo como una revelación». La revelación es, precisamente, la imagen del cuenco que se llena de leche pero también, metafóricamente, de la aportación de los otros que nos llena a nosotros. La vida misma desde este punto de vista sería un cuenco que se va llenando, la vida como ganancia, más que tiempo cuantitativo que va restándose. ¿Qué son, entonces, todas las vivencias y experiencias que tenemos? ¿Adónde van? ¿Consisten en una resta? ¿Comenzamos con todo el tiempo por delante o más bien nos vamos construyendo en el tiempo que vivimos? Quizá ese sea el motivo por el que Plutarco se preguntaba por quién se llora ante la muerte: ¿por el difunto o por el beneficio que nos reportaba su compañía?[1] ¿Se llora entonces por el ser querido o por uno mismo? ¿Se llora por la muerte del difunto o se llora por amor al ser querido? ¿Por qué cuanto mayor es el amor y más cercano el vínculo, más duele la muerte?

I. DENTRO DE UNA PRISIÓN

Según afirma Cioran y repite Calvino, mientras el verdugo prepara la cicuta, Sócrates se empeña en aprender una melodía de flauta (aunque habría que decir aulós). Ante la pregunta de sus acompañantes de para qué le

---

1. Plutarco, 1986: 84.

servirá, él responde: «para saber esta melodía antes de morir».[1] Así lo cuenta en *Desgarradura*: «si me atrevo a recordar esta respuesta, trivializada por los manuales, es porque me parece la única justificación seria de la voluntad de conocer, ya se ejerza en el umbral de la muerte o de cualquier otro momento». De ser cierta esta anécdota, si el saber está tras la muerte, ¿no podría aprender esta música más allá? ¿Por qué elige el aulós, vinculado a Dionisos, y no la lira apolínea, por la que muestra preferencia en la *República*, porque guía a un vivir ordenado?.[2] Según recoge Diógenes Laercio, compuso un peán, pero este tipo de canto se acompañaba de la lira, por estar dedicado a Apolo, y no del aulós.[3] Y Nietzsche, con el talante antisocrático que siempre le acompaña, sostiene que si Sócrates compone versos, se debe a su «intuición apolínea» de no comprender nada en realidad.[4] Apolo, por cierto, toca la lira. Independientemente de que esta anécdota sea fiel a la realidad o no, apunta en una dirección que sí aparece en los diálogos platónicos de forma expresa: que la filosofía será la «música más alta» a través de la cual hable a sus discípulos sobre la muerte, como afirma en el *Fedón*. Se ha llegado a contar que Platón hizo llamar a una muchacha tracia para que tocara con el aulós la melodía por él indicada, si bien ella no encontraba el ritmo adecuado.[5]

Aunque el *Fedón* se ha entendido desde la Antigüedad como un diálogo que defiende y prueba la inmortalidad del alma, tan bien argumentado que lleva a convencer de la misma a todo aquel que lo lea, e incluso a

1. Cioran, 2004: 84.
2. *República*, 399d-401a; Platón, 2000d: 173-177.
3. Diógenes Laercio, 2016: 120-121.
4. Nietzsche, 1997: 123.
5. Cfr. Voegelin, 1957.

desear la muerte[1] o llegar a dársela, como dice Calímaco que hizo Cleómbroto de Ambracia,[2] el diálogo puede
interpretarse desde otra perspectiva: no tanto desde lo
que afirma Sócrates en él, sino desde lo que performati-
vamente se construye a partir de él y con lo que se pone
de manifiesto en la forma misma de encadenar las palabras entre sí conformando un *lógos*. No en vano el verbo *légein*, de donde procede *lógos*, significa ensamblar.
Porque si el diálogo es posible y el mensaje nos llega es
porque se ha establecido entre las partes no sólo un vínculo, sino también un acceso sin defensas y hacia lo íntimo de lo que en él se sostiene. La voz de Sócrates les
llega porque les importa. Y él les indica, efectivamente,
que la muerte es la separación de alma y cuerpo y que
de este modo su alma irá a un lugar mejor, pero también les pide que «no le suelten».[3] Desde esta perspectiva, lo que encontramos al comienzo del *Fedón*, como en
todos y cada uno de los diálogos platónicos, es la dimensión plural y diversa que siempre acompaña a Sócrates, incluso cuando habla con su *daimon*, porque,
como expresa Arendt, de uno pasa a ser dos: nosotros
hablando con nosotros mismos. Esta dimensión se da
en diálogo donde hay una forma de comunidad. No
está solo en sus recorridos por la ciudad, ni siquiera
ahora, cuando se encuentra en la prisión esperando a
que se dé cumplimiento a la condena. La muerte, aquella que no sabe de muros, como dijera Epicuro, se ve
encarada paradójicamente por quien se encuentra en
prisión para derribar las paredes corporales que lo contienen y liberarse con la filosofía.

1. *Tusc.* I, 31; Cicerón, 2010: 123.
2. Calímaco, 1999: 136.
3. *Fedón*, 115c; Platón, 2000c: 136.

Desde el inicio, como hemos ido viendo, Sócrates relaciona el discurso filosófico con la música, algo que no es una excepción en la obra de Platón. Le acompaña en sus últimos momentos su círculo cercano: su mujer, que lleva en brazos a su hijo, Apolodoro, Critobulo, Hermógenes, Esquines, Simmias, Fedón y Cebes, entre otros. Cuando Sócrates comienza a hablar sobre la muerte, a Cebes y a Simmias los invade el miedo ante la posibilidad de que nada sobreviva tras ella y, sorprendido, Sócrates les dice: «estáis atemorizados como niños como si el alma al salir del cuerpo se dispersara con el viento»[1]. Cebes le contesta: «no es que estemos temerosos, sino que probablemente hay en nosotros un niño que se atemoriza ante estas cosas. Intenta, pues, persuadirlo de que no tema a la muerte como teme al coco». Y con estas palabras comienza Sócrates su exposición: «En tal caso es preciso entonar [gr. *epáidein*] palabras de calma [o conjuros: gr. *exepáisēte*]».[2] Si en este escenario la muerte nos convierte en niños no es a causa de la muerte por sí misma, sino por el miedo que nos infunde la idea de nuestro propio final. Los términos empleados por Platón en su texto, *epáidein* y *exepáidō*, aluden tanto a palabras cantadas (gr. *aeídō*) de consuelo y sanación (gr. *epōidē*) como a fórmulas mágicas y conjuros, pero es también la palabra que atrapa, que hechiza, que encanta, de ahí que se encuentre a veces en esferas no mágicas con el sentido de «hechizar». *Epáidein* procede de la familia de *aeídō* (cantar algo a alguien), de donde deriva «aedo», que es el cantor épico de la Antigua Grecia, y se relaciona a su vez con «epodo» (gr. *epōidós*) que en métrica consiste en un último verso que

---

1. *Fedón*, 77d-e; Platón, 2000c: 65-66.
2. *Fedón*, 77d-e; trad. mía. Platón, 2000c: 66.

se repite muchas veces. En cierta manera, el diálogo construye también una red sonora de vasos comunicantes. El músico parece, de este modo, dar el testigo al filósofo, al menos si seguimos el diálogo apócrifo *Axíoco*, en el que el músico Damón, incapaz de insuflar palabras de aliento al moribundo padre de Clinias, le acompaña en busca de Sócrates para que este pueda consolarlo.[1] La mención es relevante, al menos si se tiene en cuenta que Damón es el músico al que se le atribuye el desarrollo de una doctrina pitagórica del *ethos* según la cual los modos, ritmos y melodías educan el alma.[2] La filosofía, se sostendrá en el *Fedón*, es la «música más alta», como ya se ha mencionado, por lo que no todo ritmo es válido ni toda música cura. Como Sócrates dirá en la *República*, la que se extrae del aulós, por ejemplo, es un peligro.

Por eso, aunque ciertamente la afirmación de Sócrates puede entenderse como un cantar hechizos para conjurar miedos y encararlos, el matiz del canto, la métrica y la cura están presentes en sus palabras, guardando una conexión entre el consuelo y lo que implica la música. La cura es también emocional. Como a niños asustados es entonces como Sócrates comienza a hablarle a su círculo íntimo, haciendo uso del poder de la palabra con cierto ritmo y cierta medida. La mención de este musical consuelo no es nada extraña si pensamos que al comienzo del diálogo se alude a las propias composiciones poéticas elaboradas sorprendentemente por Sócrates, quien versifica y pone música a algunas fábulas de Esopo, inducido por sus propios sueños: «a mí también el sueño me animaba a eso que yo practicaba,

1. *Axíoco*, 364a; Platón, 2022: 406.
2. Cfr. Fubini, 2005: 60-61.

hacer música [gr. *mousikēn poieîn*], en la convicción de que la filosofía era la más alta música, y que yo la practicaba».[1]

Cebes se entristece porque, muerto Sócrates, nadie podrá cantarles y «hacerles libres». El propósito de Sócrates consiste en que aprendan a tocar la música por sí solos y unos con otros. ¿Dónde encontraremos un buen (en)cantador?, le pregunta Cebes, y responde el esposo de Jantipa: «Debéis buscarlo vosotros mismos y unos con otros [gr. *met´ allēlōn*]».[2] Al filósofo no le interesa dictar a los demás qué deben pensar o qué cantar, sino algo mucho más radical y profundo: enseñar cómo pensar, cómo componer, cómo cantar; le interesa el camino mismo, el hacerlo y recorrerlo, más que el resultado final. Este es el sentido de la obra de Platón y esta la ganancia que Sócrates quiere dar a los suyos.

Es importante poner énfasis en la preposición que emplea Sócrates en la cita anterior, *metá*, que cuando rige genitivo, como es el caso, tiene el sentido de «entre», «en medio de», «en unión», lo que quiere decir que la música es algo más que la suma de las notas; es lo que crece y se eleva en el conjunto de un nosotros. Se canta para alguien: para los demás, para uno mismo cuando a través del diálogo con nosotros nos desdoblamos en dos. Así lo había sostenido Hannah Arendt, como ya se ha indicado, al hablar de aquel «dos en uno» o solitud, porque, aunque estemos solos, tenemos la posibilidad de tomar distancia de nosotros mismos y establecer un diálogo interno,[3] por lo que el canto es ya señal de comunidad que, aunque afecta al sujeto, se da

1. *Fedón*, 61a; Platón, 2000c: 32.
2. *Fedón*, 78a; Platón, 2000c: 66.
3. Arendt, 2007: 116.

únicamente en ese *entre* de la intersubjetividad que me
constituye. Por tanto, tomando distancia, podemos can-
tarnos o consolarnos a nosotros mismos a través de la filosofía. Como quien canta en la oscuridad y se siente, de
pronto, algo más acompañado y algo menos temeroso.

La música más alta de la que habla Sócrates no consiste en un mero reflexionar sobre sí mismo y el mundo
según el conocido «conócete a ti mismo», sino un cuidar y un actuar, un formar que no se conforma con vivir, sino que le da forma a través de un sentido. Es un
vivir con otro mirar.[1] Por eso, si el mayor de los miedos
es la muerte, «los que de verdad filosofan [...] se ejercitan en el morir»,[2] no porque vivan pensando en la
muerte, sino –y esto no lo dice Platón– porque al querer
entender la verdad del mundo, se criba lo importante de
lo que no lo es y se da a todo su medida. Ahora bien, ¿es
la filosofía la más alta música porque *nos prepara* para
la muerte? ¿El filósofo es aquel que sólo piensa en la
muerte, como le sucede a Montaigne,[3] o, como dirá
Spinoza,[4] el hombre libre en nada piensa menos que en
la muerte? Ejercitarse en el morir no significa despren-
derse de la vida para entregarse a la muerte, sino des-
prenderse de aquello que no nos permite vivir con conciencia al ser arrastrados por la inercia de los días.
Filosofar es cuestionarlo todo, dar su justo valor a los
elementos con los que nos relacionamos, descolocarlo
todo, desquiciarlo de sus marcos habituales a través del
ejercicio de la música filosófica, incluso la propia concepción de la muerte defendida por Sócrates que estoy

1. Gabilondo, 2004: 31.
2. *Fedón*, 67e; Platón, 2000c: 45.
3. Montaigne, 2014: 203.
4. Spinoza, 2003: 361.

exponiendo: «está claro que el alma es algo inmortal, me parece que es conveniente creerlo así y que vale la pena arriesgarse –pues bello es el riesgo– y cantarse [estas palabras] a uno mismo [gr. *epáidein*]».[1] ¿Sócrates nos ayuda a entender la muerte o nos da un discurso edificante?

La muerte consiste, entonces, para Platón, o bien en una transformación (gr. *metabolē*), como leemos en la *Apología*, o bien en ser nada (gr. *mēdén eînai*), ausencia de sensación y de sueño, «como quien duerme sin soñar».[2] Desde entonces y en torno a una afirmación de este mismo diálogo, el *Fedón*, se entenderá que la filosofía es una preparación para la muerte o *meditatio mortis*, según la formulación latina que retomará Cicerón,[3] donde no hay que perder de vista que «meditación» y «medicina» pertenecen a la misma familia: la del cuidado y la medida. La filosofía mide al ser humano ante sus miedos, al conjurarlos como un ejercicio que compromete toda nuestra existencia, porque quien cuida y se conoce es capaz de afrontar las batallas y dificultades del vivir en el curso mismo de su vida. No le faltarían razones entonces a aquellos que, malinterpretando a Deleuze, han sostenido que la filosofía sirve para entristecer.[4] Al fin y al cabo, si esta se erige como *meditatio mortis*, algo lúgubre se mostraría, sobre todo si recuperamos afirmaciones de Platón según las cuales el filósofo «va moribundo».[5]

Pero si Deleuze afirma tal cosa es porque la actividad filosófica derriba ídolos, lugares comunes, creencias

1. *Fedón*, 114d; Platón, 2000c: 134.
2. *Apología*, 40c-d; Platón, 2000a: 49.
3. *Tusc.*, I, 31; Cicerón, 2010: 123.
4. Deleuze, 2013: 149.
5. *Fedón*, 64b; Platón, 2000c: 37.

que tomábamos como certezas, denuncia ficciones y lo-
caliza lugares que, aunque inhóspitos, nos son cómodos
por conocidos. Y es ese desmontaje el que, como destrucción de aquello a lo que se tenía apego, causa tristeza, según el francés. Pero por esta misma actividad, muy
al contrario, la filosofía también emociona, porque
cuando enseña a mirar distinto y el ser humano se encara a la realidad, aunque a veces sea consciente de dimensiones inquietantes, preocupantes e incluso espan-
tosas, de certezas que nos son dolorosas o demasiado
duras, también se introduce la posibilidad no sólo de
saber medir el verdadero peligro que implica una vida
mal vivida, sino que alimenta una nueva mirada en uno
mismo, la del niño asombrado, que es, desde Aristóteles, el origen de toda filosofía de antes y de ahora: «en
efecto los hombres –los de ahora y los de antes– comen-
zaron a filosofar al quedarse maravillados ante algo que
en un primer momento comúnmente causa extrañeza y
después sintiéndose perplejos».[1] Paradójicamente, sólo
asumiendo como niños el riesgo de vivir descubriendo y
desvelando misterios no seremos niños ante el miedo
que nos causa la muerte. Sabemos que llegará y podemos preguntarnos qué llegará con ella para los que quedan. Puede, por tanto, que la muerte nos convierta en
niños que quieren saber, que sienten la necesidad de
comprender, que se hagan preguntas y que busquen un
sentido, que busquemos el porqué y los motivos.

La música filosófica nos cambia la perspectiva y la
mirada, lo que implica cuestionarse los conceptos de
muerte que solemos manejar. Por eso es importante
poner énfasis no tanto en la muerte individual o en la
inmortalidad de cada una de nuestras almas, sino en

1. *Metafísica*, 982b; Aristóteles, 2000b: 64.

que la enseñanza que quiere proporcionar Sócrates se da en la comunidad y que es posible porque aquella, es decir, la comunidad, es el punto de partida y no una mera suma de individuos. El canto filosófico y una forma de composición basada en la argumentación racional quedarán interiorizados al ser aprendidos por los amigos de Sócrates.

Podríamos objetar a Sócrates que, desde la filosofía, no podemos afirmar la inmortalidad del alma, que bien puede ser una ficción (¡no lo sabemos!) porque no tenemos motivos ni razones para poder sostener con seguridad la existencia de un más allá del que ninguna noticia tenemos, pero lo que sí podemos hacer es, mirando de otro modo, analizar no el más allá de la vida, sino el más acá del sujeto que fallece. ¿Qué nos sucede con la muerte? ¿Qué impacto tiene el fallecimiento de Sócrates en ese «unos con otros» (gr. *met´ allēlōn*) del que nos habla antes de proceder con su argumentación? ¿Qué sucede en este «entre»? ¿Es una mera relación conectiva o hay un intercambio entre las partes? La respuesta quizá la encontremos en el comienzo del *Banquete*, cuando compara a los hombres con copas, que pueden llenarse de tal modo que «al ponernos en contacto unos con otros, fluyera de lo más lleno a lo más vacío de nosotros, como fluye el agua entre las copas».[1]

En el *Fedón*, Platón no aparece entre aquellos que acompañarán al maestro en sus últimas horas, como sí estarán Esquines o Antístenes, y sin embargo es quien cuenta lo que pasó en su diálogo. Equécrates pregunta a Fedón: ¿qué es lo que dijo Sócrates? ¿Cómo murió? ¿Nos lo puedes comunicar *a nosotros*? ¿Quiénes fueron los que estuvieron a su lado de entre sus amigos

---

1. *Banquete*, 175d; Platón, 2000c: 191.

íntimos?[1] En el original griego, los amigos cercanos son calificados como los *árkhontes*, que quiere decir «los primeros», pero también los principales e incluso los fundamentales. Procede de la familia del conocido *arkhē* (gr. ἀρχή), traducido a veces como «origen», pero que significa «principio» en el sentido de algo vertebral e incluso constitutivo, que no se deja atrás como si fuera un mero punto de partida porque siempre está presente.[2] *Arkhē* es lo que siempre acompaña, lo que guía o rige; de ahí, por ejemplo, la palabra «anarquía» (lo que carece de gobierno o guía) e incluso «monarquía» (cuando lo que vertebra o guía un sistema político es el poder de uno). Lo que encontramos alrededor de Sócrates no es sólo una forma de comunidad de quienes filosofan y ejercitan el «aprender a morir», sino la de quienes quieren a Sócrates, quienes se llenan de él, de quienes se llenó Sócrates: su comunidad de amigos y seres próximos, aquellos que son importantes, aquellos que entienden que Sócrates es parte de ellos mismos.

Hay un episodio importante al final del diálogo. Cuando Critón le pregunta a Sócrates en su despedida cómo quiere ser enterrado, este le responde: «como queráis, siempre que me atrapéis [gr. *labēte me*] y no me escape [gr. *mē exphygō*] de vosotros».[3] Después, el maestro de todos les dice a los demás que Critón no se da cuenta de que lo que enterrará ya no será Sócrates, sino su cuerpo porque su alma habrá ascendido a otro plano. En la cita, ¿cómo entender este «atrapar»? ¿Qué sentido tiene que, al mismo tiempo que los exhorta a vivir por sí mismos y afirma que con la muerte su cuer-

1. Cfr. *Fedón*, 58c; Platón, 2000c: 25. La cursiva es mía.
2. Cfr. Chantraine, 1968: 121.
3. *Fedón*, 115c; Platón, 2000c: 136.

po ya no será suyo, les ordena imperativamente que lo atrapen y no lo dejen escapar? ¿No es contradictorio? El verbo griego *lambánō* significa «llevar consigo» y «aprehender» o «asir hacia uno», por lo que Sócrates les dice que lo lleven consigo y no lo dejen marchar, pero no desde el llanto y la tristeza, sino desde la afirmación de la vida y del cuidado de uno mismo, desde el aprendizaje interiorizado de la filosofía. Y lo que no deben dejar marchar es justo lo que les ha enseñado. Si cerca de él estaban los más próximos, los *arkhontes*, es porque Sócrates es para ellos también pilar, guía, fundamento constitutivo y no algo que se queda atrás. Y es esto de lo que no han de huir ni lo que han de negar: lo que llevan ya consigo. «¿Nos encargas algo, Sócrates?», le preguntan. Y responde: «que no os descuidéis y no olvidéis lo que ahora hemos conversado». Esto es lo que hay que comprender y llevar consigo (gr. *lambánō*): lo que nos aportó nuestro ser querido.

Bebida la cicuta que le sumirá en el sueño de la muerte, todos rompen a llorar como si, huérfanos, hubieran perdido a un padre.[1] Su maestro, aún con vida, les pide silencio porque, aunque la pérdida está asociada a un cuidado llanto social por parte de los que se quedan, el rito de la muerte requiere silencio. El problema de Jantipa es que llora gritando y se golpea el pecho como si Sócrates ya estuviera muerto y por eso, porque ella se centra en lo peor de la muerte y no es consciente de la vida, Sócrates invita a sus compañeros a que se la lleven, pero tal vez se deba también a que llorar por alguien que seguía vivo era muy mal augurio, como ya se ha indicado.[2] Y quizá porque al hacer esto

---

1. *Fedón*, 116a; Platón, 2000c: 137.
2. Cfr. Alexiou, 1974: 6.

Jantipa justamente lo que hace no es atraparlo *a él*, sino sólo al dolor. Y es que hay una diferencia clave que establecer: una cosa es la muerte, que es el no-ser, que es el silencio, y otra distinta es el daño y el sufrimiento que nos causa. Sobre esta distinción se fundamentan las consolaciones.

II. PALABRAS DE CONSUELO

Si la muerte en primera persona nos da miedo, en segunda persona o en tercera nos genera hondo sufrimiento. La muerte no es un mal, como leemos en el *Fedón*, pero la pérdida nos genera un dolor tan agudo, a veces tal desgarro que lo identificamos como tal. Nos hace daño. Ante él el canto con sus epodos genera un espacio de cobijo. El epodo aparecerá asimismo en Píndaro en referencia a las palabras suaves (gr. *malakais epaoidáis*) que se entonaban en los templos de Asclepio, dios de la medicina, y así será recogido en las *Noches áticas*, de Aulo Gelio, al referirse a esas palabras suaves como *modulis lenibus*, es decir, «suaves cadencias». Este era también el poder de Orfeo, quien, con su canto, sanaba. Como señala Laín Entralgo, en la cultura helena la clave del epodo es la combinación de la palabra con la música, mientras que para Gelio lo es la modulación y el tono.[1] Pero ¿acaso no se trata en ambos casos de una construcción sonora bajo cierto ritmo y medida? El empleo que hace Sócrates nos lleva a la curación de dolencias psíquicas y emocionales asociadas al vivir irreflexivamente. En la IV Nemea, Píndaro aludirá al poder de sus canciones (gr. *aoidaí*) para aliviar las fatigas del vivir al conseguir bo-

1. Cfr. Laín Entralgo, 1958: 72.

rrar las penas.[1] Frente a él, lo que encontramos en Sócrates no se trata tanto de hacer olvidar como de encarar *conjurando* la presencia de esas penas para comprenderlas, neutralizarlas y, si es posible, remediarlas recordando lo que tenemos ya dentro.

Ahora bien, la muerte no cede a las palabras ni puede ser revocada mágicamente, no hay cura ni remedio ante su carácter inexorable. Ante ella «no hay remedio alguno en las tablillas tracias en las que se encuentra incisa la palabra de Orfeo», como encontramos en *Alcestis*, de Eurípides,[2] pero sí puede mitigarse el miedo o ser aliviado el dolor sobre dolor de la pérdida, es decir, el sufrimiento que se genera en torno a un dolor «primero» inconsolable e inevitable. Este es el sentido de la consolación: acompañar ante lo que no tiene remedio para que no pasemos a un «segundo dolor» que no tenemos por qué experimentar.

Aquí tendrá su sentido, ya sin acompañamiento musical, la aparición del género literario de la consolación, pero también el peso que ya tenía la palabra *que hechiza*, es decir, la palabra persuasiva. El género consolatorio está muy cerca de la epístola y apela siempre de forma explícita a un interlocutor. ¿No es eso lo que trata de hacerse en principio desde la psicología?, ¿curar a través de las palabras en el marco de un vínculo terapéutico? En todo caso, es importante no perder de vista la cadencia, el tono, la estructura, la forma que proporciona el elemento musical ante los dolores del vivir. Quizá no curen, pero hacen más liviano el peso al proporcionar a quien lo escucha un lugar en el que dejarse caer por un momento, mecido por el canto y rodeado

---

1. Píndaro, 2002: 216.
2. *Alcestis*, vv. 963-973; Eurípides, 2000: 51.

por el círculo de la sonoridad de la palabra repetida, sin
perder de vista la comunidad en la que se inserta. Le
proporcionan además, fuerza y herramientas. Este es el
cobijo que proporcionan las palabras, bien para proporcionar protección, bien para dar perspectiva. Por
eso Sócrates quiere lenguaje, ensamblaje de palabras
(*lógos*), no la mera voz inarticulada del grito o el sollozo (*phoné*), porque con ellas puede componer una partitura que proporcione una medida al dolor. El grito y el
lamento, así lo razona Platón en la *República*, deberán
ser eliminados para que los hombres y los niños sean
valientes y porque no ha de actuarse como si, con la
muerte, hubiera acontecido algo terrible. Frente a los
llantos de Aquiles por Patroclo, cuya representación en
Homero Platón condena, ahora no ha de llorarse porque el «hombre sensato no juzgará que la muerte sea
terrible» ni «será terrible verse privado de un hijo o de
un hermano».[1] Dura alma hay que tener para esto. Quizá haya que repensarlo y reconocernos como seres humanos, sintientes y afectivos.

El ritmo de la música que reconduce el dolor desde la
melodía que conecta con el sentimiento será sustituido
por la cadencia de unas palabras cuyo sentido, dictado
por la razón, estructura el alma en concordancia con el
orden y la mesura al comprender que nada hay de temi-
ble en el morir. Al fin y al cabo, mucho antes del *Fedón*,
Sócrates, en la *Apología*, sostuvo que «temer la muerte
no es otra cosa que creer ser sabio sin serlo, pues es
creer que uno sabe lo que no sabe. Pues nadie conoce la
muerte».[2] Frente a Sócrates sí podemos decir que conocemos la muerte: la reconocemos al menos, sabemos

1. *República*, 386d-387d; Platón, 2000d: 150-152.
2. *Apología*, 29a; Platón, 2000a: 32.

qué supone, y entendemos qué desgajamiento y desgarro causa. Conocemos la pérdida. Y desde luego, es terrible que un ser querido fallezca.

En la *República* se afirmará que, sin la medida de la filosofía, no habrá remedio (gr. *phármaka*), cauterización, corte o palabra sanadora (gr. *epōidaì*),[1] del mismo modo que también se sostiene que «la educación musical es de suma importancia porque el ritmo y la armonía son lo que más penetra en el interior del alma y la afecta más vigorosamente, trayendo consigo la gracia».[2] ¿Cómo la filosofía puede llegar al alma? ¿En qué se parece a la música? ¿El consuelo es una forma de nana? ¿Qué ritmos y armonía empleará?

De la capacidad curativa de la palabra habla Sócrates en una de las pocas ocasiones en las que el diálogo se da fuera de la ciudad: en el *Fedro*. Atrás han quedado sus muros. Sócrates sigue a Fedro, quien, después de haber escuchado el discurso de Lisias sobre el amor, quiere pasear lejos del ajetreo. Pasean siguiendo el curso del río al mismo tiempo que el sol del mediodía anima a las cigarras con su canto. El lugar escogido –allí donde, según el mito, Oritía fue raptada por Bóreas cuando jugaba con la ninfa Farmacia–[3] «sabe a verano». Guarecidos del calor bajo la sombra de un platanero, cerca de la orilla del Iliso y de una fuente de la que mana agua fresca y cristalina, los acompaña el canto de las cigarras. Sócrates le cuenta a Fedro que a él no le interesa hablar de cualquier cosa, sino que sólo atiende a los discursos que enriquecen su alma. Justo en este lugar, en una orilla distinta a la de las costas suecas de *El séptimo sello*

1. *República*, 426a; Platón, 2000d: 213.
2. *República*, 401d; Platón, 2000d: 178.
3. *Fedro*, 229b-d; Platón, 2000c: 309.

con las que comenzábamos este capítulo, entablan un diálogo que versa, en primer lugar, sobre el discurso que Lisias ha dictado sobre el amor, del que Fedro guarda una copia escrita bajo su manto y lee en voz alta a petición de Sócrates y, en segundo lugar, una reflexión sobre la relación entre la escritura y la memoria. Entre ambos temas, Sócrates le cuenta a Fedro, en el bucólico escenario, el mito de las cigarras.

Según este mito, cuando apareció el canto, algunos humanos quedaron fuera de sí[1] y, dedicados a cantar, dejaron de comer y de beber hasta que murieron. Las musas, apiadándose de ellos, decidieron transformarlos en cigarras, cuya vida consistiría en dedicarse al canto hasta que llegara su muerte. En este momento informarían a las musas sobre quiénes de entre los hombres las honran. De entre las musas, Platón menciona cuatro: Terpsícore, que es musa de la danza y los coros; Erato, de la poesía lírica, y –las más importantes para Sócrates– Calíope, musa de la épica y la elocuencia, y Urania, musa de la astronomía, y que a su vez tiene, desde los pitagóricos, una relación muy especial con la música. Sócrates establece, así, una diferencia entre los cantos: no todos son iguales, de igual modo que los discursos tampoco son todos iguales. Y aquí cobra importancia lo sostenido por Sócrates al comienzo del diálogo porque, efectivamente, a él sólo le interesan algunos discursos: aquellos que pertenecen a «la música más alta». Con este mito, Sócrates quiere hacer reflexionar a Fedro sobre su propia actitud ante los discursos.

A diferencia de Sócrates, al joven Fedro le interesan todos, a todos les da importancia. En este sentido, Fedro es como las cigarras, porque este canto le lleva a quedar

---

1. *Fedro*, 259b; Platón, 2000c: 368.

hechizado, a ensimismarse y, al hacerlo, a perderse en sí mismo. Y de lo que se trata es de encontrar el canto/discurso que, en lugar de ensimismar, permita salir de uno mismo y encontrarse. El aulós causa precisamente esto según la *República*, porque, movidos por la desmesura, al contrario que otro tipo de música que «educa», nos perdemos. El canto filosófico afina el alma para ponerla en el mismo tono que el cosmos, que es el de la vida y la armonía, mientras que hay cantos que, al ensimismarnos, separan más el alma del cosmos, y, por tanto, del mundo de los vivos. Nos desincronizan. Podríamos incluir aquí los pensamientos obsesivos y rumiantes que nos asaltan en momentos de dolor y de angustia. Las cigarras mueren porque se ensimisman y se olvidan de sí. Y de lo que se trata es de despertar, salir de sí y buscar la armonía y el orden que nos lleve a conocer el mundo y a nosotros mismos, de recordarnos. Se trata por tanto de encontrar la melodía de un tono que cure: no en vano la conversación tiene lugar cerca de la fuente de Farmacia. Muchas palabras pueden hacernos enfermar, pero las palabras justas pueden sanar. De ahí que el propio Sócrates afirme que la medicina y la retórica tienen mucho en común: sanar o, incluso, hacer enfermar si no se emplean correctamente.[1] La vida examinada que propone Sócrates no es la vida ensimismada. Las palabras guían al alma, dice Sócrates, pero hay que tener cuidado para no perderse en aquellas que no «ensamblan» discursos filosóficos.[2] La filosofía quizá sea una forma de nana que conjura los miedos con las palabras justas para encararnos a ellos. Y otros discursos sobre lo mismo nos llevarían a una más honda pena.

1. *Fedro*, 270b; Platón, 2000c: 389.
2. *Fedro*, 261a; Platón: 2000c, 371-372.

El término que emplea Platón para referirse a «guiar» es *psykhagōgía*, palabra que se empleaba para indicar una llamada a las almas a través de la magia, para guiarlas en el Hades, para conjurar a los muertos y, finalmente, para atraer el alma de los vivos y persuadirlas.[1] Estas consideraciones nos llevan a la estrecha relación entre esta conducción de las almas a través de la palabra y de la música.[2] En este sentido, como afirmará Arístides Quintiliano, la *psykhagōgía* sería una forma musical de conducir las almas para sanarlas de las pasiones. Sus efectos dependerán de cómo son compuestos los ritmos, de su complejidad y de los movimientos que dibujen. Aquella que sane será la que se base en un buen ritmo, sereno y simétrico. Aristóteles, en la *Poética*, dirá lo mismo de los efectos catárticos de la tragedia cuando ella seduce el alma.[3] ¿Y si la música más alta de la filosofía dirige las almas para sanarlas guiando su ritmo interno para que sincronice con el ritmo del cosmos, entendido como el ritmo de la vida, tal y como encontramos en el *Timeo*? ¿Y si lo que se trata ante la muerte, desde la propuesta de Platón, es dar una medida moderada para el dolor (gr. *metriopátheia*) que nos permita examinarlo y entenderlo pero sin sumirnos o ensimismarnos en él?

Podríamos emplear el mito de las cigarras para entender la relación entre el canto fúnebre y el canto que propone Sócrates: porque si se elimina la relación de la comunidad, si existe un aislamiento más duradero del necesario en el duelo, el primero llevaría, como les sucede a los hombres convertidos en cigarras, a la muerte o

---

1. Cfr. Liddell-Scott, 2007: 798.
2. Cfr. Moutsopoulos, 1959: 259.
3. *Poética*, 1450a. 33-34; Aristóteles, 2018: 148-149.

la pérdida por «ensimismamiento» al separarse de los seres vivos, mientras que «la música más alta» lleva fuera de sí para la búsqueda del conocerse a sí mismo al vincularse con un ritmo de los vivos que lo atraviesa todo. Desde este punto de vista, los discursos de Sócrates no van dirigidos a una nana que adormezca, como hace el canto de las cigarras a mediodía, sino al despertar con la verdad. La verdadera consolación no es aquella que niega la realidad, sino la que nos permite afrontarla. Una filosofía que consuela y que, al mismo tiempo, nada tiene de edificante. Afirmar la inmortalidad del alma puede consolar, pero sea cierta o no, al poner el peso en ella, corremos el riesgo de eliminar algo que sí podemos afirmar: que el ser querido, como Sócrates, está interiorizado. Su memoria no depende de un poema externo, como vimos con Schiller, sino de una escritura interna: de la interiorización.

La reflexión final del *Fedro* se vertebra sobre el mito egipcio de Thamus y Theuth, según el cual la escritura es *pharmakon* o remedio contra el olvido. Y sin embargo, «es olvido lo que [las palabras] producirán en las almas de quienes las aprendan, al descuidar la memoria, ya que fiándose de lo escrito, llegarán al recuerdo desde fuera, a través de caracteres ajenos, no desde dentro, desde ellos mismos y por sí mismos».[1] La memoria, para ser tal, ha de generarse desde el interior de quien recuerda, como una brizna de hierba o un robusto árbol, cuya semilla crece desde dentro. Por eso, aunque la escritura externa parece hacernos recordar, genera más olvidos de los que debiera. Recordemos que cuando en el *Fedón*, sus amigos se despiden de Sócrates, el filósofo exclama que no le suelten. Y es esta su consolación ha-

---

1. *Fedro*, 275a; Platón, 2000c: 399.

cia ellos: que no se trata de que vivan en un texto, sino de que sus enseñanzas estén en ellos mismos, que crezcan como una semilla.

La muerte de Sócrates puede ser pensada no desde la inmortalidad del alma o desde la pérdida sino desde un cambio de plano en el que morir es una transformación, según se afirma en la *Apología*, pero no porque se libere nuestra alma, sino porque el ritmo del latido vivo del ser querido sigue en nosotros. Lo hemos aprehendido y por eso lo llevamos dentro, no sólo como recuerdo, sino como aquellos gestos, maneras, razonamientos del finado que, de forma a veces inconsciente, asumimos como propios. Forman y formarán parte de nosotros, aunque no nos demos cuenta. El concepto griego de *psykhe* no significa meramente alma, sino también fuerza y proceso, e incluso soplo o respiración. Desde el concepto de *psykhe* como proceso cerrado o consumado, por el que uno se esfuerza y lucha,[1] Sócrates estaría presente desde mucho antes de su muerte en el proceso constitutivo de la identidad de cada uno de los integrantes de su círculo de íntimos: poco a poco ha ido entrando en ellos hasta convertirse no en una huella (lo que implica ausencia de lo que ya no está), sino en un pilar (una ganancia ya siempre presente). Esta es la primera aproximación a la idea de que quiénes somos y cómo somos se debe a la interiorización del otro en nosotros, por lo que, si lo que somos se da en relación con los demás, esta relación no es sólo externa, sino interna: nuestro ritmo se acompasa con la vida.

Lo que hay es un nosotros, una pérdida que es común y que es comunitaria: la pérdida de Sócrates, la pérdida de nuestros seres queridos se da en nuestro interior, es

1. Cfr. Míguez Barciela, 2014: 13-14.

decir, es una parte de nosotros mismos la que sufre un desgarro. La pérdida se siente dentro de uno mismo, dentro del círculo y no simplemente fuera. La muerte trastorna nuestro mundo. Echamos de menos a quien ya no está porque no podemos construir nada nuevo con él o con ella: lo que nos queda es lo que ya tenemos. Sólo podemos, como les sucede a los personajes de la película de Nanni Moretti, *La habitación del hijo* (2001), sentir la vida de nuevo cuando descubrimos información nueva de nuestro ser querido que no sabíamos, como si actualizáramos el vínculo porque este sigue estando. Pero el finado es, como escribe Mallarmé al morir su hijo, el futuro que no será. En eso consiste con certeza la muerte: el nunca más. Perder a alguien es perder las fuentes dinámicas y renovadas que nos nutren, por eso, una vez que la fuente no está, es importante reconocer el agua que aún contenemos como las copas de las que hablaba Sócrates para que lejos de transformarse en agua estancada, lo haga como manantial. Y así, es una ganancia. La respuesta que Sócrates tiene ante su muerte y ante el diálogo nos muestra la importancia de su comunidad. Equécrates, Critón, Apolodoro lloran, le hacen, y se hacen entre sí, compañía, como nos cuenta, siglos después, Naja Marie Aidt cuando describe lo que sucede cuando ha llegado el momento de despedirse de su propio hijo Carl: «poco a poco empieza a llegar gente, llenan la sala, no hay asientos suficientes, somos treinta personas, somos cuarenta personas, no sé cuántos somos, y siempre hay alguien con Carl y siempre sale alguien, cada vez más deshecho, más gris, más ajeno, inerte».[1]

Puede sostenerse, como lo hicieron las escuelas helenísticas, que la muerte no es nada para nosotros, que

---

1. Aidt, 2021: 108.

nada hay más allá, que el alma se desintegra, como lo hace el cuerpo,[1] pero desde luego, como daño, puede ser todo para los que se quedan. Es cierto que cuando la muerte está, nosotros ya no estamos,[2] pero presenciamos la muerte del otro. Estamos. Vemos su rostro en el rostro de nuestro ser querido. No sabemos cuándo deja de ser él, si es que alguna vez deja de serlo. Le abrazamos y le besamos de nuevo. Acepto el reto que nos propone Lucrecio en *La naturaleza de las cosas*, cuando invita a que pensemos qué tiene que ver la muerte con nosotros «si es que puede ser menos que nada».[3] Y nuestra respuesta, la mía al menos, es que esa muerte afecta a la persona que soy y a la que seré. No es un suceso sin más, sino un «acontecimiento» (al. *Begebenheit*) que para Kant, al hilo de sus análisis sobre la revolución francesa, significa un hecho que da (al. *geben*) sentido. Con la muerte de un ser querido escandemos nuestra vida, como si fuera un verso, y sin querer la restructuramos. Muchas veces la muerte lleva incluso a cuestionar el sentido mismo de la existencia.

Para Lucrecio, no debemos temer la muerte porque si esta es nada, también nada es lo que hay antes de nuestro nacimiento.[4] Podríamos aceptar que nada hay antes de la primera noticia de que alguien vendrá al mundo, pero ¿tras toda una vida? ¿E incluso tras la mera noticia...? ¿Acaso el infante de truncado nacimiento, pero que se esperaba con ilusión, no genera ya desgarro al desaparecer de la existencia? ¿No forma parte ya de un nosotros que le había hecho espacio en su vida? Lo que

1. *Rer. Nat.*, III, 423-445; Lucrecio, 2010: 163.
2. Epicuro, 2013: 71.
3. *Rer. Nat.* III, 926-927; Lucrecio, 2010: 181.
4. *Rer. Nat.* III, 970-977; Lucrecio, 2010: 183.

deja el difunto no es «nada» sino huella y presencia, del mismo modo que no es «nada» lo dejado por Sócrates y que nos invita a no soltar. Desde la perspectiva de la intersubjetividad constitutiva –el otro como principio y fundamento de nuestra propia identidad– puede leerse de otro modo lo que, según Montaigne, había sostenido Lucrecio: «los mortales se entregan la vida unos a otros».[1] Efectivamente, la vida es también cosa de lo conjunto, lo común, lo relacional.

III. ANTE LO IRREMEDIABLE

La muerte no tiene remedio. Tampoco puede huirse de ella y, aunque parezca que tal cosa es posible, intentarlo tiene un coste. El consuelo no modifica esta realidad, pero contrariamente a lo sostenido por Blumenberg, este no consiste en distanciar al doliente de la realidad que lo atormenta ni de descargar en el otro algo del propio dolor,[2] sino de hacerle llevadera su propia carga y generar una red que le permita encarar la realidad que se le ha impuesto y de la que no puede escapar. Como tal, la consolación filosófica implica aceptar la realidad y, por tanto, que la vida que llevábamos ha cambiado. Inma Chacón, tras perder a su hermana gemela Dulce, en el 2003, escribe el poemario *Alas*, y en uno de los poemas expresa el combate contra lo irremediable: «El suelo no fue suficiente, / las paredes también temblaron. / Contra los golpes. / Contra la sinrazón y contra el sinsentido. / Contra las palabras. / Contra lo irremediable».[3]

1. Montaigne, 2015: 213.
2. Blumenberg, 2011: 468.
3. Chacón, 2023: 33.

La diferencia que plantea la consolación filosófica se encuentra en un cambio de preposición: ante lo irremediable quizá no valgan las palabras, pero sí nos sostendrán las barandillas del discurso. Que la muerte no responda a nuestras razones no significa que no tenga un sentido.

En la tradición clásica las consolaciones se pueden clasificar en dos tipos, según a quién vayan dirigidas: al propio moribundo o a los dolientes. En el primer caso, los argumentos esgrimidos van dirigidos ante todo a eliminar el miedo a la muerte. Así, suele argumentarse o bien que el alma es inmortal y, por tanto, nada hay que temer porque nos espera un lugar mejor, o que el alma muere junto con el cuerpo y, en tal caso, también desaparece la capacidad de sentir, de pensar y de sufrir. La muerte, de este modo, o nos libera o nos destruye. La muerte en sí misma no supone en realidad ningún mal. Sócrates pertenecería a aquellos que sostienen que el alma es inmortal, como también afirmarán Cicerón, Séneca o Plutarco. Y otros, como Epicuro o Lucrecio, defenderán tajantes que la muerte no es *nada* para nosotros porque, con nuestro cuerpo, dejamos de existir: «nadie va a echar de menos su propia vida o su persona en que a la vez descansan dormidos mente y cuerpo».[1] Ahora bien: ¿Y si el miedo a morir es el miedo a dejar en una situación de vulnerabilidad a tus seres queridos? ¿Se preguntó Sócrates por el destino de Jantipa y sus tres hijos?, ¿por lo que sería de ella? ¿No se entristeció al pensar que no vería crecer a Lamprocles, Sofronisco, y Menéxeno? Al pensar en lo que le esperaba en el más allá, ¿no derramó, como padre, marido y amigo, lágrima alguna ante el futuro que ya no viviría? Para ser justos, Sócrates habla sobre sus hijos en la *Apología*, para

1. *Rer. Nat.* III, 917-920; Lucrecio, 2010: 181.

hablar del modelo que quiere ser para ellos,[1] así como en el *Critón*, cuando el personaje que da nombre al diálogo le reprocha que abandona a sus hijos si ni siquiera intenta fugarse antes de la ejecución: «me parece que traicionas también a tus hijos; cuando te es posible criarlos y educarlos, los abandonas y te vas, y, por tu parte, tendrán la suerte que el destino les depare, que será, como es probable, la habitual de los huérfanos durante la orfandad». Sócrates no quiere irse precisamente para dar un buen ejemplo a sus hijos porque lo más importante es «vivir honradamente» al respetar las leyes de la ciudad.[2] Es decir, prefiere padecer la injusticia en lugar de cometerla.

En sentido estricto, ninguna de las consolaciones hace mención de este dolor que implica dejar a los seres queridos desamparados. Tampoco Sócrates dice una palabra al respecto. A lo sumo, en el largo poema de Lucrecio, la pérdida del hogar y de la familia y la capacidad de «servir de apoyo», de «colaborar en la buena marcha de *tus* asuntos y de tu gente» o no disfrutar de «tantas satisfacciones de la vida» aparecen en algunos de sus versos,[3] pero la forma de neutralizar tales males es pensar que, muertos, ya nada sentirán porque ni siquiera están presentes. Ahora bien, que esta afirmación sea cierta no la convierte en motivo de consuelo. Quizá sirva para un «yo aislado y solo», pero no para quien se preocupa por el vacío seguro que dejará su partida. Como el personaje de la película de Isabel Coixet, *Mi vida sin mí* (2003), interpretado por Sarah Polley, la lista de cosas por hacer antes de morir incluye acciones

---

1. *Apología*, 41d-42a; Platón, 2000a: 51.
2. *Critón*, 45c-48b; Platón, 2000a: 63-67.
3. *Rer. Nat.* III, 895-910; Lucrecio, 2010: 181. La cursiva es mía.

que van dirigidas a sus seres queridos para que, cuando no esté, tengan elementos que les permitan reconstruir su vida, como grabar casetes para los cumpleaños de sus hijas. Una de las grabaciones va dirigida a su marido. En ella recalca: «No dejes que se pongan tristes cuando me recuerden. Cuéntales todas las cosas maravillosas que hicimos juntos»; es decir, no dejes que la tristeza de la ausencia invalide la felicidad de los momentos que vivimos. La misma preocupación muestra poco antes de morir Alcestis, en la tragedia de Eurípides, y por ello eleva a Hestia la súplica por una buena vida para sus hijos.[1]

Séneca en la *Consolación a Polibio*, dirigida a quien perdió a su hermano, señala la importancia de recordar lo más valioso desde la alegría: «No es verosímil esto; él, en efecto, te ofreció su cariño como a un hermano [...] Quiere ser para ti motivo de añoranza, no quiere serlo de tormento [...] tratándose de este, cuyo afecto está tan comprobado, hay que tener por seguro que nada puede serle más penoso que el hecho de serte penoso su infortunio, el hecho de atormentarte él de alguna manera, el hecho de perturbar él y también agotar tus ojos, del todo indignos de este castigo, con un llanto sin fin».[2] Incluso si el difunto quisiera que se sufriera profunda e interminablemente por él, ¿sería una prueba de amor o más bien, precisamente por ello, daría cuenta de que no merece nuestro amor? En estos casos, la consolación no va dirigida a razonar que este sufrimiento no lo verá el moribundo, sino más bien a generar la confianza en que lo que se haya podido aportar en vida ayude a los seres queridos a seguir con la suya. «¿Quién

1. Eurípides, 2000: 20.
2. Séneca, 2022: 69.

nos cantará cuando tú no estés?», le preguntaba Cebes a Sócrates. Y este le responde: «cantaos a vosotros mismos». Lo demás, esa nostalgia de futuro, es inconsolable. No es miedo a morir, sino preocupación por el miedo ante el daño por venir. Aquí tenemos la más profunda tristeza ante la certeza de lo que pasará.

La mayoría de las consolaciones van dirigidas a la aflicción ante la muerte del otro. Como en el primer tipo, se ahonda en el hecho de que los difuntos o bien están en un lugar mejor o no están en absoluto. Y aunque algunos pensadores han defendido una aceptación insensible al dolor de los demás en sus textos, como es el caso de Anaxágoras, de quien se dice que, al ser informado de la muerte de su hijo, exclamó: «Sabía que lo había engendrado mortal»,[1] también los hay que señalan que dolerse por un tiempo es lo normal (consistiría en el dolor primero), pero no lo es sufrir indefinidamente (el dolor segundo). Hay varios argumentos al respecto: el ya indicado, que quien nos quiso no desea ser motivo de dolor; otro sería que se traiciona más al ser querido al pensar que dejar de llorarle es una segunda pérdida, porque en realidad no supone perderle a él, sino focalizarse en lo negativo asociado a su vida y obviar la importancia de recordar los buenos momentos y celebrar haberlo tenido con nosotros. O también, que no hay que sufrir a causa del modelo social que debe seguirse, así como tampoco a causa del modelo mismo que hemos de ser para otros. Es normal, por tanto, dolerse: morir no es un mal, es humano. De nuevo, será Séneca quien haga una alusión al *Fedón* en este sentido, para referirse a los poemas que compuso Sócrates: «No me atrevo a llevarte más lejos, a que compongas cuen-

1. *Tusc.* III, 14; Cicerón, 2010: 213.

tos y fábulas al estilo de Esopo»,[1] porque, para el filósofo cordobés, la aflicción es el paso natural ante la pérdida, pero cuando esta nos atormenta y no nos ayuda es
cuando es preciso hacer uso de la filosofía. De lleno en
la prosa y separada, en principio, de la música, la filosofía no pierde su capacidad de influir en el estado anímico y de sanar las almas. ¿Qué queda del canto en la consolación filosófica?

Aunque de autoría incierta, en la *Consolación a
Apolonio*, Plutarco, además de retomar la tesis de Sócrates sobre la inmortalidad del alma, recalca que, ante
el dolor que experimenta quien ha perdido a un ser querido, la mejor respuesta no es la indiferencia, la insensibilidad o, incluso, la alegría porque está en un lugar mejor, pero tampoco lo es el llanto desmedido o el dolor
ilimitado. En muchos puntos, su consolación sigue a la
de Crantor de Solos, lamentablemente perdida, titulada
Sobre la pena, que gozó de mucho éxito en la Antigüedad.[2] El discurso de Crantor sería el precedente de los
paramythetikos lógos, discurso para *apaciguar* el dolor,
pero no para hacerlo desaparecer. Los argumentos habrían de ser, a su manera, también una guía para recorrer el dolor que nadie ni nada puede ahorrarnos, pero
proporcionando un punto de agarre para no despeñarse
por el sufrimiento. Y así afirma Plutarco: «En verdad el
afligirse y entristecerse por la muerte de un hijo ocasio-
na, naturalmente, el principio de la tristeza y no depende de nuestra voluntad. Yo, desde luego, no estoy de
acuerdo con los que alaban la indiferencia dura y cruel,
que está fuera de toda posibilidad y provecho, pues ella
nos priva de la buena disposición, que nace de ser ama-

1. Séneca, 2022: 71-72.
2. *Vid.*, IV, 28; Diógenes Laercio, 2016: 229.

do y de amar, la cual es necesario que conservemos por encima de todo. Pero traspasar todos los límites y aumentar nuestros dolores, afirmo que es contrario a la naturaleza».[1] En la *Consolación a Marcia*, de Séneca, encontraremos el mismo argumento: «con el alejamiento, no sólo con la pérdida, de los seres queridos se produce una dentellada ineludible, un encogimiento aun de los más firmes espíritus». ¿Quién puede negar el dolor aparejado «siempre que sea mesurado»?[2] Nada, pues, en demasía: ni demasiada frialdad, ni demasiada aflicción. Pero ¿cómo lograr la medida justa? ¿Cómo puede la razón imponerse al dolor? ¿En la muerte hay reparación? ¿No nos enfrentamos a lo irreparable? ¿De qué ha de cuidar, por tanto, la consolación? ¿Cómo lo hará? A través de la palabra, de cuyo poder hechizador dio ya cuenta Gorgias,[3] se tratará de introducir una justa medida para el padecimiento (gr. *metriopátheia*), porque, del mismo modo que la poesía es un discurso con medida,[4] la medida de la prosa se vertebrará en las palabras sopesadas que conducen a la mesura que se impone ante la demasía.

La consolación tiene, de este modo, una extraña función, como ya indicó Simmel en su diario: no puede eliminar el dolor que genera la pérdida, pero sí puede atenuar otro dolor, secundario, que se genera desde ese dolor;[5] es decir, ayuda a aceptar el dolor primero, que es inevitable, para que no caigamos en el dolor segundo, que es innecesario. Por eso, aunque el consuelo no puede reparar lo irreparable, sí puede ayudar a que se

1. Plutarco, 1986: 53.
2. Séneca, 2022: 9-10.
3. Solana Dueso, 2013: 194.
4. Solana Dueso, 2013: 194.
5. Cfr. Simmel, 1923: 17.

trate con más cuidado la herida, es decir, a no ensañarse con el dolor para no hacer supurar la instancia afectada con el fallecimiento. El dolor del dolor aísla al doliente, lo separa de la comunidad y hace imposible la comunicación con los demás. La consolación sólo puede aparecer en un segundo momento, porque en el primero, con el golpe reciente, no hay palabras. Sólo un grito, quizá ahogado, o el silencio. Y sólo caben cantos, nanas, abrazos. No se puede curar la pérdida, no puede repararse, no puede llenarse con nada. Sólo se puede ayudar con el dolor que esta genera. La herida es ya inevitable y no puede ni borrarse ni ocuparse con otra cosa, porque siempre estará ahí.

Una de las características principales de las consolaciones será, precisamente, impedir que nos convirtamos en niños temerosos: «cuando hayamos caído, no debemos gritar como niños, cogiéndonos la parte del cuerpo que ha sido afectada, sino que debemos acostumbrar a nuestra alma a dedicarse con rapidez a curar y arreglar lo que ha sido dañado y lo que está enfermo, suprimiendo las lamentaciones con el arte de la medicina».[1] Pero, cuidado, esta medicina no es la de medicarse para no pensar, para no dolerse, para no sentir, sino la de curarse sintiendo, reflexionando y dejándose doler en su justa medida. La filosofía sería, de este modo, como también Séneca señala, una forma de curar;[2] no en vano la medicina y el meditar pertenecen a la misma familia de palabras de la que procede el latín *mederi* (cuidar, tratar) o el griego *mēdomai* (cuidarse, preocuparse), que a su vez apuntan a la raíz indoeuropea *med** (medir). Meditar es, por tanto, tomar medidas, es decir, sopesar una

1. Plutarco, 1986: 87.
2. Séneca, 2022: 5.

situación para poder actuar de la forma más mesurada o moderada.[1] Quien medita (lat. *meditari*) cuida (lat. *mederi*) al dar la medida (lat. *modus*) que se convierte en medio para calmar o incluso curar un mal. La medida que proporciona la palabra a través de la reflexión como meditación permite encauzar el dolor con prudencia (gr. *phronēsis*) y moderación (gr. *sophrosyne*). Medicina, meditación y medida quedan, de este modo, alineadas en la consolación. Ni indiferente, por tanto, ni sumida en desgarrado dolor, Plutarco considera que la lamentación es válida hasta un límite que, atravesado, causa más mal que alivio.

Con el hechizo de sus palabras, para consolar a Apolonio de la muerte de su hijo, Plutarco reproduce el discurso que, según se cuenta, el filósofo Jenócrates proporcionó a la reina Arsínoe. Según la leyenda, fue Zeus quien decidió repartir los dones entre los dioses. La deidad Aflicción no estaba en el momento del reparto y, así, fue a visitar a Zeus para que le otorgara el que le correspondía. Preocupado y sin saber qué hacer porque ya no quedaban dones que dar, le concedió las lágrimas y la tristeza. Por ello, quien la honre solícitamente con los dones que la caractericen, sólo recibirá más lágrimas y mayor tristeza. Después de esta leyenda, Plutarco le pregunta a Apolonio si piensa estar entristecido toda la vida.[2] Cuanto más tiempo se llore, más lágrimas anegarán la vida del doliente, más lejos estará del mundo de los vivos. Y si se considera que dejar de llorar es perder de nuevo de alguna forma al ser querido, se olvida que «el amor y el cariño por el que se ha marchado no consiste en afligirnos a noso-

1. Carrasco-Conde, 2020.
2. Plutarco, 1986: 85.

tros mismos [...] y la única utilidad que se puede ofrecer a los difuntos es el honor de un buen recuerdo».[1] Nuestro dolor puede ser tan profundo como el amor hacia el difunto, pero no por ello debe ser ilimitado y desgarrador. Este duelo nos aparta de la vida y camufla en realidad el dolor originario que lo provoca. Hacer volver entre los vivos a quien parece ahora habitar en el umbral de la muerte será la función de la consolación, en la que las palabras son escalera y pasamanos, brazo y abrazo para que se imponga el latido del vínculo afectivo entre los vivos y el cuidado. Y así termina la consolación a Apolonio: por un lado, dando cuenta de que el difunto nunca hubiera querido el sufrimiento sin final para los suyos y, por otro, de que existe una comunidad que se preocupa por los dolientes.[2] Se busca, pues, rescatar al doliente sin eliminar el dolor de la pérdida, y evitar que la desmesura no desemboque en el dolor secundario: el dolor del dolor, el dolor por el dolor, el dolor en el dolor.

Es en este sentido en el que Plutarco hace una crítica de las plañideras, cuya función, en lugar de acompañar, pasa a ser la de excitar la pena: su llanto es como una llama que aviva el fuego. Sentirse arropado por la lumbre de la comunidad ayuda en el proceso de consuelo, pero convertir esa lumbre en llamarada sólo puede llevar a agravar la situación. Fallecida su propia hija, Plutarco le escribe a su mujer en esta misma línea: «porque cuando se ven arder las casas de los amigos, cada uno las intenta apagar como puede en cuanto toca a rapidez o fuerza, pero cuando son las almas de los amigos las que se queman añaden

1. Plutarco, 1986: 91.
2. Plutarco, 1985: 113.

combustible».[1] Y así, toda la tierra es un desierto negro. Amor, por tanto, es lo que expresa quien se preocupa: «consolar consiste en efecto en generar a través del lenguaje la emoción de un estar-juntos que la singularidad del sufrimiento parece contradecir»,[2] y amor, por tanto, es lo que ha de prevalecer sobre el dolor del dolor.

Si la muerte no conoce murallas y el dolor, en principio, tampoco, sólo podemos tratar de contener o encauzar este último. Una nota implícita de las consolaciones, cuando son analizadas desde la perspectiva de *lo común* y no desde la del *yo doliente*, consiste en ver que es la comunidad la que actúa como telón de fondo: quien se deja llevar por el dolor «se borra del número de los vivos» sostiene Seneca.[3] Eso es lo que hace Cicerón, quien, en su correspondencia con Ático poco después de perder a Tulia, confiesa que huye de la gente y busca la soledad. La cuestión será, como hace ver Séneca, si el dolor profundo ha de ser también interminable. De las tres consolaciones que tenemos del filósofo cordobés, dos están relacionadas con el fallecimiento de seres queridos. En la *Consolación a Marcia*, escrita entre los años 37 y 41, las palabras de abrigo van dirigidas a una madre que perdió a su hijo. Tras tres años de duelo, el dolor no sólo no remite, sino que se acrecienta. La *Consolación a Polibio* ya mencionada –compuesta entre el año 42 y el 43– se centra en la pérdida del hermano. Para Séneca, la filosofía cura las heridas del alma.[4] En sus consolaciones se afirma que, dado que la aflicción es

1. Plutarco, 2008: 319.
2. Foessel, 2022: 76.
3. Séneca, 2022: 7.
4. Séneca, 2002: 5.

natural ante la pérdida, no se trata de suprimir el dolor con la filosofía, sino de evitar que sea superfluo y excesivo. De forma tremendamente bella, recomienda «que corran las lágrimas, pero que también ellas terminen; que se profieran quejidos desde lo hondo del corazón, pero que también ellos se concluyan».[1] Es preciso ser consciente de cuándo el llanto deja de ser desahogo y cuándo se convierte en un dolor que, enquistado, nos arrastra hasta el fondo. La vida es un regalo, dice Séneca, no es una posesión, sino algo en préstamo, por lo que de poco vale, salvo para hacernos sufrir más, dar vueltas al poco tiempo que pasamos con nuestros seres queridos: «No te exigiré que no te aflijas en absoluto. Ya sé que se encuentran algunos hombres de sabiduría más insensible que valerosa, que llegan a afirmar que el sabio no debe sufrir: éstos me parece que nunca se han topado con una desgracia así; de lo contrario, la suerte les habría sacudido su ciencia pretenciosa y les habría obligado, aunque no quisieran, a admitir la verdad [...] Debes conseguir desear que la memoria de tu hermano se te presente a cada paso, mencionarlo en tus conversaciones y también evocarlo en repetidos recuerdos, cosa que podrás lograr sólo si te haces su memoria alegre antes que deplorable».[2] Lo cierto es que el recuerdo, su huella, ya está en nuestro interior, pero será voluntad nuestra convertirlo en una losa que nos hunda o en una fuerza que nos anime a seguir viviendo.

No toda consolación expresa, sin embargo, la realidad de quien, aun dedicándose a la filosofía, se ve tan afectado por la muerte de sus seres queridos que nada le ayuda. Cicerón es un ejemplo de ello. Insatisfecho con

1. Séneca, 2022: 85.
2. Séneca, 2022: 84-85.

todas las consolaciones que ha podido leer, decide escribir para sí mismo una consolación, tarea muy inusual, como leemos en su carta del 8 de marzo del año 45 a su amigo Ático: «no hay un solo escrito de nadie sobre el alivio a la tristeza que no haya leído en tu casa; pero el dolor supera todo consuelo. Más aún, he hecho lo que con seguridad nadie antes que yo: dedicarme yo mismo un escrito de consolación».[1] La calma y la serenidad de Sócrates, Crantor, Plutarco, Séneca e incluso la de Cicerón en las *Tusculanas* contrastan con la correspondencia que el filósofo de Arpino mantiene con Ático. En el proceso de su diálogo interior, al escribirse a sí mismo, podrá coger fuerzas para combatir el sufrimiento en la línea de la tradición griega de la sanación por medio de las palabras.[2] Así lo confiesa a Ático en carta del 15 de marzo.[3] El filósofo ha de lidiar con la angustia, el dolor, el insomnio, incluso la depresión. En el libro III de las *Tusculanas*, Cicerón había afirmado, recordando a Crantor, que los sabios no son de piedra y que sienten aflicción, como todos los seres humanos, en abierta oposición a los estoicos y epicúreos: «Y es que no hemos nacido de una piedra, sino que es connatural a nuestras almas algo de ternura y delicadeza que se perturba con la aflicción como por una tempestad. No dice ninguna tontería el célebre Crantor, que fue uno de los más notables miembros de nuestra Academia, cuando dice: "En absoluto estoy de acuerdo con quienes alaban sobremanera un no sé qué de insensibilidad, que ni puede ni debe existir en modo alguno. No quiero enfermar, pero, si ocurre, que no pierda la capacidad de sentir,

---

1. Cicerón, 2008: 187.
2. Baltussen, 2009: 365.
3. *Att.* XII, 20; Cicerón, 2008: 196.

aunque se me saje o se me ampute algún miembro. Pues esa insensibilidad al dolor no se consigue sino pagando un alto precio, a saber, el embrutecimiento del alma y el aturdimiento del cuerpo"».[1]

Pero lo que en las *Tusculanas* es un discurso elaborado desde la distancia, cuando el dolor ha mitigado y el filósofo se encuentra en calma,[2] en las cartas se muestra en toda su crudeza en la conversación con el amigo, desde un dolor que no quiere abandonarle. En ellas encontramos el profundo dolor de Cicerón por la muerte de su hija Tulia. Hace continuos esfuerzos por no verse arrastrado por el sufrimiento de los recuerdos que le devoran a dentelladas, pero sólo desea estar solo y lejos de todo el mundo, salvo de su amigo Ático. El sabio no se aflige, llega a escribir Cicerón[3] y, sin embargo, el sabio Cicerón está afligido y recurre a la filosofía como medicina del alma. Al fin y al cabo, sostener que quien se dedica a la filosofía no se aflige sería como afirmar tajantemente que el médico no enferma. Esta es la más importante de las ganancias de la filosofía: «mitigar las aflicciones, los miedos, las pasiones, pues es éste el fruto más exuberante de la filosofía».[4] Si la filosofía puede proporcionar consuelo no es porque aquel que se dedica a la filosofía no sufra, sino porque ha aprendido a lidiar con el sufrimiento... o tal vez no, pero debería estar en ello. Del mismo modo que el filósofo (*philosophos*) no es sabio (*sophos*) pero aspira al saber y por eso siempre está buscando, por lo que respecta a las pasiones, también estas implican un aprendizaje para reconducir-

1. *Tusc.* III, 7; Cicerón, 2010: 202.
2. Baltussen, 2009: 368.
3. *Tusc.* III, 10; Cicerón, 2010: 206.
4. *Tusc.* I, 49; Cicerón: 2010, 151

las. La filosofía sería, entonces, un aprender a vivir como mortal, lo que implica un trabajo y un esfuerzo arduos.

Aislado físicamente por propia voluntad y aislado anímicamente no por gusto sino porque el alma sufre y le duele, se refugia en la literatura. Busca la soledad. Quiere encontrar un retiro para resguardarse,[1] perderse en los bosques, lejos del mundo de los vivos.[2] Se siente muerto, en realidad: «Estoy muerto, muerto, Ático, hace ya tiempo, pero lo reconozco ahora, después de haber perdido lo único que me retenía. Por eso busco los lugares solitarios»,[3] o, al menos, una parte de sí se ha ido con Tulia, como leemos en la correspondencia del 8 de marzo del año 45: «ha muerto aquello que tú amabas».[4] La cuestión es saber si porque se siente muerto busca la soledad o si buscar la soledad, sin un ancla que nos una al mundo de los vivos, arrastra al doliente a sentirse como un muerto viviente. Así le sucedió a Octavia en el ejemplo que Séneca expone a Marcia para que no siga perseverando en ese camino, quien, tras perder a su hijo, se alejó tanto de los suyos y se dejó arrastrar a las tinieblas por el dolor de tal manera que, aun teniendo seres queridos vivos, «aparentaba estar sola en vida», para sufrimiento de los suyos.[5]

Suele decirse que el dolor es incomunicable: en realidad sí puede comunicarse al otro, a través de un simple sollozo, aunque el otro no sepa la medida del daño ni su profundidad. El hecho mismo de que Cicerón mantenga esta correspondencia con Ático, así como con otras per-

1. *Att.* XII, 14; Cicerón, 2008: 186.
2. *Att.* XII, 15; Cicerón, 2008: 188.
3. *Att.* XII, 23; Cicerón, 2008: 202.
4. *Att.* XII, 14; Cicerón, 2008: 187.
5. Séneca, 2022: 6.

sonas por asuntos más profesionales, es indicio de que, pese al dolor, busca la manera de poder soltarse de él y alejarse de lo peor de una metafórica «música de aulós», que tiene su momento pero que no ha de prolongarse en el tiempo. Aunque es cierto que no sabemos cómo ni en qué intensidad alguien sufre, o que nunca podamos sentir su dolor, esto no significa que no sepamos que lo siente o que no haya una resonancia o un eco de su sufrimiento en el nuestro. El dolor es intransferible y su intensidad es lo que no se puede trasladar al otro. Uno de los problemas es saber elegir las palabras adecuadas que acompañen y no engañen. ¿Por qué necesitamos consuelo? Porque se nos ha caído el mundo por dentro, porque nos sentimos a la intemperie, porque nada parece tener sentido o, tal vez, porque lo tiene y no podemos asumirlo. Ahora bien, hay ocasiones en las que la tristeza *extrema* carece de signos para manifestarse: el llanto es tan profundo que, en estratos muy lejos de la lágrima en la piel, erosiona como agua el interior hasta que, gota a gota, se nos abre un mar embravecido por dentro. Es un llanto sin lágrimas externas que no libera, sino que hunde con su peso a quien las guarda. La consolación, según Séneca, para funcionar necesita que la herida no sea reciente, pero también que no pase demasiado tiempo, precisamente para que el doliente no se haya sumido en su propio e innecesario tormento, que la lágrima no haya llegado a cristalizarse dentro, que aún, pese a todo, pueda sentir el calor del vínculo de los que quedamos. Pero ¿cómo reconocer aquello de lo que nada puede decirse? Precisamente por el hecho mismo de no saber qué decir, por el nudo en la garganta.

3

Como quien derrama el dolor

Han quedado atrás los caminos de espuma generados por la embarcación de Catulo al avanzar. De ellos queda la huella dibujada en el agua bajo la forma de blancas líneas paralelas que, sin embargo, no perdurarán, como la escritura en el agua, de la que el propio Sócrates habló en el *Fedro*, y como lo que de sí mismo escribió en su epitafio Keats en un cementerio de Roma en 1821: «Aquí yace un hombre cuyo nombre fue escrito sobre el agua». Si bien todo es agua, escritura que se borrará o que nadie recordará, Catulo, poeta veronés del siglo I antes de Cristo, escribe para que su hermano no sea nunca olvidado. Muchos han sido los mares y las regiones bañadas por ellos que el poeta neotérico ha atravesado: «Después de viajar por muchos países y muchos mares».[1] La travesía, larga y penosa, que le lleva a las costas de Troya tiene como motivo la necesidad de rendir exequias a su hermano: «llego, hermano, para estos tristes ritos funerarios / a fin de rendir el último tributo de la muerte / y dirigirme en vano a tus mudas cenizas». Le ofrece sus exequias *de hermano a hermano* y sobre sus cenizas deposita ofrendas empapadas con sus lágrimas. De Catulo sabemos por otro poema, el 68B, que él mismo se debate «en un mar de desgra-

1. Catulo, 2021: 154.

cias»[1] y que, como hará siglos más tarde Schiller, aun
con esfuerzo, escribe estos versos «para que viva en mis
versos incluso después de la muerte / y, muerto, sea cada
vez más conocido».[2] En el poema dedicado a su hermano, tres veces lo nombra, como tres veces lo nombramos
nosotros cuando leemos la elegía que compuso para despedirse de él a través de un último verso que tendrá una
larga recepción: «salud y adiós [*ave atque vale*] para
siempre, hermano».[3] Podemos imaginar que estos versos
fueron compuestos en el transcurso de su viaje, mientras
su embarcación a veces se elevaba sobre las olas y otras,
descendía por su pendiente por un mar de corrientes ca-
prichosas, como si, en la caída, fuera a hundirse en las
profundidades. Es más probable que navegara con un
mar calmo y que fueran entonces las olas de tristeza las
que le golpearan por dentro, como él mismo confiesa. En
su poema emplea Catulo los términos *per aequora*, lo
que implica que ha atravesado la superficie calma y plana
de las aguas. Ya en Bitinia, junto al lugar en el que descansan los restos de su hermano, le recita el poema. No
sabemos si al hacerlo su voz, arrastrada por el viento gris,
acarició la superficie del Ponto Euxino –el actual mar
Negro– para llevar el nombre de su hermano a tierras
más lejanas, pero lo que sí podemos afirmar es que lo
hizo llegar a nuestro tiempo, al leer nosotros hoy lo que
conocemos como el poema o *carmen* 101.[4]

Su elegía tuvo tanto impacto que Virginia Woolf la
menciona en su cuaderno de notas cuando piensa en el
epitafio para su hermano Thoby, y Anne Carson la recu-

---

1. Catulo, 2021: 137.
2. Catulo, 2021: 138.
3. Catulo, 2021: 154.
4. Suele aparecer citado como c. 101.

pera en ese extraño libro-caja que es *Nox*, para hablar de la pérdida de su hermano Michael. Cuenta Carson que, por mucho que intentó traducir al inglés los versos de Catulo, no consiguió expresar todo lo que contienen: «Quiero explicar el poema de Catulo (101). Catulo escribió el poema 101 y lo dedicó a su hermano que murió en la Tróade. Nada se sabe del hermano salvo su muerte. Catulo parece haber viajado desde Verona hasta Asia Menor para visitar el sepulcro. Tal vez recitara la elegía allí. Me fascinó este poema desde que lo leí por primera vez en la clase de latín, durante mis años de bachillerato y he intentado traducirlo varias veces. Nada en inglés logra transmitir la apasionada y lenta superficie de una elegía romana. Nadie (ni en latín) es capaz de acercarse a la dicción de Catulo».[1] Hay poesía que expresa lo que nosotros somos incapaces de decir, como si contuviera algo que, aun siendo escrito por otro, habla del dolor propio más profundo y, en principio, *incomunicable*. Pero si esto es así, ¿por qué el poema de *otro* nos remueve y nos conmueve? Porque, en realidad, comunica, y allí donde no llegan las palabras, sí llega lo que con ellas se construye. Nos llegan sus ritmos y cadencias, nos llegan sus sentidos, nos llega su sonido de aulós, incluso en la poesía que ha sido traducida, porque se ha respetado en lo posible su forma: podemos leer a Schiller, a Catulo o a Carson en castellano y sentir, pese a todo, lo que (nos) está pasando en el poema.

El tipo de composición elegida por Catulo es la elegía, como lo era *Nänie*, de Schiller. La elegía se empleaba no sólo para cantar al amor, sino también para el dolor del duelo. Del origen de la palabra «elegía», asociada al «*élegos*» alejandrino, se desconocen muchos

---

1. Carson, 2018: 7.1.

elementos,[1] aunque se sabe que estas composiciones eran cantadas al son del aulós en Grecia y de la tibia en Roma con ocasión de la muerte y del lamento y, por ello, están emparentadas con los *thrēnoi* y las nenias. Etimológicamente, algunos autores han propuesto que pertenece a una familia de palabras en la que pueden encontrarse gritos onomatopéyicos como *eleleū*, que indican honda tristeza, o sollozos como *e, e*. También se ha sugerido que puede estar relacionada con invitaciones al lamento, *e lége, e lége e*, e incluso se ha llegado a vincular el término con palabras extranjeras que designan el aulós, como es el caso de *elêgn*.[2] El término «élegos» será empleado por Aristófanes en su comedia *Las aves*. Aquí, de nuevo, nuestros pájaros cantan en griego, como el ruiseñor que se lamenta.[3] Cuando la elegía evoluciona, en la literatura alejandrina adquiere un carácter más trascendente y docto, mientras, como vemos con Calímaco, se confía al epigrama la expresión más personal ante la muerte. Con todo, la elegía sigue componiéndose. De esta forma, Roma hereda el maridaje griego,[4] en el cual el sentimiento más positivo (el enamoramiento) y el más negativo (el desgarro del desamor o de la muerte) se expresan con el mismo y profundo sonido.[5] Así, Ovidio consideró inseparables la música de la tibia y la elegía: «¿qué libros puedo componer, sino de tristezas? / Esta tibia [*tibia*] es adecuada para mis funerales».[6]

Poco a poco la elegía fue separándose del acompañamiento musical. Aunque se ha sostenido que la épica se

1. Bickel, 2022: 773.
2. Sabot, 1983: 133-134; Luque, 1994: 7-8.
3. *Aves*, v. 217; Aristófanes, 2007: 361.
4. Cfr. Antonini, 2022.
5. Cfr. Wyslucha, 2018.
6. *Tr.* 5.1. 47-48; Ovidio, 2006: 149.

encuentra en los orígenes de esta composición lírica, a diferencia de ella, en la que se canta en la distancia de lo ajeno la muerte y el dolor del otro, la elegía da cuenta del dolor propio del poeta. En los poemas homéricos no canta la propia Tetis el dolor por la muerte de su hijo, sino que es otro quien lo cuenta; por eso Schiller no escribe una elegía por la muerte de Aquiles, sino que la emplea para referirse a otra pérdida, que es la suya propia, la nuestra, y que consiste en una forma de experimentar el mundo y pensar la vida en la Antigüedad clásica, que es irrecuperable, tal y como fue para los modernos (y para nosotros).

Esta búsqueda condenada al fracaso y la conciencia de que hemos perdido algo aunque no sepamos muy bien qué ejercerán una notable influencia en el poeta Hölderlin, para quien en el poema *Andenken* «lo que permanece lo fundan los poetas».[1] A lo bello que muere para «vivir inmortal en el canto», se dirigen los versos de otra elegía compuesta por Rilke, la segunda de Duino: «Y a los que son bellos, ¿quién podría aún volver a sostenerlos [al. *zurückhalten*]?».[2] ¿Quién puede, y cómo, retener lo bello? ¿Qué hilos se entretejen como una red en el poema que permitan atrapar lo inefable? ¿Cómo hacer que permanezca lo que amamos? Rilke emplea el verbo *zurückhalten*, que es un verbo «separable» gramaticalmente porque «se separa» y las partes que lo componen pueden ocupar lugares distintos en una oración. Está formado, por un lado, por la preposición *zurück*, que indica «regresar» o «volver», estar «de vuelta», y por otro, por el verbo *halten*, que significar «sostener», «sujetar», «retener» y también, «pronunciar un discurso». Por eso, no se trata de retener lo bello a través del len-

1. Hölderlin, 2019: 475.
2. Trad. modif. Rilke, 2022: 31.

guaje –lo que implica no haber perdido algo que, sin embargo, lucha por desasirse de nosotros–, sino del acto por el cual, tras haber escapado aquello que sujetábamos, detrás haberlo perdido, volvemos a sostenerlo, quizá de forma ficticia, con fuerza para que no se escape. De ese modo, en el tejido de palabras queda recogido lo que ya no puede sostenerse por sí mismo y quizá por eso, para Rilke, quepa entender que «lo bello no es sino el principio de lo terrible», porque la aparición de lo bello en el poema anuncia ya su muerte en la vida.[1]

El poema se convierte a veces en la red que trata de atrapar «para que lo bello viva», pero otras, constituye el espacio de resonancia de un encantamiento o de un hechizo de palabras: aquel que llama a quien no está y lo trae «de vuelta». El poema es un conjuro, como bien vio Hölderlin, quien, con la métrica de su *Archipiélago*, trata de que los sonidos de su composición y sus ritmos traigan al presente los de otra época, la de Grecia, para que lo convocado viva en el tiempo en el que se recitan sus versos. El empleo de la elegía por parte de Schiller o de Hölderlin, heredado por Rilke, se enmarca en un momento –que comienza en el siglo XVIII alemán y alcanza su apogeo en el XIX–, en el que este género es redefinido, de manera que la elegía expresa la oposición entre lo ideal y lo real, lo que implica dolor e incluso rechazo a lo accidental que hemos de padecer, pero brinda la posibilidad de trascender las experiencias personales, gracias al ideal que intenta reflejarse.[2]

Sin música instrumental pero con la musicalidad que le imprime su métrica, el poema es un alzado ante el vacío, la «primera música», de la que habla Rilke en la primera de sus elegías a Duino, cuya vibración «hoy nos consuela, ayuda y arrebata».[1] Esta mención a la primera música la asocia el poeta a Linos. Según algunas fuentes, era hermano de Orfeo y, según otros mitos, hijo de Urania, Calíope o Terpsícore, pero siempre creador de la melodía y del ritmo. Lo relevante de este mito es su muerte.[2] Murió joven y en su honor surgió un gran himno fúnebre o *thrēnos*.[3] También hay evidencias en Homero o Esquilo de un canto, «el canto de Linus», vinculado con la muerte y donde aparece de forma muy clara la relación entre mito y ritual, ya no en el ámbito de la épica, sino de la lírica. Esa primera música mencionada por Rilke tendría el poder de traer a presencia «metafóricamente» lo ausente al nombrarlo. Si necesitamos hacerlo no es porque los que se han ido nos necesiten una vez realizados los ritos fúnebres (los muertos ya no necesitan nada), sino porque los necesitamos nosotros.

Tanto en Grecia como en Roma, el canto, como vimos, ya aunaba verso y música, rima y ritmo, silencio y voz. Esta es la medida para la pérdida que podemos encontrar en los poemas o *carmina* 65, 68A, 68B y 101, que Catulo consagra a su hermano: le canta, expresa su dolor, expone el lugar y el vacío en su corazón, le da un espacio y hace ver lo significativo. En cierta medida lo conjura y le habla. En el *carmen* 101, la repetición de *frater* cada cuatro versos se asemeja al ritual de la *conclamatio*, que se practicaba durante las exequias, como ya vimos al hablar del uso del vocativo:[4] se llama por su

---

1. Rilke, 2022: 27.
2. Aguirre, 2011: 357.
3. Grimal, 2007: 325-326; Aguirre, 2011: 358.
4. Cfr. Feldherr, 2000: 210.

nombre al difunto o, en este caso, la filiación que une a
Catulo con su difunto, en este caso, «hermano». ¿Vive
así en el poema? ¿O vive en el recuerdo de quien lo trae a
presencia como si viviera de nuevo en el tiempo de los
versos? ¿Emplea Catulo en su poema 101 elementos
propios de los rituales funerarios como recurso literario
para otorgar solemnidad y *gravitas* a su composición o
constituye su *carmen* un lamento ritual a la manera de
una nenia? Si «templo» (lat. *templum*), antes que un edi-
ficio, fue el espacio delimitado o recinto sagrado en el
que los augures leían el vuelo de las aves ¿el tempo del
poema, con su canto de pájaro, lo convierte en un templo en el que guardar lo valioso y conjurarlo? ¿Es el poema el espacio que permite ver o escuchar lo inefable?

La pérdida encuentra, así, entre el ritmo del canto y
la musicalidad del verso, una medida de profundidad
incierta, pero medida, al menos, para lo desmedido del
dolor. Dice Rilke en la novena elegía, haciendo resonar
el lamento (*Klage*) y la canción de lamento (*Klaglied*)
schilleriana, «aun el sonoro dolor [*das klagende Leid*],
puro, se resuelve a la figura [*Gestalt*]».[1] ¿Qué figura sería esta? ¿Cuáles son las figuras del dolor de la pérdida?
Rilke dice haber podido acabar sus *Elegías*, después de
más de diez años, en un momento en el que «se sintió
agitado por las más gigantescas olas».[2] ¿Es el poema el
resultado de esas olas? ¿Se concibió para contenerlas?
No es la figura una palabra, sino toda la estructura (gr.
légein) que sostiene (al. *halten*) una composición (lat.
carmen), en la que se encuentran al mismo tiempo presencia y ausencia. El poema no sólo se construye sobre
un vacío, entonces, sino que en su estructura dibuja el

1. Trad. modif. Rilke, 2022: 101.
2. Cfr. Jesi, 1972: 121.

hueco, la silueta de aquel que se ha ido. Y se convierte en un recipiente en el que derramamos el dolor.

Un poema, una elegía como parte de la lírica, habla de lo personal, de un yo poético y, sin embargo, pese a reflejar lo más personal de quien lo escribe, al leerlo resuena en nosotros, como lectores, el dolor propio, el dolor que reconocemos como nuestro. De este espacio, de esta silueta habla Catulo al dirigirse en segunda persona a su hermano. No sólo vemos el espacio negativo de quien estuvo, sino que lo sentimos y lo integramos en nuestra vida cotidiana como un pulmón que, extirpado, nos obliga a aprender a respirar de nuevo. De este modo, milenios antes, Gilgamesh, tras haber perdido a Enkidu, su amigo y casi hermano, se lamenta: «Me ha abandonado en el momento presente / Y sin embargo, tú y yo, / ¿No éramos inseparables?».[1] La silueta se repite en otros poemas compuestos siglos después: César Vallejo escribe a su hermano porque ha dejado una «una falta sin fondo»[2] e Inma Chacón, tras fallecer su hermana, se dirige a ella cuando escribe:

> Algún día,
> cuando rompa el vacío
> que contiene tu abrazo,
> el hueco que me envuelve
> desbordará sus límites.
> Y dejará de ser
> espacio retenido
> que busca su reflejo.[3]

1. Gilgamesh, 2004: 145.
2. Vallejo, 2018: 138.
3. Chacón, 2023: 34.

Aunque en Roma la elegía mayoritariamente suele expresar el erotismo subjetivo, como en los poemas catulianos dedicados a Lesbia cuyo eco llega, siglos más tarde, a *Las elegías romanas*, de Goethe,[1] en Grecia se empleaba como canto de dolor. Será, de hecho, considerada por Varrón, en su origen, una nenia.[2] Los elegíacos romanos no ocultaron la influencia que tuvo en ellos la elegía alejandrina, pero si bien es cierto que esta tenía un tono más erudito, los neotéricos insuflaron mayor peso a los sentimientos individuales aún más intensificados. Llega el tiempo, así, de una poesía nueva que, frente a la anterior, en la que primaba la épica, recupera en todo su esplendor la lírica y el intimismo. En el caso de Catulo, miembro señalado de los llamados neotéricos (siglo I antes de Cristo), encontramos la influencia de Calímaco y Meleagro, e incluso de Alceo y Safo.[3] Este carácter subjetivo y, sobre todo, el intimismo poético serán lo que caracterice las elegías catulianas, cuyos temas oscilan entre el amor y la pasión desmedida (la elegía erótica) y la muerte y el dolor sin medida (la elegía funeraria). Un interesante paralelismo, de nuevo, entre el amor y la muerte, a través de los temas escogidos por el poeta neotérico, que llega a combinar de un modo perturbador en un mismo poema. Sin embargo, no hay que olvidar que la medida del amor tiene su contraparte en la medida del dolor cuando el hermano, como escriben Catulo o Gilgamesh, es arrebatado por la muerte.

1. Goethe, 2005.
2. Cfr. Pestaño, 2005: 232.
3. Cascón Dorado, 2016: 118.

I. EN EL INTERIOR DE UN POEMA

Enterado de la muerte prematura de su hermano en la región del Asia Menor, Catulo escribe sobre este trágico suceso en cuatro elegías (c. 65, 68A, 68B y 101), en las primeras no como motivo central, como sucede en el poema 101 que trata de traducir Carson, pero sí como testimonio del momento que está pasando el poeta. La tristeza lo desborda y confiesa al receptor de sus versos su incapacidad para escribir.[1] Inicialmente, no puede. Las palabras no sirven, todo se hunde en el vacío y nada puede dar cuenta del dolor. Sólo queda lugar para el silencio y el llanto. Poco a poco, las palabras escritas aleatoriamente comienzan a adquirir sentido, como si fueran agarraderos para continuar. Ni Catulo pudo hacer poesía ni pudo hacerla Aidt al morir su hijo. Es preciso dejar pasar un tiempo. Cuando al fin está preparado, Catulo escribe la elegía c. 101 para despedirse. La escribe de forma sencilla, casi sin adornos, y sin referencia a otra cosa que no sea su hermano. Incluso deja fuera los motivos mitológicos, tan apreciados por él.

El poema 101 comienza con un verso que recuerda a aquellos con los que comenzara la *Odisea* de Homero y que ya mencioné unas páginas antes «Después de viajar por muchos países y muchos mares».[2] El viaje de Catulo no implicará tan sólo un desplazamiento espacial o incluso temporal, sino, sobre todo, una dislocación existencial. El inicio de la *Odisea* habla de un viaje demasiado largo y de un regreso casi imposible: «Musa, dime del hábil varón que en su largo extravío [gr. πλάγχθη], / tras haber arrasado el alcázar sagrado de

---

1. C. 65, vv, 1-14; Catulo, 2021: 130.
2. Catulo, 2021: 154.

Troya, / conoció las ciudades y el genio de innúmeras gentes».[1] El viaje es, en primer lugar, espacial porque, fallecido el hermano en Bitinia, hasta allí ha de desplazarse para cumplir con los ritos, y es también temporal gracias a los efectos generados por una poesía cuyos dispositivos hacen emerger la posibilidad de emplazarnos, al traer al presente lo que fue, en este caso el hermano, de rememorarlo e incluso de abrir el futuro de la relectura. Pero es también un extravío, como encontramos formulado en los versos homéricos: *plágkhthē* (gr. πλάγχθη), del verbo *plázō* (gr. πλάζω), que significa no sólo «extraviar», sino también «sacudir», «hacer caer», «desconcertar». Es la vida de Catulo la que se ha visto sacudida y es esta, también, la que ha de ser recompuesta desde la pérdida. El tema es la muerte y cómo esta impacta en nuestra conciencia de finitud. Quien pierde a alguien se siente desorientado, fuera de lugar, como si el mundo fuera otro.

Los versos de la *Odisea* son significativos porque no dicen que «el hábil varón» se haya extraviado, lo que implicaría un uso en voz media del verbo, *plázomai* (gr. πλάζομαι), sino que algo cambió el lugar de Odiseo: fue desviado o dislocado (gr. πλάγχθη). Nosotros, lectores, sabemos que son los propios dioses los que dificultan el regreso de Odiseo y le llevan de un lado a otro. Y a partir de ahí, quizá debe efectuar ese otro viaje que es el proceso de la propia historia, por recordar los conocidos versos de Cavafis:

> Cuando emprendas tu viaje a Ítaca
> pide que el camino sea largo,
> lleno de aventuras, lleno de experiencias.

1. *Od.* 1. 1-3; Homero, 2000: 1.

[...]
Ten a Ítaca en tu mente.
llegar allí es tu destino.
Mas no apresures nunca el viaje.
Mejor que dure muchos años
y atracar, viejo ya, en la isla,
enriquecido de cuanto ganaste en el camino
sin aguardar a que Ítaca te enriquezca.[1]

Catulo se encuentra en la misma situación. Su vida se ha visto dislocada. Tras el viaje, con todo lo que eso implica de cara a la aceptación de la muerte del *frater*, ha de regresar desde Troya a una normalidad que no será la misma. Él no se ha perdido, le han extraviado elementos ajenos a él mismo. Catulo dice haber perdido el entusiasmo, la felicidad y la capacidad de escribir, pero ¿qué es exactamente lo que pierde cuando su hermano le es arrebatado? ¿Es la muerte la que le disloca o le desvía del camino de lo que era su vida?

En las elegías de Catulo referidas a su hermano hay dos dimensiones comunitarias: la que implica la dimensión social del fallecimiento y cómo afecta al estatus de la familia hasta que cumpla con «la parte que corresponde a los muertos»; es decir, las exequias y, en segundo lugar, el padecimiento anímico e incluso físico de quien sufre la pérdida. Ambas dimensiones están entrelazadas. Cuando en el poema 68A Catulo menciona cómo la muerte del hermano supone también la muerte de *su* casa («contigo ha quedado también sepultada nuestra casa»)[2] se refiere a que esa casa familiar, en una dimensión metafórica, se encuentra azotada porque

1. Cavafis, 2007: 100-101.
2. 68A. 22-23; Catulo, 2021: 137.

una parte de ella se ha derrumbado y necesita reconstruirse. Esa casa, *su* casa, nunca será la misma porque
uno de sus pilares en vida ha de transformarse en cimiento desde la muerte. Está de otro modo colocado, en
otro estatus, aunque no se vea. De este modo, el retrato
subjetivo de los sentimientos también da cuenta de una
dimensión social: declara no poder hacerse cargo del
encargo requerido por el amigo, dice estar aislado, lejos
de Roma y de su biblioteca. Lo que en la actualidad podría ser tomado como una reacción de búsqueda de soledad ante la pérdida o, incluso, sería algo a evitar por
los allegados, tiene en Roma una dimensión mucho más
relevante que debemos recuperar. La muerte de un familiar disloca no sólo a la persona sino a la comunidad
que engloba al fallecido y a sus allegados, por lo que el
doliente debe estar separado de la comunidad hasta que
complete los ritos. Sin haber enterrado a sus seres queridos y sin haber pasado el periodo de luto, no pueden
participar en sacrificios, asistir a bodas, acudir a festivales públicos o intervenir en reuniones del senado. Y
su pena lleva la marca reconocible de la toga negra. Incluso después de la muerte de Augusto, los ornamentos
de oro, como los anillos, se sustituyen por aquellos hechos en hierro.[1] Los vivos, como sus muertos, han de
recolocarse en el plano de los vivos y ocupar un nuevo
lugar en la comunidad. Por ello, las exequias suponen
no sólo dar al fallecido la parte que les corresponde,
sino también reintegrar a los dolientes sacándolos del
territorio liminar que los conecta con la muerte.

La casa es, en realidad, el tejido de relaciones que
constituye la familia, porque traza vínculos entre sus
miembros: nuestra *casa* es el *hermano* o, si se quiere, la

1. Feldherr, 2000: 212.

hermana, el hijo, el amigo, la madre, el padre, los abuelos, el animal no humano. El hermano, el fallecido, ya no responde con voz propia, pero el poeta sí puede hablar con él. Es preciso hacer el rito para el hermano y el duelo para sí mismo. Ambos elementos son necesarios. Así pues, desde la parte social, Catulo está aislado, cumpliendo lo que ya Cicerón había recalcado en *Las leyes*: la importancia de respetar los ritos sagrados, lo que implica, en este caso, recogimiento hasta realizar la última despedida.[1] Cicerón, en cambio, se encerró en la soledad cuando ya había enterrado a su hija. Catulo no sólo no quiere integrarse en la vida pública, sino que, según la tradición, tampoco puede. Se encuentra en una zona liminar, en un umbral que conecta vivos y muertos que sólo puede cerrarse con las exequias correctamente realizadas. Llamar tres veces al difunto, según la *conclamatio*, para despedirse y cerrar después el umbral o límite entre vivos y muertos, para que el finado esté en paz y no regrese, no es sólo una cuestión de creencia religiosa, sino de práctica comunitaria porque, como sostiene Feldherr, la ceremonia prepara la reintegración a través del restablecimiento entre vivos y muertos. Mientras no se realice, los familiares están, por tanto, en una zona de umbral. Ni entre los vivos ni entre los muertos.

Una vez consumados los ritos, los familiares deben pasar por un proceso de purificación o *sufficio*, con agua y fuego, y guardar luto para terminar de cerrar su propio ciclo. Por su parte, el difunto estará al fin «situado»: «se dice que "están situados" los que están sepultados. Y, sin embargo, su sepulcro no es tal antes de que se hayan hecho honras fúnebres».[2] Estos ritos van

---

1. Feldherr, 2000: 211-212.
2. *De leg.* II, 57; trad. modif. Cicerón, 2009: 106.

acompañados, como vimos, de cantos acompañados de
«tibia [*tibicinem*] que reciben el nombre de nenia [*cui
nomen neniae*], vocablo con el que también entre los
griegos se denominan los cantos fúnebres».[1] A Catulo le
preocupa la dificultad para realizar los debidos oficios
funerarios, lejos de la familia y con la sombra de la amenaza de no poder consumar los rituales y cultos regula-
res estipulados. Uno de los problemas es que los restos
del hermano yacen lejos de casa:

> A ti tan lejos, sin enterrar en sepulcros conocidos
> ni entre las cenizas de tus parientes,
> sino sepultado en la repulsiva Troya,
> la infausta Troya,
> una tierra extraña te retiene en un suelo lejano[2]

Sabemos, además, por el poema 101, que los rituales
sólo se realizan cuando Catulo arriba a Bitinia, y para
ello debe viajar hacia esa «tumba» que es Troya en su
totalidad. Por eso, como vemos en la elegía 68A,[3] aún
no puede integrarse en la vida comunitaria y permanece
en Verona. Catulo teme, como en el mito de Ariadna,
que su hermano, abandonado, no sea enterrado, no se le
eleve un túmulo, no se arroje tierra sobre su cuerpo, que
no tenga un lugar con un nombre y sea ajeno, por tanto,
a una comunidad y a una pertenencia. De ahí también
que los rituales tengan como propósito, para el difunto y
para la familia, que el fallecido sea ubicado en un lugar
de memoria y, al mismo tiempo y a través del mismo
acto, se comience a restituir el mundo de los vivos.

1. *De leg.* II, 61; trad. modif. Cicerón, 2009: 109.
2. Catulo, 2021: 140.
3. Catulo, 2021: 137.

Las exequias son prácticas identitarias, de reconocimiento en la comunidad, y suponen dar un nuevo lugar, pero son, sobre todo, un rito de tránsito para que el fallecido se convierta en *otra cosa*, así como –y por lo que nos interesa a nosotros– un rito de tránsito de los dolientes a una nueva situación. Cuanto mayor era la autoridad y el peso del difunto en la comunidad, mayores eran las exequias, como puede leerse en el libro III de los *Anales*, de Tácito,[1] pero mayor también podía ser el incumplimiento: «Ni su hermano le había salido al encuentro [...] ¿Dónde estaban las costumbres de los antepasados, la efigie colocada sobre el féretro, los poemas compuestos en memoria del valor, los elogios fúnebres y las lágrimas, o al menos los simulacros de dolor?».[2]

En la parte personal Catulo está descompuesto. Y no puede acometer todavía la tarea de despedirse. Son estos poemas reflejo del cambio que neotéricos introducen en la poesía latina, porque en lugar de estar al servicio del Estado y atender a la virtud desde una dimensión puramente social, como señala Cascón Dorado, se centran ante todo en su propio sentir.[3] Catulo dice que no puede escribir; no, al menos, para despedirse del hermano. Las musas, dice en el poema 65, le han abandonado:

> Aunque, deshecho por un dolor incesante, la pena
> Hórtalo, me tiene alejado de las cultas doncellas
> y el dulce fruto de las Musas no puede brotar
> de mi alma: en tal mar de desgracias navega ella
> misma.[4]

1. Tácito, 2021: 270-271.
2. Tácito, 2021: 272.
3. Cfr. Cascón Dorado, 2016: 118.
4. Catulo, 2021: 130.

Al fin, ya preparado, Catulo viaja a Bitinia y escribe la despedida. La pérdida de Catulo es horizontal: es un hermano que ha perdido un hermano. Tampoco hay palabra para esta situación. Un hermano es un compañero de vida, alguien que anda al mismo tiempo que tú aunque no se compartan caminos, aunque se lleven direcciones opuestas. Pero está ahí, lo hayas elegido o no, en cada paso de tu vida. Con él te enfrentas a la pérdida vertical de abuelos, padres y tíos. Es este vínculo de amor, que sigue acariciando con palabras a su hermano, lo que del poema de Catulo atrae a Carson, quien no sólo hace destacar sobre todas las cosas su vínculo fraterno sino que se dirige a él, tratando de traducir a Catulo. Pese a todo, pese a la hondura de su dolor, el poema 101 de Catulo no es desgarrador debido a la calma que contiene. Podríamos explicarlo del siguiente modo: el dolor profundo del poema corresponde al dolor primero que no se ha transformado en el desgarro del dolor segundo. Sin embargo, teniendo en cuenta el amor que desprende hacia su hermano, en el interior del poeta crecen las olas que lo convierten en un «náufrago zarandeado por las espumantes olas del mar».[1] La cuestión no es sólo cómo despedirse y con qué palabras, sino saber exactamente de qué nos despedimos con nuestro ser querido y qué nos pasa a nosotros mismos y al círculo más próximo con su muerte.

¿Podemos considerar el poema 101 una nenia? Feldherr sostiene que es un epigrama, porque fija el recuerdo de su hermano en el poema.[2] Pero tal vez se trate de la reelaboración de una nenia en la que reaparece en presente el hermano, vivificado por las palabras del

1. Catulo, 2021: 137.
2. Feldherr, 2000: 223.

poeta y por la lectura de quien lo lee hoy. Efectivamente, no aparece escrito el nombre del hermano, sino que se menciona tres veces la relación que lo une con los vivos: es el hermano quien habla al hermano, es el hermano al que se llora y al que se evoca, como se aprecia por el uso del vocativo, y es el hermano quien llora: «llego, hermano, para estos ritos funerarios», «acéptalas [estas ofrendas] como último tributo de tu hermano».[1] No es, por tanto, la persona aislada, el *frater*, quien permanece en la escritura, sino que en el poema se renueva y explicita el vínculo como parte dinámica de la vida y de la identidad de Catulo. No hay que olvidar el comienzo del verso central: «¡Ay [*hei*], pobre hermano cruelmente apartado de mí!».[2] Una interjección, pues, un sollozo, un grito sordo tal vez. Así, para Biondi el poema es una nenia[3] y, de seguir al propio Catulo en el poema 65, también para él mismo: «siempre cantaré versos de lamento por tu muerte».[4] No se trata de fijar en piedra un recuerdo, sino de vivirlo en el tiempo del poema porque «siempre te amaré» aunque «nunca más yo a ti, hermano más querido / que mi vida, podré verte».[5]

¿Qué partitura acompañaría a este poema fúnebre? ¿Qué notas se arrancarían de la tibia? ¿Qué nana o música acompañaría al doliente? ¿Qué pentagrama constituiría el hilo de Ariadna para encarar la pérdida y sublimarla? Recuerdo lo que Deleuze y Guattari escribieron en la parte del ritornelo, otra figura musical de *Mil mesetas*. Para ellos, la principal función del ritornelo es la creación del territorio en un doble movi-

---

1. 101. 2 y 101. 9; Catulo, 2021: 154.
2. 101. 6; Catulo, 2021: 154.
3. Biondi, 1976: 415. Citado por Feldherr, 2000: 2010.
4. Catulo, 2021: 130.
5. C. 65. 11 y 65. 10-11; Catulo, 2021: 130.

miento que es siempre dinámico: la reiterada generación de marcas establece, por un lado, una permanencia
que aísla contra el caos o contra la nada y, por otro,
permite salir de ellos para ganar la individualidad,
siempre y cuando, en nuestro contexto, se haya hecho
un duelo adecuado: «Uno se lanza, arriesga una impro-
visación. Improvisar es unirse al Mundo, o confundirse
con él. Uno sale de su casa al hilo de una cancioncilla.
En las líneas motrices, gestuales, sonoras que marcan el
recorrido habitual de un niño, se insertan o brotan "líneas de errancia", con bucles, nudos, velocidades, movimientos, gestos y sonoridades diferentes».[1] El ritornelo es un regreso sin regreso, una espiral que nos
permite salir del círculo vicioso sin volver jamás al
punto de partida, no sólo porque haya sido sepultado,
como la casa de la que habla Catulo en el poema 68B,[2]
sino porque el doliente mismo ya no es el mismo. Los
sollozos del llanto resuenan en las palabras escogidas
por Catulo. Si analizáramos los sonidos de sus versos
estaríamos escuchando un sollozo nasal («mmmm»)
generado por homofonía que repite «mu-», «mi-» y
«mo-», o, al final de palabra, «-am», «-em», «-mo» y
«-um».[3] Se alternan, además, estructuras de tres sílabas
con otras de dos −2+3+2+3+2− en el verso central: «*miser indigne frater adempte mihi*», los dos extremos re-
piten la sílaba «-mi», y todas las palabras que rodean a

1. Deleuze y Guattari, 2015: 318.
2. Catulo, 2021: 140.
3. Los sonidos nasales serían los siguientes. Verso 1: «*multas...
multas*», verso 2: «*miseras*», verso 3: «*postremo donarem munere
mortis*», verso 4: «*mutam nequiquam... cinerem*», verso 5: «*quan-
doquidem, mihi, ipsum*», verso 6: «*miser... mihi*», verso 7: «*tamen,
parentum*», verso 8: «*munere*», verso 9: «*multum manantia*», hasta
que el verso 10 cierra el sollozo con un «*perpetum*».

«*frater*» («hermano») presentan este sonido nasal del llanto, recurrente en el poema.[1]

Una forma por tanto, la elegía, es la elegida para transmitir una vivencia que habla del propio poeta y de su punto de vista personal. Será esta forma la que le permita orientarse en su extravío. Es su amor o su dolor el que comparece entre la cadencia de un sonido, el de las vocales largas o breves, por la que toma cuerpo y se transmite lo que padece el poeta. Es la combinación de hexámetros y pentámetros, característica del dístico elegíaco, la que dicta y estructura la cadencia del sentimiento y lo encauza para que no se pierda en un lamento sin el cual el sollozo se ahogaría, perdido en el interior del doliente. Hay un ritmo que da forma a lo que no tiene límite y es, como tal, informe. El dístico elegíaco marca la pauta y estructura la elegía como continente del dolor, al mismo tiempo que se convierte en el conductor de la pérdida, que conecta de nuevo al que escribe con su difunto. Es esta forma la que otorga, según Schiller en la única mención que hace a Catulo, valor estético al poema.[2] Se trata de hacer dos cosas: manifestar el sentimiento y hacerlo dándole un cuerpo delimitado.

El dístico, compuesto con dos tipos de versos, alterna dos cadencias para generar rapidez o lentitud, ligereza o pesadez, solemne tristeza o dolor desgarrador: la del hexámetro y la del pentámetro. Esta métrica confiere al poema una musicalidad muy concreta que obedece a la alternancia de vocales breves y largas: las primeras se pronuncian en un tiempo menor con respecto a las segundas. El dístico elegíaco tiene esta estructura, donde ⌣ equivale a una sílaba breve, _ a una sílaba larga, ⌣̲ es

---

1. Cfr. Arcaz Pozo, 1996: 13.
2. Schiller, 1999: 303.

una sílaba larga que puede ser sustituida por dos breves,
˅ es el lugar ocupado por una sílaba larga o una breve
que se alarga *por posición* y, finalmente, ‖ es la cesura:

_ ⌣⌣ / _ ⌣⌣ / _ ⌣⌣ / _ ⌣⌣ / _ ˘ ˘ / _ ˅
_ ⌣⌣/ _ ⌣⌣ / _ / ‖ _ ˘ ˘ / _ ˘ ˘ / ˅

La estructura del poema 101, con cinco dísticos, responde a este esquema:[1]

Después de viajar por muchos países y muchos
    mares
[*Mūltās pēr gēntēs ēt mūltă pĕr aēquŏră vēctūs*]
llego, hermano, para estos tristes ritos funerarios
[*ādvĕnĭo hās mĭsĕrās, ‖ frātĕr, ăd īnfĕrĭās,*]

a fin de rendir el último tributo de la muerte
[*ūt tē pōstrēmō dōnārēm mūnĕrĕ mōrtīs*]
y dirigirme en vano a tus mudas cenizas
[*ēt mūtām nēquīquam ‖ āllŏquĕrēr cĭnĕrēm,*]

puesto que el destino te ha arrebatado de mí,
[*quāndŏquĭdēm fōrtūnă mĭhī tētē ābstŭlĭt īpsūm,*]
¡ay, pobre hermano cruelmente apartado de mí!
[*heū mĭsĕr īndīgnē ‖ frātĕr ădēmptĕ mĭhī!*]

Pero ahora acepta, al menos, estas ofrendas que
    he traído
[*Nūnc tămĕn īntĕrĕa haēc, prīscō quaē mōrĕ
    părēntūm*]

1. Una lectura recitada de estos versos puede encontrarse en el por-
tal de literatura latina: http://www.poesialatina.it/_ns/Greek/tt2/
Catullo/Cat101.html

según la tradición como último tributo
a los muertos:
[*trādĭtă sūnt trīstī ǁ mūnĕre ăd īnfĕrĭās,*]

acéptalas empapadas de las muchas lágrimas
de tu hermano
[*āccĭpĕ frātērnō mūltūm mānāntĭă flētū,*]
y para siempre, hermano, salud y adiós.
[*ātque īn pērpĕtŭūm, ǁ frātĕr, ăve ātquĕ vălē*]

El hexámetro otorga solemnidad y pesadumbre, es el verso de la épica, del recuerdo social, que da lentitud e incluso vetusta tradición a los versos que adoptan esta forma: el largo camino que lleva a Catulo hasta el lugar de la muerte del hermano (verso 1), el destino inexorable que ha arrebatado al hermano (verso 5), el tributo a la muerte (verso 3), las ofrendas (verso 7) y las lágrimas derramadas sobre la tierra (verso 9), como si esas lágrimas fueran, también, como en el caso de Patroclo, la parte que corresponde a los muertos. Frente a ellos, la segunda parte de los dísticos bajo la forma de pentámetro proporciona vaivén al sentimiento personal e íntimo, mayor fluidez y, al mismo tiempo, al coincidir con sílabas tónicas, ruptura en el centro mismo del verso, como se rompe por dentro quien los expresa, que, precisamente, hace una pausa para poder seguir. Las exequias son para el ser querido (verso 2), el más querido, el que no hubiera querido perderse, convertido ya en cenizas (verso 4), apartado para siempre de Catulo (verso 6), recolocado en el lugar de los muertos (verso 8), hasta que se pronuncia el «para siempre» («*in perpetuum*») de un adiós (verso 10). De este modo, la medida de la elegía permite responder por un lado a la dimensión social (hexámetros) y por otro, a la dimensión más

personal (pentámetros), que están, en todo caso, entrelazadas.

El contorno de la pérdida queda reflejado en la propia estructura de los poemas de Catulo cuando sólo dos
versos centrales condensan los sentimientos del poeta
neotérico: «puesto que el destino te ha arrebatado de
mí, / ¡ay, pobre hermano cruelmente apartado de mí!».[1]
El mismo verso final se encuentra en el verso 21 del poema 68A, «Carta a Manlio»: «¡Ay hermano, arrebatado
para mi desgracia!»,[2] así como en el verso 92 del poema
68B: «¡Ay hermano arrebatado para mi desgracia».[3]
Así, en el poema 68A, del que ya analicé un verso, es el
poeta el desdichado: «tú, tú con tu muerte has roto mi
felicidad, hermano, / contigo ha quedado también sepultada nuestra casa, / contigo ha desaparecido también
mi alegría, / la que en vida alimentaba tu dulce afecto. /
Con tu desaparición he desterrado por completo de mi /
vida ese entusiasmo y todos los placeres de mi
corazón».[4] Y en el poema 65 escribe: «¿nunca más podré yo oír tu voz, / nunca más yo a ti, hermano más
querido / que mi vida, podré verte? Pero siempre te
amaré, / siempre cantaré versos de lamento por tu muerte, / como los que entona bajo la espesa sombra de las
ramas / la Daulia, cuando llora la muerte de Itilo».[5] En
relación con las lágrimas y el duelo, el poema 101 parece haber tomado como modelo un epigrama de Meleagro de Gádara,[6] al que habría que añadir la influencia
siempre presente de Calímaco en la obra del veronés. El

---

1. C. 101. 6; Catulo, 2021: 154.
2. Catulo, 2021: 137.
3. Catulo, 2021: 140.
4. C. 68A. 21-26; Catulo, 2021: 137.
5. C. 65. 9-14; Catulo, 2021: 130.
6. Arcaz Pozo, 1996: 10.

primero canta a la amada fallecida, Heliodora, y ofrece como libación sus lágrimas, para que penetren la tierra de su sepultura y así lleguen hasta el Hades: «derramo, reliquia de mi ternura, hasta el Hades / lágrimas amargas sobre tu llorada tumba / libo, memoria de mis añoranzas, memoria de mi afecto».[1] Del mismo modo, Catulo ofrece a su hermano lágrimas que empapan la tierra sin mención al Hades, pero que son derramadas por él y para él, es decir, no sólo para exteriorizar el dolor, sino también como símbolo de amor.

El poema 101 se presenta, de este modo, por un lado como un lamento comunitario con las dos dimensiones sociales y familiares mencionadas: es la propia ofrenda que Catulo ya puede hacer, al haber conseguido articular su dolor y cerrar el ciclo del rito debido. Pero además, por otro lado, es un ejercicio interno por el cual mantiene vivo, de otro modo, el vínculo fraterno. Se trata de la dimensión de lo *común* entre el difunto y el doliente. Por tanto, no se trata de que Catulo haga un uso literario de los rituales, sino que el poema mismo es ritual y por eso también todo el poema está dirigido a un único receptor: su hermano. Se despide «*ave atque uale*»,[2] pero declama «siempre te amaré», «siempre te cantaré».[3] Acabado el rito, recomienza la vida sin él pero queriéndolo, porque, del mismo modo que consuela a Calvo por la muerte de su joven esposa Quintilia diciéndole que es peor el desamor en vida que un amor que no puede vencer ni la muerte,[4] tampoco el vínculo con su hermano se apagará nunca. Y con esta pérdida

1. P. VII, 476, tomo V, 59.
2. 101. 10; Catulo, 2021: 154.
3. 65. 11-12; Catulo, 2021: 130.
4. C. 96; Catulo, 2021: 152.

ha de vivir ya para siempre Catulo. El viaje no ha hecho sino comenzar.

¿Por qué el verso final no sólo dice adiós (*uale*), sino también hola (*ave*)? Si el primer verso del *carmen* 101 recuerda a la *Odisea*, ¿a qué nos recuerda el último? Feldherr destaca que la fórmula *ave atque vale* aparece con frecuencia en las inscripciones funerarias, lo que incidiría en la idea de que el poema tendría ecos de ritos funerarios.[1] Pero si el poema es más que eso, quizá quepa reflexionar sobre el sentido de un saludo allí donde se da una despedida. Esta fórmula se popularizó en Roma al final de la República porque, si bien es cierto que hay una despedida, también hay un saludo cada vez que el mensaje es leído. Se vuelve a dar vida al difunto, por tanto, en una *renovare nomen defuncti*.[2] El hermano, como la belleza del poema de Schiller, vive en el poema y se *trae a la vida* al verbalizarlo. Cada vez que se lee, por tanto, se actualiza el vínculo y se saluda a quien regresa al ser leído y, al mismo tiempo, se lo despide.

Catulo comparte con Cicerón y Lucrecio una época tan convulsa como el siglo I antes de Cristo, en la que César cruza el Rubicón y Roma se convierte en capital política de un imperio. Pero no coincide con ellos en cómo afrontar la explosión cultural helenizante que se produce. Catulo, como Lucrecio, poco quiere saber de la vida política. A los tres, sin embargo, los une la preocupación por la muerte. En el caso de Catulo, se debe a sufrirla inesperadamente y necesitar abordarla poéticamente, y en el caso de Cicerón y Lucrecio, a su interés por teorizarla. Lucrecio había invitado a neutralizar los

1. Feldherr, 2000: 210.
2. Muñoz García, 2011: 161.

miedos hacia la propia muerte porque quien teme a la muerte vive tan aterrorizado que al final no vive realmente. Lo que encontramos formulado en Catulo no es el miedo a la propia muerte o a la vida de ultratumba, sino al dolor ante la muerte del otro, del cercano, del significativo, de la sangre de tu sangre, de quien es irremplazable, de aquel que, dada su mortalidad, como en aquel poema de Schiller, vive y vivirá siempre en el poema. Lo leemos y lo invocamos. Con ese dolor tampoco se vive realmente.

Lo que canta Catulo es la vida rota, el vacío, lo que le falta. La muerte es la interrupción de la vida del fallecido, pero también de la vida de los que compartieron con él este viaje mortal e incluso el proyecto vital levantado desde el vínculo con los seres queridos. Por eso, despedirse del hermano es despedirse también de una vida compartida para rehacer la interrupción y comenzar la reconstrucción. Vivir con alguien y amarle supone «una pauta de actuación e interacción diaria»[1] por la cual nuestra propia vida se levanta. Es preciso para Catulo decir *uale* y seguir, no porque se olvide al hermano y no se le eche de menos, sino porque es preciso colocarlo de otro modo o, como indica Cicerón, situarlo en otro lugar en la propia vida *después de*; antes, el doliente ha de recuperar la orientación, dando medida al dolor, y volver a la vida. También la muerte requeriría, de este modo, mesura para afrontarla y medida para cantarla. Como dirá Cavafis muchos siglos después: «No mengua la desgracia aunque la cuentes. / Pero hay penas que no viven con sosiego en el alma. / Para mitigarse anhelan salir con los lamentos».[2]

1. Nussbaum, 2015: 269.
2. Cavafis, 2007: 324.

II. SU CONTORNO ES EL VASO QUE LLENAMOS

Donde el dolor es sin medida puede haber una medida para el dolor. La forma de lo escrito, sus cadencias, sus figuras, sus ritmos y silencios constituyen un lugar de recogimiento en el que escuchamos resonar nuestro propio dolor en una construcción que nos sostiene. La métrica es lo que, con sus ritmos, convoca la presencia de una ausencia. Ese es el ejercicio que a su vez, por influencia de Schiller, Hölderlin realiza en su *Archipiélago*, de 1800, escrito también como una elegía, en el que mantiene una conversación con el dios del mar, cuyo nombre nunca menciona, pero al que llega a llamar «dios luctuoso» (al. *Trauernder Gott*) en varias ocasiones:

> Dime ora, ¿qué fue de Atenas? ¿Recubren tu polis amada
> sobre las tumbas de sabios, en sacras riberas, cenizas,
> ¡Oh, dios de luto!, y ya toda se ha hundido, perdióse con ellas?[1]

El poema *Los dioses de Grecia*, de Schiller, marcó a Hölderlin y le proporcionó la idea de ir más allá del recuerdo para tratar de revivificar o recuperar lo perdido a través del conjuro.[2] Hölderlin invoca a Grecia en su poema, la evoca como ideal perdido y como un tiempo imposible de recuperar, y lo hace no únicamente a través de los contenidos, sino con especial peso en la forma. Compuesto en hexámetros dactílicos, con la métrica de la épica o la de los himnos, con la sonoridad del

1. Hölderlin, 2011: 59.
2. Safranski, 2021: 73.

lenguaje empleado, con sus ritmos y cadencias, con la
musicalidad que desprenden los versos, el poeta quiere
que lo perdido acontezca en el tiempo del poema.[1] Este
no comienza en primavera –aunque por ella comienza,
con la pregunta «¿Jonia florece? ¿Ya es primavera?»–,[2]
sino en otoño, con la pérdida ya consumada: «tristes
jardines vestidos de luto y el ágora en ruinas».[3] En ese
empleo del lenguaje estamos ante un conjuro: se invoca
a Grecia para que acontezca en el tiempo que dura su
lectura. Por otro lado, los versos tratan de reproducir el
sonido del mar a través de los ritmos y las sonoridades.
En este sentido, Hölderlin, gran aficionado a la música
–tocaba la flauta, el violín y el piano– e influido en esa
época por Wilhelm Heinse, a quien le dedicará su larga
elegía, *Pan y vino* (1801), aplica a su poesía el elemento
plástico del ritmo y la alternancia de tonos. El desbordamiento de la sensación de pérdida y soledad encuentra en la forma del poema un espacio en el que contenerse. Hölderlin consigue levantar una arquitectura
que, generada por el lenguaje poético, muestra el espacio de una desaparición que, paradójicamente, en el juego de la silueta del vacío dejado por lo que ya no está,
consigue traer a presencia y llevarnos a un umbral en el
que lo que fue vuelve a ser de otra manera. Terminado
el poema, el conjuro cesa y sólo queda el silencio:

> Tú, sin embargo, inmortal, aunque nunca ya
>   el griego te cante,
> oh, dios del mar, ni tus gestas celebre, permite
>   que siempre

1. Cfr. Cortés, 2011: 14.
2. Hölderlin, 2011: 51.
3. Hölderlin, 2011: 69.

sigan sonando en mi alma tus olas / [...]
yo al fin comprenda, y si al cabo el desgarro
      del tiempo en mi mente
rompe con fuerza y la humana penuria y el triste
      extravío
entre mortales mi vida mortal con violencia
      estremecen,
deja que al fin yo por siempre en tu fondo
      el silencio recuerde.[1]

Hubo un tiempo en el que Hölderlin considerará que es el poeta el mismo recipiente o instrumento de fuerzas para expresar lo que desborda a los mortales: «Pues no siempre es capaz de contenerlo un débil vaso / sólo a su tiempo el hombre soporta la plenitud divina».[2] Hay un rebosamiento que necesitamos depositar en algún lado: nos desborda la ausencia, el vacío, la pérdida. Por eso el poema es más que lo que dice lo escrito: es la forma misma e incluso el vacío o concavidad que dibuja la escritura. Esta es la importancia de la elegía de Catulo. No se reduce a lo que vemos en las legibles palabras del poema, sino en el intuido espacio que se da en ellas, en el que volcamos nuestro desbordamiento, como hace Hölderlin en *El Archipiélago*: construye un recipiente o un vaso en el que no sólo verter el sentimiento de pérdida, sino en el que trabajar con la forma en negativo del vacío, para que esa silueta haga presente lo ausente.

En muchos sentidos el poema es un recipiente que *acoge*, como aquella jarra de la que habló Heidegger en «Lección sobre la cosa»,[3] en la que se puede verter el

1. Hölderlin, 2011: 85.
2. Hölderlin, 2022: 78.
3. Heidegger, 1994.

vino o el agua porque forma parte de su ser el acoger. Lo que acoge en el poema no es la línea, la grafía o el papel, como tampoco lo es en la jarra su pared y su fondo, sino el hueco o la concavidad, el vacío que estas líneas, sus ritmos, sus melodías dibujan. «Nos daremos cuenta de qué es lo que acoge del recipiente si llenamos la jarra. Está claro que las paredes y el fondo de la jarra son los que se hacen cargo de acoger. ¡Pero despacio! Cuando llenamos de vino la jarra, ¿vertemos el vino en las paredes y el fondo? Todo lo más, lo que hacemos es verter el vino entre las paredes y el fondo. Paredes y fondo son evidentemente lo impermeable de la jarra. Ahora bien, lo impermeable no es todavía lo que acoge. Cuando llenamos del todo la jarra, el líquido fluye en la jarra vacía. El vacío es lo que acoge del recipiente. El vacío, esta nada de la jarra, es lo que la jarra es como recipiente que acoge».[1] Por lo mismo, el poema de Hölderlin invoca a Grecia no sólo con una *conclamatio*, sino porque la escritura genera el espacio de un vacío en el que esta comparece de nuevo. El poema es el espacio del lugar que, aun desocupado, sigue siendo lugar, el lugar de un vacío. Por eso, el poema no es un objeto, como tampoco lo es para Heidegger la jarra; porque el objeto se reduce a aquello que producimos, a aquello que utilizamos y que tenemos ante o frente a nosotros (lat. *obiectus*), incluso, en alemán, aquello que se yergue *contra* nosotros (al. *Gegenstand*). En realidad, el poema es una cosa que nos dice, de la que podemos estar atravesados, con la que estamos religados, que nos despliega y nos repliega, donde nos volcamos y donde derramamos lo que nos desborda, porque se da en él la estructura que acoge lo que sentimos.

1. Heidegger, 1994: 146.

El objeto, por otro lado, es siempre *algo*, mientras que «la cosa» puede dar cuenta no sólo de lo inasible, sino de una ausencia, de un vacío, de la nada. La nada a la que nos aboca la muerte o con la que nos encaramos ante la pérdida no es algo *frente* o *contra* nosotros, sino algo que nos afecta, porque estamos entretejidos en ella. La palabra «nada» es un concepto que bordea el lenguaje, lo indecible, del mismo modo que la muerte es un borde. Ahora bien, este borde es moldeado con el vacío y, como tal, es el comienzo mismo de la escritura. Porque hay ausencia escribe Catulo y escribe Hölderlin. Los versos nos acercan al mundo y a nosotros mismos, al mismo tiempo que erigen una estructura sonora –lingüística, musical– alrededor de la nada que la genera y que, con el mismo movimiento, queda contenida en el poema. De este modo, Catulo o Christensen serían alfareros que moldean no la arcilla del lenguaje, sino el vacío, para poder acoger lo que en el poema-recipiente se vierte: «si esto último [lo que acoge] descansa en el vacío de la jarra, entonces el alfarero, que con el torno da forma a la pared y al fondo, lo que hace no es propiamente la jarra. Lo único que hace es moldear la arcilla. No... moldea el vacío. Para él, hacia él y a partir de él moldea la arcilla dándole una forma. El alfarero lo primero que hace, y lo que está haciendo siempre, es aprehender lo inasible del vacío y producirlo en la figura del recipiente como lo que acoge».[1]

El poema que construimos funciona como un cuenco de barro que acoge lo que vertemos en su interior, pero también retiene lo que ha recibido y le da forma: la forma del cuenco, de modo que sacamos algo de dentro para no perdernos en nosotros mismos, como aquellas

1. Heidegger, 1994: 147.

cigarras de las que hablan Sócrates y Fedro. Este verter en el poema implica que «la cosa», el asunto que nos interpela y nos llama, lo que nos preocupa, no es un objeto sino una coligación que, exteriorizada, y recogida con calidez en el poema, nos quita el peso de un agua interior que nos ahogaba. El poema no representa sino que *presenta*, como hace la música con sus efectos, según Aristóteles: no representa el dolor para generarnos, por ejemplo, piedad, sino que hace presente el sentimiento mismo que llama, con sus ritmos y formas.

Mario Montalbetti, siguiendo a Badiou, sostiene que el poema mismo encierra *algo* con sus versos: un vacío que se sustrae al decir pero que queda recogido en la forma.[1] En cierto modo es un vaso. Los grandes poemas operan presentando una sustracción que es reconocida por los *bordes* interiores que le proporcionan la forma o el modo de presentar el ensamblaje (gr. *légein*) de las palabras. De este modo, el poema no sólo es contenido, es el recipiente de un sentir. Lo innombrable de la pérdida no tiene nombre, pero sí puede tener una forma en negativo: «el poema intercepta el no-lenguaje desde dentro del lenguaje».[2] Para Montalbetti, el poema contendría lo que en términos lacanianos se denomina «lo Real», que puede entenderse como producto de la simbolización misma: «su conexión no es con la realidad sino, en todo caso, con el Real lacaniano cuando es entendido [...] como un sub-producto (como una "falla") del orden simbólico mismo, de tal manera que no hay Real sin lenguaje ni lenguaje sin Real».[3] Lo Real lacaniano bebe de la noción de «resto» (al. *Abfall*) de Hegel,

1. Montalbetti, 2020: 54-58.
2. Montalbetti, 2020: 35.
3. Montalbetti, 2020: 34-35.

de tal modo que si la realidad se refiere al tejido simbó-
lico-imaginario con el que vivimos y elaboramos ese vivir, lo Real no existiría separadamente, sino como resultado de ese proceso, como «otro lado» que sólo tiene
sentido como «subproducto», lo que quiere decir que
no hay algo presimbólico y una posterior simbolización, sino que, porque hay simbolización, se genera lo
que no puede simbolizarse. De ese modo, lo Real consiste en lo que queda, lo que «resta» como pliegue de un
tejido lingüístico que apunta a lo que no puede ser aprehendido.

Sin embargo, más cerca de Heidegger que de Montalbetti, la elegía, en cuanto poema de duelo, no trata de
generar un vacío; más bien, como en el caso del alfarero
heideggeriano, levanta el poema en un alzado sobre el
vacío; es decir, el vacío no es el resultado de la simbolización, sino que *porque* hay un vacío se escribe el poema. La simbolización, el tejido del texto o la escultura
acústica funcionan para poder vivir con aquello que ha
rasgado la retícula con la que entendíamos el mundo
cuando la lógica ha quedado suspendida por la pérdida,
cuando, aun sabiendo que todos los seres vivos mueren,
no entendemos que mueran nuestros seres queridos. La
simbolización es la barandilla a la que nos agarramos
para sortear la oquedad sin caer en su interior. Lo Real
es la gran ausencia que siempre se escapa, el vacío fundamental en el orden de la comprensión de la realidad,
pero la pérdida no es un subproducto de la vida, sino
una condición de la misma. Nada permanece: esa es una
característica definitoria de la existencia.

Parafraseando a Heidegger, el poema no es un recipiente porque sea producido como tal sino que tuvo
que ser escrito porque es el espacio necesario ante el lugar desocupado. La ausencia es lo que posibilita que,

como lectores, vertamos en la estructura del poema lo que sentimos o encontremos en él un lugar de resonancia, y esto implica que no leemos el poema y sentimos el vacío, sino que, porque este existía, al leerlo, nos resuena y lo reconocemos. El poema nos da acogida cuando su vibración y la nuestra se armonizan. Y es así como aquello que no tiene medida es encauzado con una métrica que permite vivir. Por eso, si el poema se alza sobre el vacío no es porque trabaje con la oquedad que se ha abierto violentamente en nuestra comprensión del mundo: al igual que una herida sólo existe en un cuerpo, la pérdida se da en una vida ya pensada, vivida, sentida y entretejida como un todo.

Tras el vacío bajo nuestros pies, cuando el suelo de nuestra vida se ha hundido, comienza la reconstrucción que apresa ese vacío con sus melodías, ritmos, entonaciones, cadencias, modificando ese espacio porque la fragmentación es irresoluble. No hay nada que reintegrar. En el cuento «Diálogo en la montaña», Celan habla de un «lugar vacío» o «plaza vacía» (al. *Leerstelle*), que coincidiría con nuestro lugar desocupado, llevado a la escritura, en el que las sílabas se yerguen a su alrededor como bordes: «enseguida acude un hilo que se teje, que se entreteje envolviendo la imagen», donde la imagen es en realidad una ausencia y un silencio por el cual «el bastón calla, la piedra calla, y ese callar no es callar [...] tú ves todas las sílabas que se alzan alrededor».[1] No disponemos de palabras para decirlo exactamente, pero sí para delimitar ese abismo. La escritura tiene dos lados: el que es visible directamente en la escritura y el que se bordea con ella, es decir, la escritura en negativo, que dibuja el contorno de un abismo, no negando sino

1. Trad. modif. Celan, 2020: 484.

en la misma afirmación que hace borde. El poema es un hecho acústico que esculpe con exactitud y juega con los vacíos. Como el discurso que abraza, como la palabra que, acompañada de un gesto, es, ante un vacío, el borde cálido en el que poder apoyarse.

En algunos poemas, sostiene Montalbetti, el lenguaje hace borde con lo que no es el lenguaje, incluso con lo que denominamos «lo indecible», al referirnos a un sentimiento que no puede ser contenido en una palabra. Quizá de lo que se trate es de que, con su música, con su sintaxis, con su orden y mecanismos de unión, incluso con sus fallos gramaticales voluntarios, genere un lugar para este mismo dolor a través de la forma. La elegía de Catulo, al darle forma con la escritura y con el ritmo de sus dísticos, sus sonidos, sus pausas, ofrece el vacío moldeado que le dejó al poeta su hermano, y en ese hacer espacio, lo llama y lo convoca, al igual que con Hölderlin, el ritmo de un verso griego genera el sentimiento de extrañeza hacia un tiempo que no es el nuestro, pero cuya pérdida implica también la de algo que nos afecta. De ese modo, los poemas no son significativos por la parte visible y legible de los versos, sino por el *otro lado*, que se genera para acoger y albergar. Y la forma de la poesía luctuosa es la elegía, como la que escribe Catulo y lleva a Carson a construir *Nox*, porque se pueden traducir las palabras y perder significados del latín al inglés, pero de lo que se trata es de reflejar la forma que dibuja su estructura sin que el poema pierda su sentido. Más que de lo que no puede decirse, Carson en este sentido hablará de lo «invisible». Para ello acudirá a Simónides de Ceos, quien, según la poeta, trataba de escribir poemas como pinturas, de tal modo que la colocación de las palabras «lleva al límite del lenguaje [...] hacia algo que ningún ojo puede percibir ni pintor alguno pintar».[1] El poema, entonces, permitirá acceder a este fondo a través de la escucha, como sucedía con el canto. Al fin y al cabo, en Grecia no podían entenderse separadamente. Por eso leemos a Catulo y nos emocionamos e incluso *nos hechiza*, al llevarnos a un lugar de nuestro interior para, en el mismo movimiento, sacarnos de él y arrastrar hacia fuera el exceso de un dolor que nos supera.

El poema es un cuenco, un espacio, una habitación, una estructura que alberga el vacío de una ausencia o de una pérdida, la pared sonora que dibuja el límite del noser desde dentro porque lo contiene. En este hueco derramamos nuestro dolor cuando hay un desbordamiento de significado para el que no valen las palabras. La labor del poeta es la «del alfarero que crea [una figura] en un tazón rodeándolo de arcilla».[2] Lo que se dice en el poema y cómo se expresa *bordea*. ¿Qué bordea? Bordea esa oquedad que se nos abre con la muerte. Como haya sido la vida del difunto, así será el vacío de su ausencia. Se intercepta, de este modo, la imposibilidad de decir lo que se escapa del lenguaje dentro del mismo lenguaje.

No hay nada que pueda decirse ante la muerte, sobran las palabras, no sé qué decir, mi más sentido pésame, repetimos en los funerales, pero al repetir estos lugares comunes, procedemos a un reconocimiento. Esta es la condición del finado: encontrado su fin, depende de los otros para seguir definido, delimitado, identificado. Recordamos sus cualidades como en un molde en negativo esculpido en nuestro interior, que tiene la forma del hueco que le hicimos –o que se hizo– en nuestra vida o del vacío que deja porque siempre estuvo ahí des-

1. Carson, 2020: 61.
2. Montalbetti, 2019: 55.

de nuestro nacimiento o porque compartimos vivencias hasta estar significativamente entrelazados.

Los poemas esbozan la silueta imposible del lugar desocupado: el de la ausencia del otro en la propia vida, que lleva aparejado consigo el peligro de transformarse en el «objeto negro que encierro en mi pecho»[1] o el hacer crecer ese espacio como un océano interior que nos ahoga desde dentro como si fuera un «hueco negro».[2] Que el dolor se deposite simbólicamente en un lugar fuera, que no nos anegue porque siempre existe este desbordamiento. El vacío estará siempre. Lo relevante será saber qué hacemos con él y si se convierte en manantial o en el paisaje desolado de un agua estancada.

III. LA CAJA NEGRA QUE CONSTRUIMOS TRAS EL GOLPE

Por más que lo intenta, Anne Carson no lo consigue. Le sucede en cierta medida como a Hölderlin cuando, en *El Archipiélago*, quiere que Grecia vuelva otra vez en el tiempo del poema. Allí donde el poeta busca convocar ausencias y traerlas de vuelta a través del anacrónico e imposible uso de un tipo de verso griego que en alemán no existe, el hexámetro dactílico, Carson traza, en los borradores que desecha, la silueta de un vacío. Es su hermano el que ya no está. Quizá quiera impedir, al igual que Heródoto hace expresamente en su *Historia*, que todo se desvanezca en la nada, que al menos nos quede el recuerdo, que nos quede lo escrito, que nos quede una inscripción de lo que fue, aunque ya no sea. Tanto Carson como Hölderlin, de diferente modo, aca-

1. Varela, 2016: 217.
2. Kristeva, 2017: 105.

ban mostrando el espacio de una desaparición, de una comparecencia imposible, de la huella de un *no ser ya* cuando una vida ha terminado.

Carson escribe el poemario *Nox* para que su hermano no se desvanezca, para que su vida no desaparezca y para que persistan tanto los lugares que compartieron juntos como aquellos momentos que sólo en su propio interior resisten a esa desaparición del tiempo que llamamos muerte. Sin embargo, no hay momento que no padezca los desgarros del tiempo. Carson recoge la silueta moldeada por Catulo para su hermano para dar cuenta de su propio vacío y bordear el abismo que se le ha abierto. Y así, comienza la traducción del poema 101. Es, en un principio, una elegía: «quería llenar mi elegía con diferentes tipos de luz. Pero la muerte nos hace mezquinos [...] El amor nada puede cambiar. Las palabras nada pueden añadir».[1] El resultado es un objeto con la forma de una caja de cartón que contiene la traducción, palabra por palabra, del poema, sus pensamientos con respecto a su hermano y una traducción íntegra del poema que se le resiste y que ya había intentado realizar incluso en otros trabajos, como *Hombres en sus horas libres* (2007), en el que fusiona a Catulo con sus versos, y donde escribe: «¿Cuánto tarda el sonido en disiparse [*to die away*]? / Yo un hermano. / Recorta con cuidado las palabras vino leche miel / Échalas en un saco. / Revuelve con cuidado. / Viértelas en tu sucio esqueleto. ¿Qué sonido?».[2] Carson cambia el saco por la caja y no revuelve con cuidado, sino que ordena y coloca: genera una historia y un espacio, donde no hay páginas sino un pliegue de metros de papel a la manera

---

1. Carson, 2018: 1.0.
2. Carson, 2007: 102-104.

de un acordeón, que contiene un *collage* de fotos, estampas, textos manuscritos, reflexiones, notas, citas, esbozos, la historia de la relación con su hermano en el lado derecho, mientras que el izquierdo contiene la traducción de cada término del poema de Catulo.

De estos intentos que acomete Carson sólo queda, aparentemente, esa frustrante imposibilidad materializada en una traducción fallida, esa que no logra, esa que no acierta a decir lo que encuentra en Catulo y que, según Carson, este consiguió apresar con delicadeza y amor en su poema 101. Catulo lo escribió para despedirse de su hermano. Carson deletrea a Catulo. Donde reproduce el primer verso: «Tras atravesar muchos pueblos y anchos mares [*multas per gentes et multa per aequora vectus*]» encontramos un estudio de cada elemento: *multas, per, gentes, et, multa, per, aequora, vectus...* El resultado es *Nox*, mitad poemario, mitad caja de recuerdos, que termina con la imagen ilegible de su traducción, porque la tinta se ha borrado, como sumergida en el agua. ¿Cómo expresar el dolor? ¿Cómo dar cuenta del efecto devastador de la muerte en los vivos? Al hacer poesía y siguiendo la rota musicalidad de Catulo, allí donde no consigue trazar con su traducción la silueta que confecciona el poeta veronés, ella produce (no se olvide que «*poiesis*» en griego significa «producir») esta caja, que es también un féretro en el que, según la propia Carson, «sentí que estaba conteniendo (con la mayor precisión posible) el humo a la deriva de una persona y de un pasado».[1]

Efectivamente, la forma material del poemario de Carson es la de una caja elaborada con tapas de cartón donde se encuentra, inefable, un vacío cubierto con pa-

---

1. Carson/Torres, 2021.

labras, una habitación que, en realidad, contiene la falta dejada por el ser querido cuando no está, cuando se
ha ido, cuando nos ha sido arrebatado: «a lo largo de
los años en que trabajé en ella, empecé a considerar la
traducción como una habitación, no precisamente des-
conocida, donde se busca a tientas el interruptor de
luz».[1] No es un objeto, sino una cosa que le habla a
Carson y con la que está implicada: no es una mera producción, sino el moldeado de un vacío propio y con el
que la poeta está religada e implicada. Un espacio de
oscuridad: «*nox*» significa «noche» en latín.

La muerte no es un territorio inexplorado que alber-
gue un secreto por descubrir. No hay un problema que
solucionar, no hay nada que entender en la muerte, sino
tan sólo, como sostiene Carson, la labor siempre fallida
de abordar un dolor intransferible. De ahí que su palabra sea «negro». Quizá por esta misma noción, según la
cual las palabras no tienen nada que decir, el poema de
Hölderlin dedicado a Grecia termine con silencio, para
que, al menos así, el poema se abra donde paradójicamente se cierra, y que:

> «al fin yo comprenda, y si al cabo el desgarro
>   del tiempo en mi mente
> rompe con fuerza y la humana penuria y el triste
>   extravío
> entre mortales mi vida mortal con violencia
>   estremecen,
> deja que al fin yo por siempre en tu fondo
>   el silencio recuerde».[2]

1. Carson, 2018: 7.1.
2. Hölderlin, 2011: 85.

Se trata de comprender, al fin, que aunque no hay nada que entender sobre la muerte, podemos reflexionar acerca de qué dice la muerte sobre nosotros.

En la parte central del libro-objeto se encuentra el diccionario que explica los términos del dístilo central del poema de Catulo: «*quāndŏquĭdēm fōrtūnă mĭhī tēte ābstŭlĭt īpsūm, heū mĭsĕr īndīgnē, frātĕr ădēmptĕ mĭhī*» («puesto que el destino te ha arrebatado de mí, ¡ay, pobre hermano cruelmente apartado de mí!»). En él, separadamente se indica que *mĭhī* hace referencia a «uno mismo», *ābstŭlĭt* a «llevar consigo», a «marcharse sabiendo», *heū* expresa tristeza, *frātĕr* es el «hermano» y *ădēmptĕ* implica «retirar algo con fuerza». Quizá con la muerte del hermano quepa leer que, aunque la fortuna se lo arrebató, algo de él permanece con ella.

Lo significativo del intento de Carson no es la imposibilidad de la traducción, porque traduce palabra por palabra e incluso ofrece una traducción de la elegía, sino que la caja misma es el poemario-cosa que contiene la nada/vacío que se encuentra en Catulo. Si la elegía es el moldeado sobre el vacío, la caja es la elegía. La caja es la forma de volcar el lugar desocupado de su hermano. La caja *acoge*, es su cuenco de barro. Así, la llena de fotografías, de *collages*, de notas manuscritas de miembros de su familia, de sus propias reflexiones, en una estructura que no está basada en páginas, sino en una caja y en un pliegue de papel. No es un objeto-libro, sino una *cosa-caja* que recibe, que despliega el contenido de la autora, para dar cuenta de la silueta del lugar desocupado. Es, en cierta medida, el espacio incluso de una habitación, un espacio que no se agota nunca, una presencia que no puede reducirse ni acotarse a ella. Y así si para Carson la traducción no puede terminarse como tampoco puede terminarse su hermano: «Tal vez nunca se termina. Un hermano nunca termina».[1] Ciertamente, un hermano nunca termina. Sigue estando, aunque de otro modo. Ese estar de otro modo puede ser denominado en filosofía como un cambio ontológico: se es, pero de otra manera, convertido en acompañante interiorizado de la propia vida. Es esta una vida ya vivida, la de nuestros seres queridos, dentro de una vida, la nuestra, que está siendo vivida ahora en nosotros porque late en nuestro interior lo que fueron nuestros seres significativos.

El último pliegue del libro *Nox* contiene la traducción del poema de Catulo al inglés. Apenas se reconoce porque está borrosa, como si se hubiera derramado sobre ella un mar de lágrimas. Pero todo el proceso se encuentra dentro de la caja. Martin Heidegger escribió que «la muerte es el cofre de la nada [*Schrein des Nichts*]»[2] porque lo verdaderamente valioso de nuestra existencia es lo dado en sacrificio con la muerte; es decir, la totalidad de nuestra vida. En este cofre, por tanto, se encuentra toda una vida.[3] «Cofre» en alemán se dice *Schrein*, que es un neologismo que procede del latín *scrinium*, que era una caja para guardar papeles o un escritorio, de *scribo* («escribir»). Así, Carson construye a través de su poesía un cofre para salvaguardar la vida de su hermano y la suya propia, para que, sacada fuera de sí, la caja no se transforme en una cripta que aprese la nada de la ausencia. El cofre alberga el tesoro de la vida que Carson compartió con su hermano; es decir, su vínculo en la historia de un nosotros. La tristeza no es un estado, sino una historia. También es una historia lo

1. Carson, 2018: 7.1.
2. Heidegger, 1994: 155.
3. Cfr. Duque, 2006: 108.

que nos permite seguir adelante. Los poemas hablarían de una ausencia, de un «objeto negro» por recordar a Varela o un «hueco negro» con Kristeva, pero no debiera olvidarse que allí donde sólo se ve un hueco, puede también verse la copa llena de las aportaciones de la vida de los demás en la propia. Una vida puede terminar, pero al morir el difunto no se lleva consigo lo vivido. Nos deja a nosotros «algo» de él o de ella.

PARTE 2

en

4

nosotros. Y allí por donde vamos

Olas rompiendo contra uno mismo. Olas que nos golpean internamente cuando, inundados, hacen indiscernible dónde terminan los que no están y dónde empezamos nosotros. Todo se percibe como interior o todo es de pronto exterior cuando la piel que nos limitaba y contenía parece haber desaparecido. Tal vez, a causa del dolor, contrariamente, la piel se ha hecho más opaca. Todo duele. Al mismo tiempo, nada llega. Olas que nos arrastran, que nos pesan. Olas que han aparecido de pronto, o que, gota a gota, como escribe Safo –«en mi gotear» o «en mi goteo» (gr. *kát émon stálagmon*)–, nos anegan y nos ahogan de tristeza.[1] Quizá por eso la carta que le escribió un antiguo sacerdote a Joan Didion «intuía con exactitud lo que yo estaba sintiendo [...] es como si estuviéramos en un submarino, en silencio sobre el lecho oceánico, sintiendo cargas de profundidad, a veces cercanas y a veces lejanas, que nos azotan con recuerdos».[2] Para Heidegger, el afecto que caracteriza a la muerte es la angustia, entendida como la emoción que se experimenta ante la nada que somos y a la que nos dirigimos.

Todos estamos abocados a la nada, y el difunto que vemos –siempre según Heidegger– no es sino la confir-

1. Carson, 2019: 97.
2. Didion, 2021: 28.

mación de lo que nos espera. A esta afirmación le responde Lévinas en su crítica, que la muerte, lejos de apuntar a lo propio de cada uno (nuestra muerte) y de lo que huimos, nos lleva a sentir tanto responsabilidad como culpa ante el finado, porque no podemos acompañarlo ni estar con él, porque no supimos cuidarlo, porque lo hemos dejado solo. En muchos casos el afecto asociado a nuestra relación con la muerte es la tristeza en la forma más pura, más simple, más límpida, que es la raíz profunda de un árbol de pasiones de la que puede crecer a veces la angustia, otras la congoja, la añoranza o la ira, pero también, pasado un tiempo y después del proceso necesario, que puede dar paso a otra cosa, a la calidez al recordar la aportación de los que se fueron. Ese es un modo de tratar de entender la relación entre el amor y la muerte, no como dos pulsiones contrarias y de sentido opuesto, sino como complementarias: amor y muerte, odio y muerte, indiferencia y muerte.

Lévinas tiene parte de razón cuando sostiene, a raíz de su análisis del *Fedón*, que el acceso a la muerte viene dado por los afectos, aunque, frente a lo sostenido por él, la relación con los difuntos no sea meramente ética. Pone al descubierto lo relacional del ser humano como parte de su estructura ontológica. Así, si para Heidegger la muerte nos lleva a reflexionar sobre la nada que nos acompaña y sobre la que se sustenta nuestra efímera existencia, o para Sócrates, según Lévinas, con la muerte accedemos a la verdad trascendente del conocimiento de lo que realmente es, encontramos que, a través de los afectos que experimentamos ante las pérdidas significativas, podemos reflexionar sobre el yo como la unidad compuesta que nos constituye; es decir, sobre el ser inmanentemente relacional que somos: una pluralidad interna que veces se resquebraja cuando aquel al que amamos fallece y de pronto nuestro mundo deviene otro. Nosotros mismos somos *otros*. Y crecen entonces las olas y nos inundamos sin que nos demos cuenta. «Ola que se alza desde el corazón! / ¡Ay de mí, pese a todo somos eso! / El espacio del mundo en el que nos vamos disolviendo», escribirá Rilke en la segunda de sus elegías.[1] Apunta, con estos versos, a la forma misma de lo que somos: ola, mar, corriente, mezcla de distintas aguas, pluralidad. No somos *agua pura*, sino una mezcla de ellas.

En *Las olas*, obra que Virginia Woolf inicialmente quería dedicar a la memoria de su hermano, uno de sus personajes reflexiona sobre cómo nos relacionamos con los demás, hasta qué punto forman parte de nosotros. Recordemos este fragmento: «ahora Percival está muerto y Rhoda está muerta, estamos separados, no estamos aquí. Sin embargo, no hallo ningún obstáculo que nos separe. No hay separación entre ellos y yo. Cuando hablaba, lo que sentía era: "Soy vosotros". Vencí esta diferencia a la que tanta importancia damos, esta identidad que tan febrilmente apreciamos».[2] La reflexión de Virginia, que desmonta la masa basta del mar y la convierte en las aguas plurales y diferentes que lo nutren y que lo componen, se convierte también en señal de muerte cuando, en plena tormenta, las olas nos sumergen y ahogan. El mar, compuesto de olas, apunta en estas páginas a una idea que, como hiciera Canetti, trata de cuestionar ese núcleo duro que llamamos el yo y que parece consistir en un previa esencia de nuestro ser, límpida y sin mezcla, con la que comenzamos a interactuar con el mundo. Y quizá lo que suceda sea que nos desple-

1. Rilke, 2022: 31.
2. Woolf, 2022: 274.

gamos en nuestro encuentro con lo otro y lo que estaba inicialmente «fuera» en nuestro desarrollo se queda «dentro» conformando nuestro «yo». En la novela de Woolf, pasado el tiempo desde el día del fallecimiento de uno de sus amigos de infancia, aquel con el que compartió el decurso de su vida, con alegrías, penas, retos, éxitos y fracasos, Neville, el personaje de *Las olas* se pregunta: «¿Qué es lo que la muerte le ha hecho a mi mundo?».[1] El mundo, reflexiona, se ha estrellado y, con él, todo el pasado pertenece a la irrealidad de lo que, habiéndose ido, no puede recuperarse. Es el mismo sentimiento del que da cuenta Lewis cuando fallece su mujer. No sólo se llevó una vida que ya es pasada, sino algo más: «¿Te diste cuenta en algún momento, amor mío, de lo mucho que te llevaste contigo al morir?».[2] Para Neville, tras su muerte amanecerán nuevos días que Percival no verá, y se reiniciará una vida que no experimentará: «Me pregunto, si no vuelvo a verte, si no vuelvo a ver tu forma material, ¿de qué manera nos comunicaremos? [...] Pero existes en alguna parte. Algo de ti permanece».[3] Algo de Percival volverá, como vuelven las mareas, cuyas masas de agua acaban confluyendo en el mar que compartimos. *Las olas*, como libro, son la *caja*, el *recipiente* o, si se quiere, la *elegía* que Woolf compondrá a la memoria de su hermano Thoby, aunque finalmente no llegue a dedicársela.[4] Sabemos que Thoby Stephen aparece transfigurado en el personaje de Percival, aquel al que lloran los otros seis personajes corales que conforman la novela,[5] y en cuyas páginas apa-

---

1. Woolf, 2022: 156.
2. Lewis, 2022: 85.
3. Woolf, 2022: 157.
4. Penner, 2019: 44.
5. García de Iturrospe, 2005: 162.

recen Catulo, Horacio o Lucrecio. Su hermano era un enamorado de Catulo, como lo es Percival. Cuando, en la mitad de la novela, este personaje fallece en un accidente, no desaparece, sino que su recuerdo aparece constantemente en las reflexiones de cada uno de los personajes. Como las olas.

Con la imagen del mar y sus aguas, coloreadas con los tonos del amanecer o los del crepúsculo, Virginia Woolf quiere dar una expresión plástica al paso del tiempo, y al hacerlo, consigue que también los pensamientos de los personajes se entretejan y mezclen, como si esa ola que muere en la orilla que somos cada uno fuera alimentada por las olas que son los demás. Las reflexiones se suceden en la novela sin saber a veces quién piensa qué o qué pensamiento ha sido asimilado por los demás y, aunque dicho por uno, ha sido antes pensado por otro. Alabada por la crítica en *The Times* por lo que a la composición de personajes se refiere, Woolf escribe en su diario: «Qué extraño que alaben los personajes, cuando me propuse que no hubiera ninguno».[1] No somos los ríos que van a dar a la mar que es el morir, por recordar las coplas de Jorge Manrique, porque se incidiría en la singularidad y la diferencia de cada uno hasta la disolución e indiferenciación de la muerte, sino que nosotros mismos estamos hechos y nutridos de mil ríos. Lo que nos caracteriza como seres intersubjetivos es que nuestra subjetividad, lo que implica que nuestra identidad, nuestra forma de ver el mundo y de relacionarnos con él, está íntimamente relacionada con los vínculos de apego que adquirimos desde la infancia y que marcan, de este modo, nuestra vida y nuestra cosmovisión. Aún más, estos vínculos se com-

1. Woolf, 1982: 47.

plejizan y amplían con los años. Cuanta mayor es la
carga afectiva que tenemos con el difunto, más honda es
la pérdida y más profunda la conmoción. El hecho de
estar atravesados y configurados por estos vínculos incide en la idea de que el otro significativo no es sólo alguien que nos acompaña en la vida, sino alguien que
nos constituye y nos configura, lo que introduce una
dimensión interna a esta intersubjetividad, como si esta
fuera un componente más de la estructura psíquica que
hace que seamos quienes y como somos. No hay un yo
puro sin mácula, sin mezcla, sin alteridad, aunque eso
tampoco significa que lo que sea la *psykhe* se reduzca a
una pura intersubjetividad. Somos en un nosotros (alteridad externa), hay también un nosotros en el yo (alteridad interna) y hay elementos singulares, originarios, de
lo que constituirá nuestra identidad, cuyo entrelazamiento conforma una subjetividad. Cuando el referente
externo de esta alteridad interiorizada fallece, la pérdida se siente en nuestro interior, precisamente por estos
vínculos. Cuanto más intensos y profundos sean, más
vacío interior y zozobra se experimenta. Y así, hay pérdidas que nos importan, para bien o para mal, y otras
que no nos afectan especialmente. En unas, el mundo
parece detenerse; en otras, todo sigue igual.

La elegía de Virginia Woolf está compuesta con los
ritmos de las olas de un mar hecho de páginas, donde el
yo vence la tentación de afirmarse en una *mismidad*
pura. La muerte, aunque nos encara a la soledad, refleja, desde esta perspectiva, una dimensión de nosotros
mismos: que estamos hechos de los demás, que crece-
mos y nos desarrollamos habiendo interiorizado elementos de lo que nos rodea, que estos elementos no son
accesorios, sino esenciales, como semillas que han ido
creciendo hasta hacer de nosotros quienes somos. Toda

pérdida esencial trae consigo la pérdida de algo de nuestro propio ser. Ahora bien, ¿qué es lo propio?, ¿qué lo esencial? No es que el otro se lleve una parte de nosotros, sino que el otro significativo es la parte de nosotros que nos falta. Así lo siente Ovidio cuando, tras perder a su hermano, dice carecer de una parte de sí mismo.[1] La desaparición del ser indispensable nos priva de una parte de nosotros: se vive como una herida, como un terremoto, como una privación que ahoga y nos arrastra a un agujero negro que crece en nuestro pecho y que es necesario que localicemos y cuidemos, para poder irnos separando de la atracción de su influjo, salir de la órbita de la muerte y reincorporarnos a la de la vida.

Quien muere muere solo, y ese pensamiento, cuando alguien querido ha muerto, puede llegar a ser desazonador, por el mero hecho de no poder estar con él y acompañarlo. De ahí, como sostiene Lévinas, el sentido de culpa en los dolientes. También solos pasamos por el dolor propio y particular de *nuestra* pérdida con respecto a él o ella. Y sin embargo, esa pérdida nos conduce a ser conscientes del latido del otro dentro de nosotros mismos, a sentirlo dentro, a sentirlo constitutivo, de modo que compartimos con esa persona *algo* que queda herido con su fallecimiento y, por tanto, implica una forma de muerte *en común*. Sólo en el seno de una comunidad puede llegar a ser aceptada e integrada esa pérdida como parte significativa de nuestra identidad. Somos seres *intraintersubjetivos*, lo que significa, por un lado, que somos seres sociales –vivimos y hacemos mundo con los demás– (intersubjetivo) y, por otro, somos el proceso siempre inagotable de incorporación en nuestra

1. Cfr. *Trist.* IV 10, 30-31; Ovidio, 2005: 141.

identidad de los demás significativos (intrasubjetivo). El golpe de la muerte de alguien próximo agrieta este yo y muestra que lo que somos no es un yo al que se le agregan otros que son importantes para nuestra vida, sino que somos, de forma mucho más profunda, un plexo de relaciones, y que nos conformamos con los demás. Los vínculos con ellos y nuestra representación de ellos pasan a ser cimiento, pilar, parte constitutiva. De ese modo, no somos seres sociales únicamente porque interactuemos con los demás, sino porque algunos están, de alguna manera, dentro de nosotros. Por eso, cuando perdemos a alguien clave, como les sucede a los seis personajes de *Las olas*, se derrumba su mundo: porque ha caído un pilar y en su lugar hay un vacío. Si su muerte es común, es porque una parte de nosotros también desaparece. Y desde este vacío, desde las grietas producidas por una quiebra en nuestro interior, se filtra incontrolablemente el mar de lo intrasubjetivo que nos compone.

Se relacionaría con el sentimiento oceánico criticado por Freud en *El malestar en la cultura*,[1] del que le habló Romain Rolland al fundador del psicoanálisis en la carta del 5 de diciembre de 1927 y según el cual nos sentimos parte de algo más grande que nosotros. No se trata tan sólo de una falta externa, de un echar de menos, sino de un vacío interno asociado a una añoranza, de un abismo de tristeza que a veces se llena de lágrimas o deja filtrarse este mar que somos. Puede que el mar que yacía calmo sea sentido porque, crecida la marea, nos golpean con sus olas. Ahora bien, este sentimiento *oceánico* no apunta, como en Rolland, a una dimensión de lo divino con un ser trascendente, sino a la vinculación inmanente y profunda que late en nosotros y que se nu-

1. Freud, 2014: 57-58.

tre tanto del vínculo con los demás como de la integración del otro en nosotros. En este sentido, la pérdida no se agota en lo *externo*, sino que deja al descubierto nuestro paisaje *interno*.

Estamos unidos al otro, quien, aunque fallezca, sigue estando de otro modo ontológico, es decir, en otra forma de ser. La muerte supone una reconfiguración de las relaciones que tenemos con el difunto, con el mundo y con nosotros, porque una parte de nosotros cambia irremediablemente. Por eso hay una muerte *en* nosotros que se refiere no sólo a la dimensión de la comunidad cuando falta uno de sus miembros, sino también al interior de la identidad del doliente. Somos pluralidad interna por mucho que intentemos fijarnos a una esencia pura y prístina, que llamamos yo, donde los demás son sólo añadidos con los que tenemos la fortuna o la desgracia de coincidir. Si la conciencia en la infancia emerge cuando el niño es consciente de su separación de los demás, en la muerte, como contraimagen del nacimiento, se vuelve a apuntar a esta integración no porque el difunto se *reintegre con el todo*, sino porque el doliente siente en ese vacío que el otro era parte de su todo constitutivo. La muerte no es sólo separación o desgarro: con ella se abre el espacio donde se encuentra ingrávido el vínculo entre amor y muerte, nacimiento y deceso, soledad y compañía. Será importante saber qué es el amor y separarlo de formas parecidas, pero, en el fondo, muy diferentes.

I. UN OCÉANO INTERIOR NOS ENCUENTRA

Trazos de agua dominan algunos de los versos escritos por Blanca Varela tras el fallecimiento de su hijo, como aquellos que hacen referencia al más *crudo invierno*.

Mi cabeza como una gran canasta
lleva su pesca

deja pasar el agua mi cabeza

mi cabeza dentro de otra cabeza
y más adentro aún
la no mía cabeza

mi cabeza llena de agua
de rumores y ruinas
seca sus negras cavidades
bajo un sol semivivo

mi cabeza en el más crudo invierno
dentro de otra cabeza
retoña[1]

Son apenas 58 palabras, sin mayúsculas, sin signos de
puntuación. Sólo agua y menciones a la cabeza (8) y al
posesivo «mi(a)» (6). «Mi cabeza» está llena de agua,
«mi cabeza» es como una canasta, «mi cabeza» llena de
pesca, de rumores, cabeza llena de otras cabezas. ¿Qué
recoge la cabeza? ¿De quiénes son las cabezas? ¿A qué se
refiere? ¿Están llenas o vacías? En primer lugar, por lo
que respecta a «mi cabeza» como una «canasta», una
canasta es, por definición, como la jarra de Heidegger,
un recipiente. Pero decir de la cabeza, como explica
Montalbetti en su análisis del poema,[2] que es «como una
canasta de pesca» significa que no lo es. Podríamos pensar en el juego de cabezas del poema que teje con sus

1. Varela, 2016: 215.
2. Montalbetti, 2016: 25.

versos un recipiente con el cual, por un lado, se contiene el agua y, por otro, también se pierde algo para retener algo: «deja pasar el agua mi cabeza». El poema mismo es la canasta en la que Varela y nosotros encontramos la resonancia tanto del mar como de lo que de esta inundación de agua queremos retener. Vertemos en el poema el agua que inunda, que ahoga, para poder quedarnos con «los peces», dado que, como señala Séneca, el hombre mismo «es un recipiente quebradizo».[1] De ahí «Mi cabeza dentro de otra cabeza»; es decir, «mi cabeza» dentro de la canasta que es el poema. Si «mi cabeza» deja pasar el agua, esa segunda cabeza «se llena» de ella y de «rumores y ruinas» que antes estaban en «mi cabeza». En el poema no hay pesca, sino agua. No hay construcciones, sino ruinas. Para que «mi cabeza» retenga los peces ante la tormenta, el poema se convierte en la otra cabeza que contiene a «mi cabeza» y le permite desaguar la inundación para salir del más crudo invierno. De este modo, se vierte el océano interior en el poema para que así «mi cabeza» dentro de esa otra cabeza, pueda retoñar, es decir, «volver de nuevo» gracias al continente del poema, constituido por sus ritmos y carencias. Como apunta Montalbetti, la poeta no hace uso de la lengua para expresar o nombrar algo,[2] sino, justamente, para dibujar una silueta, un vacío entre las palabras, y en ese vacío deposita Varela, y nosotros, lectores, nuestra agua.

El mundo entero queda sacudido. Sentimos al otro en nosotros, incluso, como leemos en Canetti al describir las exequias a su madre, borramos cualquier tipo de línea claramente dibujada entre los demás y nosotros: «aunque estuviese muerta, mi madre permanecería. A

1. Séneca, 2022: 13.
2. Montalbetti, 2016: 74.

mi izquierda y a mi derecha caminaban mis dos hermanos. No sentía ninguna diferencia entre ellos y yo; mientras caminábamos éramos una misma cosa, lo éramos nosotros, pero nadie más».[1] Conforme avanzaba la comitiva fúnebre, Canetti dice no entender cómo es posible que mucha gente ignorara la catástrofe: «Nada es sin ella. Sin ella vuestras casas se derrumbarán y vuestros cuerpos se encogerán».[2] Después del cortejo, todo es vago, difuso, como si le costara recordar precisamente en esa niebla en la que el yo, poroso, se ha abierto por el dolor hasta identificarse, sin piel, con el mundo caído por la muerte de su madre. Sí recuerda la voz de su hermano hablando a su difunta madre: «Suena como si él fuese a cantarle en voz queda, no para decirle nada de sí mismo, no para quejarse, sino para hablar solo de ella, ella es la única que ha sufrido, ella es la única que tiene derecho a quejarse, pero él la consuela, y la evoca, y le asegura una y otra vez que ella está allí [...] y aunque ella está enterrada, yace allí [...] y en palabras la trae, y ella no puede abandonarlo».[3] El canto otra vez, que evoca, que trae de nuevo, como el vaivén del mar trae, bajo el influjo de determinadas corrientes, los pecios de un naufragio que abrazamos con fuerza no por pertenecer a quien amamos, sino porque es lo que nos queda de un hundimiento. Y en ese hundimiento, se abre en nuestro interior un océano. «La profundidad alza el agua», escribe Christensen,[4] y de «ola suspendida estrella mortecina» habla Varela en *Concierto animal*.[5] Esta es la presencia de una ausencia, que nos pesa.

1. Canetti, 2022: 385.
2. Canetti, 2022: 385.
3. Canetti, 2022: 387.
4. Christensen, 2020: 197.
5. Varela, 2016: 228.

La ausencia es una oquedad invisible en el pecho, que, veces se vuelve densa y tangible, pesada, como el objeto negro que Varela «guarda en el pecho», y otras, deja al descubierto todo un océano, aquel que muestra hasta qué punto quienes somos está integrado por las olas diversas que nos conforman. Pero también es un vacío que se nutre de las lágrimas que vertemos hacia dentro hasta generar un paisaje de tormenta. De este modo, se vive en suspenso, haciendo equilibrio entre el tiempo que pasa y la vida desarticulada, hasta que pueda recolocarse el interior y liberarse el agua estancada. Así comienza la historia que leemos en *Las palabras que confiamos al viento*: «Todos conocían la historia de Yui, que contenía el abismo en su interior».[1] Desde marzo de 2011, cuando un tsunami se tragó a su familia, Yui siente que este se llevó también partes de sí misma. Este personaje creía que cuando las personas comenzaba relaciones significativas con otras les confiaban pedazos de sí. De ese modo «en algún momento concreto, algo se asentaba: se enamoraban, construían una familia, encontraban un trabajo gratificante [...] Lo cierto era, más bien, que empezaban a entregarles piezas a sus familiares, a sus amigos de confianza [...] Yui estaba convencida de que [...] antes de morir, su madre se había llevado el intestino y su hija su pulmón. Por eso, por mucha felicidad que la vida le concediera, siempre le costaría comer y respirar».[2] Con el fallecimiento de sus seres queridos Yui se llenó de agua y se vació de alegría. Toda ella era un recinto cerrado con un mar dentro. La imagen de fragmentos o piezas interiores que faltan es una constante. Cuando la enfermedad se llevó

1. Messina, 2022: 25.
2. Messina, 2022: 93-94.

al padre de Manuel Astur, su madre le echa tanto de menos que dice que «es como si le faltara una pierna, o que sus músculos y su cerebro han perdido fuerza, o que es como si su mundo tuviera dos dimensiones en vez de tres, como si ya no hubiera punto de fuga ni perspectiva [...] siente que le falta un órgano vital que no sabía que tenía hasta que lo perdió».[1] La poeta Denise Riley califica esta muerte *compartida* como «vicaria»: «sientes que una parte de ti también murió en aquel instante», «una muerte vicaria. Si un manto de negrura cayó sobre él, también ha caído sobre mí».[2]

Estos sentimientos unen el pasado con el presente porque la sombra de la muerte, proyectada de distintas maneras, es lo que experimentan Gilgamesh, Catulo o Agustín de Hipona: el amigo o el hermano que ha sido arrancado de nuestro lado se ha llevado consigo una parte interna de nosotros mismos. Es relevante esta descripción porque «arrancar» no es sólo perder, dado que se puede perder algo sin ser arrancado. Cuando nos arrancan algo, experimentamos que nos sacan con violencia algo arraigado o que estaba en el interior. Catulo emplea *adempte*, que es vocativo de *adimo* que significa, precisamente, «quitar con violencia» e incluso, como señala Anne Carson en *Nox*, «extirpar». Por su parte, el autor de las *Confesiones* emplea el verbo *abripio*, que, con el prefijo «ab-», está asociado al alejamiento y significa «arrebatar» o «arrancar». El amigo fue, pues, arrancado y alejado de él. Ahora bien, ¿de quién? ¿De la vida o de los suyos? ¿Son los suyos la vida configurada, esto es, su mundo en el marco de un nosotros?

1. Astur, 2022: 105.
2. Riley, 2020: 26 y 31.

En el argumento de la tablilla X de Gilgamesh, que tiene lugar después de los funerales de Enkidu, Gilgamesh abandona Uruk para buscar la inmortalidad, pero también, interrogado sobre su aspecto, exclama: «¿Cómo no han de estar / Mis mejillas demacradas, / El rostro abatido, / Mi corazón triste / Mis rasgos extenuados? / [...] / ¿Y cómo no tener esta apariencia / De un viajero venido de muy lejos? / [...] / ¿Y cómo / iba yo a no deambular por la estepa? / [...] / Enkidu, al que tanto quería, / [...] / La suerte (común) a todos los hombres / lo ha derribado».[1] Gilgamesh, cuyas primeras traducciones datan de 1875 y 1876, fue admirado por Rilke, quien lo leyó en 1916 y lo encontró «prodigioso», al constituir la epopeya del miedo a la muerte por antonomasia.[2] Pero en sus doce tablillas hay muchos más temas relacionados con este, como el doloroso aprendizaje de la pérdida, que implica dar un sentido a tanto dolor y la negación de la muerte. Se basa en el Bilgames sumerio, quien, por miedo a la muerte, acomete grandes hazañas. En las tablillas, Enkidu se propone una catábasis que le lleva «al abismo de las aguas» (*Abzu*), pero para sobrevivir a este viaje al mundo inferior debe mostrar respeto a los muertos y comportarse como si estuviera en un funeral. Lo importante de este descenso es que, en la descripción de los difuntos –en función de su vida, de las condiciones de su muerte y de los funerales que les han dispensado–, sobresale una idea: la importancia de saber despedirse y de preservar su imagen con estatuas.[3]

1. Gilgamesh, 2004: 170. También puede consultarse la edición de George, 2008: 208. El texto en acadio y su explicación filológica pueden consultarse en la edición académica a cargo de Andrew George, 2003: 680-681.
2. Moran, 1980: 209.
3. George, 2008: 276-277.

En la versión acadia, llora Gilgamesh no sólo con heideggeriana angustia por su propia muerte, sino también
por Enkidu, que ha sido alcanzado por su destino, y yace
junto al cuerpo de este sin saber, como le sucediera a Cicerón al pensar en el cadáver de Héctor, cuándo su amigo ha dejado de serlo. Pero para él, y esta es la cuestión,
es el cadáver lo que tiene a su lado, y por eso sufre tanto
con su descomposición. Se propone, además, cuidar las
exequias al detalle, aunque se excede en ellas y enferma
de dolor.[1] Como reflexiona Agustín de Hipona sobre la
devastación de la pérdida en su propia alma: para él, su
amigo fue también «como arrebatado [lat. *abreptus*]» y
así, confiesa: «Traía mi alma como despedazada, ensan-
grentada, impaciente de estar conmigo y no hallaba dónde ponerla. No hallaba descanso alguno ni en los bosques amenos, ni en los juegos y músicas [...] quedando
yo hecho una infeliz morada de mí mismo». Y es sólo
rodeado del calor de los suyos, es decir, de la comunidad, como sale, según cree, inicialmente adelante.[2]

Cuando algo se arranca queda una oquedad, la
oquedad se convierte en grieta, a causa de la grieta puede el mundo, entendido como la construcción basada
en el nosotros, venirse abajo o verse afectado estructu-
ralmente en los primeros momentos de la pérdida. El
término «mundo» es aquí una cuestión cualitativa. Si
este corte o encentadura se da con el tiempo suficiente
para poder despedirse y preparar la partida, la oquedad, aunque dolorosa, será menos cortante y lacerante
que en los casos en los que inesperadamente perdemos a
quien amamos. Frente a un vacío de bordes más suaves
o romos, el agujero, ahora de orillas duras y cortantes,

1. Gilgamesh, 2004: 154.
2. Hipona, 1972: 76-78.

generará la topografía de una catarata, en el sentido en el que la describe Jünger: como un vórtice que puede tragarnos. Y hará, nos hará, más daño. Séneca apunta a lo mismo: no es igual la muerte esperada que su irrupción imprevista.

Muchos planteamientos han cambiado entre el mundo antiguo y el moderno, pero este sentimiento de «ser arrebatado» e incluso de «vacío» o «inmersión» permanecen como una constante en el modo en el que el ser humano se relaciona con la pérdida. El libro que en 2017 dedica la poeta Aidt a su hijo se titula, precisamente, *Si la muerte te quita algo, devuélvelo*: «te lloraba como si me arrancasen el corazón del pecho».[1] Lewis hablará de «quitar» (in. *taken away*),[2] como si le quitaran una pierna: «dentro de poco puede que me pongan una pierna ortopédica. Pero nunca volveré a ser bípedo».[3] Y afirma la existencia de un vacío que se extiende, como el cielo, dentro de uno mismo: «Hay un lugar donde su ausencia vuelve a albergarse y localizarse, un lugar del que no puedo escaparme. Me refiero a mi propio cuerpo [...] Ahora es como una casa vacía».[4] Y las olas: «lo que hay es una noche oscura, un huracán ensordecedor, olas gigantes que se te echan encima y el oscilar en el naufragio de cualquier luz que brille en la tierra».[5] «Me han amputado», sollozará Cristina en la película de Alejandro González Iñárritu, *21 gramos* (2003), y antes, «estoy paralizada».

No es el mundo el que se ha empequeñecido ni es el mundo el que se ha vuelto peor, sino *nuestro* mundo,

1. Aidt, 2021: 28.
2. Lewis, 2022: 39.
3. Lewis, 2022: 75.
4. Lewis, 2022: 20.
5. Lewis, 2022: 49.

aquel que empieza por la reconstrucción relacional que nuestra subjetividad hace con él. El sentimiento de que el mundo es más pequeño, más frío, casi hostil y desapacible, corresponde con la descripción que Freud ofrece sobre el duelo en su conocido texto de 1915, *Duelo y melancolía*. A diferencia del duelo, en la melancolía el sentimiento de sí mismo se ve depauperado: «En el duelo, el mundo se ha hecho pobre y vacío; en la melancolía, eso le ocurre al yo mismo».[1] En ambos casos, la existencia del objeto perdido persiste en lo psíquico, pero en el duelo, que correspondería a la reacción no patológica, se da una paulatina toma de conciencia que sincroniza el dolor de la pérdida con la aceptación de la realidad de la misma.[2] Ese espacio vacío que ha dejado el otro dentro de nosotros puede transformarse. La parte que corresponde a los muertos no es sólo el reconocimiento del vacío, sino que, como parte del reconocimiento del lugar que ocupaban en nuestra vida, es también la parte que o decidimos quedarnos de ellos o que inevitablemente forma y formará siempre parte de cada uno de nosotros. Ahora bien, con Freud, podemos preguntarnos: «¿Por qué esa operación de compromiso, que es el ejecutar pieza por pieza la orden de la realidad, resulta tan extraordinariamente dolorosa?».[3]

No es la muerte en sí misma sino la imposibilidad de vivir como antes porque nosotros ya no somos los mismos lo que emerge alzando su oscura cresta en el mar que, a veces poco a poco, otras inmediatamente, ha ido ocupando nuestro interior. «Como atrapada en el agua» e incluso «sumergida» dice sentirse uno de los

1. Freud, 2020: 243.
2. Freud, 2020: 243.
3. Freud, 2020: 243.

personajes principales de uno de los últimos episodios de la serie *A dos metros bajo tierra* cuando ha perdido a su hermano. De poco ha servido toda la experiencia de una vida dedicada al trabajo en una funeraria: la familia Fisher, cuando se enfrenta al fallecimiento de sus propios seres queridos, se desequilibra, se derrumba, sufre como todas. Y de las grietas de aquel terremoto brotó un mar interior. Agua dentro, callada, oscura, fría, que todo lo cubre dentro de las cavidades que se han originado con la pérdida. Nos sentimos huecos y, al mismo tiempo, llenos de una tristeza insondable. Tenemos un mar a veces en tormenta dentro de nosotros, cuyas olas golpean las paredes interiores de nuestra conciencia, alimentado por no se sabe qué fuentes, que proceden de un espacio inaccesible, hecho de los demás en la combinación única que nos constituye, abierto ahora de manera incontenible tras la pérdida. Y en este paisaje imposible, el de un océano contenido en el espacio de nosotros, crecen las mareas hasta anegarnos y a veces ahogarnos. Por eso Kristeva, al dar cuenta del duelo y la melancolía, señala los peligros de retener este vacío y hacer de él el centro de nuestra vida. La pérdida es sólo un modo de pensar en la muerte de un ser querido. Hay otras, como veremos al final de este recorrido.

Ante la pérdida del objeto amado, el doliente, por no soltarlo, porque no quiere, porque no sabe, lo atrapa, pero al hacerlo, llena su interior de vacío, de ausencia, de dolor y de nada, hasta que esta nada lo ocupa todo. Kristeva lo llama la «cripta de la conciencia», porque el propio sujeto se convierte en la caja que alberga una noche no exteriorizada, la de un afecto indecible que no tiene salida, una noche que se cierra y se hunde en sí misma.[1]

1. Kristeva, 2017: 71.

La tristeza que era señal de un yo herido e incompleto se convierte en la melancolía de quien identifica su identidad con el vacío y hace orbitar su vida en torno a él. Ya no se trata del duelo por alguien, sino por una «cosa» que ninguna palabra puede designar: la nada misma bajo la forma de vacío, pero que sí puede dibujarse: «melodías, polivalencias semánticas y la forma llamada poética –que descompone y rehace los signos– es el único "continente" que parece asegurar un dominio incierto –pero adecuado– de la Cosa».[1] Quien sufre la muerte de un ser querido, quien siente la pérdida, aunque tampoco sepa muy bien qué ha perdido, se atraganta de palabras, calla, repite acciones que le generan cierta sensación de control, vuelve a lugares del pasado o bien huye de ellos, pero siempre está presente. Al fin y al cabo, como se pregunta Rilke, «¿sin ellos podríamos ser?»[2] y, un poco más allá, ¿sin ellos seríamos quienes somos? ¿Quiénes seremos ahora? ¿Ser sin ellos es seguir siendo lo que ellos nos dieron? ¿Lo que nos han dado se pierde también con su muerte?

Hay tres dimensiones cuando se aborda la muerte: mi propia muerte, la muerte del otro y la muerte del otro en mí, es decir, lo *común* de la muerte que padezco con el fallecimiento del prójimo, que no es sólo una experiencia indirecta del morir, sino que produce directamente una muerte en mí. Este sentimiento de *comunidad* en la muerte según el cual al morir un ser querido se pierde también una parte de nosotros no sucede con todas las muertes. Hay muertes que nos entristecen, que nos acongojan, que nos preocupan, otras que nos son indiferentes, pero lo *común* de la muerte sólo aparece en el restringido número de las personas tan significativas en nuestra vida que

1. Kristeva, 2017: 29.
2. Rilke, 2022: 27.

son constitutivas: no sólo las llevamos dentro, sino que sobre su imagen interiorizada hemos vertebrado, aun sin saberlo, nuestra identidad. Por eso la familia Fisher de *A dos metros bajo tierra*, tan habituada a tratar con la muerte de los demás, queda devastada ante la muerte más íntima y cercana de uno de los suyos. Es el hijo de Tetis, de Blanca Varela, de Naja Marie Aidt, de Mallarmé, de Sergio del Molino, es la hija de Cicerón, el hermano de Catulo, la hermana de Inma Chacón, es el padre de Manuel Astur, la esposa de Schelling o de Lewis, el amigo de Agustín de Hipona, es la muerte de los padres, de las parejas, de los abuelos e, incluso, la pérdida de otros seres vivos que son parte de la familia. Esto no quiere decir que otras muertes no nos afecten, sino que sólo algunas generan una oquedad con la que hay que aprender a vivir. Hay personas que, incluso de adultas, adquieren una importancia crucial en nuestra vida.

II. Y EN ESE ENCUENTRO

Escribe Christensen en *Carta en abril*:

> Están los paisajes que hemos atravesado al viajar y aquellos que hemos habitado, y rara vez han sido los mismos al mismo tiempo.
> Está la conciencia transportando estos paisajes y su transformación en un espacio perceptible donde convergen regiones muy diferentes.
> Está nuestro trabajo con las imágenes y las palabras para devolver todas las cosas a su paisaje originario. Aquello que siempre ha sido lo mismo al mismo tiempo.[1]

1. Christensen, 2020: 85.

Por supuesto que la muerte de los demás nos hace cuestionarnos nuestra propia vida (y nuestra propia muerte) y organizar nuestras prioridades, pero eso es sólo una perspectiva del campo mucho más extenso que se abre. Atrapados por el dolor que nos causa la pérdida, como lloraba Fedón a Sócrates, o por la angustia ante la nada sobre la que nos sostenemos en efímero equilibrio, nos cuesta mirar de otro modo, hechizados por el vértigo de este abismo. Y sin embargo, ¿qué se desvela con el dolor de la muerte? La conciencia en la que convergen regiones –y paisajes y personas– diferentes. Por tanto, ¿qué lugar ocupan en nosotros aquellos que han fallecido? El tipo de relación que establecemos con los demás genera un mundo –entendido como una construcción más bien racional y social basada en interacciones y formas de relación interpersonal–, que puede ser habitable o inhabitable, pero que influye en nuestra identidad. Y esta se construye sobre este mundo que habitamos, generado por nuestras relaciones. No cuestionarlas implica repetirlas irreflexivamente y perpetuar lo peor de nuestras inercias, las que hacen del mundo un lugar hostil. Pensar sobre ellas nos permite cambiarlas.

Las relaciones generan modelos internos de funcionamiento. Estos modelos serían aquello que nos permite dar un paso más allá de lo intersubjetivo y descubrir que estas relaciones son internas, que en nuestra identidad late un nosotros constitutivo que incluye normas sociales, formas de comportarse y de ver la realidad, pero también la imagen de personas significativas que, sin ser *lo mismo* que nosotros, son interiorizadas como parte de una diferencia o alteridad constituyente. Somos seres *intraintersubjetivos* porque dentro de nosotros albergamos una imagen que deviene constitutiva y relevante para nuestro yo, el cual, lejos de ser una esen-

cia pura que remite al núcleo de una identidad sin mezcla, es el resultado de la pluralidad y de la diferencia.

El otro está en mí también. Por eso, ante la pérdida
de un ser querido, este me falta también *dentro*. El nosotros, que se basa, entre otras cosas, en formas de vínculo afectivo con el prójimo, incluye, así, una dimensión personal y afectiva (generado desde lo emocional e
incluso sentimental). Mientras que ante una pérdida el
mundo racional y socialmente construido, con sus normas, inercias y prejuicios, nos dice que la muerte es normal y que, como le sucede a Hamlet, criticado por su tío
y su madre, el duelo debe llegar a su fin, el doliente no
quiere dejar de hacer duelo porque identifica el dolor de
la pérdida con lo perdido. Lo común es morir, razona
Hamlet. Y esto le responde la reina: «Pues si es así, ¿por
qué a tus ojos / parece tan inusual».[1] Desde el nosotros,
sin embargo, esta falta es insoportable, no es llevadera,
no es racional, no tiene sentido, da igual que el tiempo
pase. Y nos sentimos vacíos. Por eso es necesario pasar
por ello y darse tiempo.

Es desde el espacio del otro en nuestro interior como
hay que pensar *la muerte en común*. Desde la perspectiva relacional del psicoanálisis se ha puesto énfasis en
que la identidad se construye en la interrelación con el
otro, en los vínculos interpersonales, afectivos y emocionales que se dan en toda relación humana, y en que
esta identidad asociada a la personalidad es un proceso
vivo y dinámico que se da durante toda la vida. El mundo exterior, bajo la forma de los modos de relación, es
incorporado al mundo experiencial y de este modo al
concepto de «uno mismo» o *self*, según la terminología
relacional.

1. Shakespeare, 2015: 294-295.

Uno de los conceptos clave del cuerpo teórico del psicoanálisis relacional es el de «matriz relacional». Según este, la mente se organiza como «un modelo de transacciones y estructuras internas derivadas de un campo interactivo e interpersonal».[1] La subjetividad conlleva no una identidad asociada a un elemento aislado que va configurándose desde sí misma, sino que su desarrollo y su funcionamiento están en constante interacción, de tal manera que toma elementos externos a ella, que, inicialmente, en los primeros años de vida, no son externos o internos, sino que es «lo que hay». De este modo, «todo lo referido a la identidad humana es subjetivo y todo lo subjetivo es intersubjetivo y sucede dentro de un contexto relacional».[2] Incorporamos, incluso sin saberlo, los modos, costumbres, modos de relación y de vinculación, costumbres, manías e incluso ideas y pensamientos de personas significativas, con las que hemos tenido un vínculo profundo y especial, pero no tan sólo *asimilándolos* a nuestra identidad, sino de forma consciente, afrontando su alteridad dentro de nosotros mismos.

En el proceso de devenir uno mismo (o sí mismo) que describe Schelling en el *Escrito sobre la libertad* (1809), además del despliegue de las propias capacidades (entendido como el paso de lo posible a lo efectivo, como diría el filósofo), encontramos en esta subjetivación una adaptación al entorno, en la que se produce una incorporación, asimilación o integración de elementos exteriores. Habría que añadir que, dado que este proceso implica una interiorización en mí mismo de lo otro que no soy yo, encontramos un elemento exterior que, deve-

1. Citado en Sáinz Bermejo, 2020: 151.
2. Sáinz Bermejo, 2020: 154.

nido interior, se convierte en parte de mí mismo, pero un «mí mismo» configurado pluralmente y, al mismo tiempo, en la diferencia, que busca un equilibrio interno dentro del psiquismo. A partir de esta idea, podemos pensar que la imagen construida en torno a los vínculos relacionales con el otro significativo devienen constitutivos en la configuración de la persona que somos. Pueden ser personas que nos han acompañado desde que nacimos o desde la infancia (padres, abuelos, hermanos, amigos), pero también personas (amigos íntimos, pareja, hijos, animales no humanos) que, conocidas en otro momento de la vida, han formado parte de nuestro proyecto vital por convertirse emocionalmente en parte de nosotros, en «el nosotros» a través del cual configuramos nuestro mundo (social, existencial). Si esa persona nos falta exteriormente por un deceso, el sujeto experimenta un momento de «crisis» interna. De ese modo, la estructura interna debe modificar su disposición para sobrevivir al golpe.[1] Determinadas experiencias no pueden repararse, pero es preciso, al menos, que no hagan naufragar a quien las vive. El mundo es distinto porque en él hay algo distinto, operado por esta pérdida.

En la formación de nuestro yo habría grados o escalas. En primer lugar encontramos a aquellos que han nutrido nuestra existencia y han influido decisivamente para seamos como somos. Constituirían una presencia interna, cuya imagen interiorizada es siempre reactualizada con nuevas interacciones hasta su muerte, y que son *parte de quienes somos*. Su pérdida genera un vacío interno. En segundo lugar hay otras personas que, por mucho que las queramos y las echemos de menos, provocan una añoranza más exterior en torno a momentos

1. Cfr. Sáinz Bermejo, 2020: 222.

que no compartiremos. A veces simplemente los recordamos como cuando te viene a la memoria alguien que conociste y al que le gustaba mucho un libro que estás leyendo, por ejemplo. El núcleo central y constitutivo, siempre reducido, daría cuenta de cómo en algunos casos, como el de las personas de avanzada edad, conforme van perdiendo a las personas significativas con las que han construido su vida, se sienten cada vez más solas, por mucho que las nuevas generaciones las acompañen. Se trata de la presencia del otro significativo (para bien o para mal) en nosotros, y cuya pérdida es el lugar desocupado que, convertido en oquedad, se experimenta como vacío e, incluso, como punto de ruptura que desencadena una crisis existencial.

Para Gabriel Marcel, la muerte del ser amado es más esencial que la propia. Señala que, aunque uno pueda no pensar en su propia muerte, la pérdida de un ser querido supone la aparición de un abismo cuyo dolor, aunque sea bajo la negación, está presente: «esta anestesia pierde toda eficacia allí donde estoy en presencia de la muerte del otro, si éste ha sido verdaderamente para mí un tú. Un lazo es intolerablemente roto; roto además sin serlo, pues en el desgarramiento mismo, y más aún que antes, yo sigo estando indisolublemente ligado al ser mismo que me falta».[1] En el proceso de subjetivación se interiorizan imágenes del otro, como modelos e incluso contramodelos, puntos de apoyo o de amenaza que quedan interiorizados. Empleando términos platónicos, podríamos decir que tenemos «copias» (gr. *eidola*, plural de *eídōlon*) del ser de los demás (gr. *eîdos*, cuyo plural es *eídē*) en nosotros, que siempre se renuevan conforme interactuamos con ellos en vida. Cuando el otro

1. Marcel, 2005: 308.

muere, su vida queda *cerrada* y al mismo tiempo, por su dependencia ontológica, lo hace también la copia de aquella vida que se encuentra en el sujeto que sobrevive. La huella es presencia. Interiorizamos, así, la alteridad, pero no para convertirla en algo homogéneo, identificada plenamente con nosotros mismos, sino como parte de esa pluralidad que nos acompaña. La alteridad sigue nutriéndose del otro exterior e independiente a nosotros, y al mismo tiempo sigue acompañando al yo en su proceso.

La poeta Naja Marie Aidt, al describir a su hijo Carl, afirma que cuando quiere dar cuenta de su hijo a través de la escritura se da cuenta de que tiene un problema: «mi mirada es problemática. Te veo en relación conmigo. Te veo en relación con mis limitaciones». Para componer la imagen total, dice la madre, harían falta múltiples perspectivas de las muchas personas con las que se relacionó Carl.[1] Cuando el otro (gr. *eîdos*) nos decepciona, por ejemplo, se debe a que esa imagen que de él teníamos en nosotros (gr. *eídōlon*) no se corresponde: hay una asimetría. Y del mismo modo que Platón hablaba en la *República*,[2] para profundizarlo después en el *Sofista*,[3] no sólo de lo que realmente es (gr. *eîdos*), sino de la copia más próxima (gr. *eídōlon*), de la copia de la copia (gr. *eikon*) y finalmente, de una copia distorsionada por completo, que nada tiene que ver con el original (gr. *phantasma*), la imagen del otro puede estar distorsionada e, incluso, convertirse en un fantasma *metafórico* que persiga al doliente con algún remordimiento de culpa o reproche.

---

1. Aidt, 2021: 17-18.
2. *República*, 516b; Platón, 2000d: 349.
3. *Sofista*, 236b; Platón, 2000e: 371.

Por todo lo dicho, aunque nadie podrá negar que quien muere lo hace solo y que en la pérdida podemos llegar a experimentar la peor de las soledades, la muerte no apunta a un yo *prístino* que, desposeído de todo, encuentra su esencia individual como lo más propio, sino a la pluralidad que nos habita en el marco de estos elementos estructurales preexistentes, que es la que posibilita la grieta por la que se filtran nuestras olas. El otro nos falta también *dentro*. Por eso, más que centrarse en la muerte como lo más *propio* de cada uno de nosotros, es preciso abordar la muerte más allá del solipsismo existencial y analizar qué significa para nuestra identidad la muerte de los demás. La atomización de la muerte, esto lo dijo Canetti, «es la peor de nuestras desesperaciones».[1] Quizá, así, lo *propio* de la muerte sea algo distinto a lo sostenido por Heidegger en *Ser y tiempo* (1927). Más que preguntarnos quiénes somos, sería bueno reflexionar sobre quién o qué nos conforma a cada uno de nosotros. Lo más propio es lo que hemos vivido y nos ha constituido, lo más propio es la imagen del otro que hemos incorporado en nuestra identidad.

A lo largo de las cinco temporadas de la serie ya mencionada *A dos metros bajo tierra*, los personajes principales hablan con los fallecidos, no bajo la forma de fantasmas, sino en diálogo con la imagen interiorizada del otro que proyectamos fuera, es decir, con su imagen en nosotros. Esto es así de forma consciente, pero también el otro, vivo o difunto, se encuentra en nosotros bajo la forma de gestos, costumbres, posturas, formas de hablar, inercias que hemos aprehendido del otro hasta ser, de alguna forma, también nuestras. No se trata de una identificación narcisista con el objeto perdido

---

1. Canetti, 2017: 217.

que arrastre al sujeto hacia la nada, porque de lo que se trata es de entender, como se ha indicado, las aportaciones del finado en la propia existencia y en la personalidad antes de su fallecimiento, cuando el otro es acogido como otro, pero no absorbido en el mí mismo.

En filosofía, la muerte se ha asociado a la soledad de un yo que debe encarar su desaparición, tanto en la filosofía antigua (Sócrates, Epicuro, Lucrecio, Cicerón, Séneca) como en la filosofía moderna y contemporánea (Schelling, Hegel, Schopenhauer, Heidegger, Lévinas, Jaspers, Sartre). Sin embargo, hay un cambio importante: mientras los antiguos concebían la muerte como acabamiento de la vida o como separación del alma y el cuerpo con vistas a una discusión sobre la inmortalidad en la que la muerte se concebía como lo contrario a la vida, en la contemporaneidad, las reflexiones se dirigen hacia la condición mortal del ser humano, donde no se trata de que la muerte llegue o nos encuentre, sino de que nos acompaña. No morimos desde la muerte sino desde la vida: aquella no es un límite impuesto desde fuera. ¿Desde dónde nos llegaría? ¿Desde fuera del vivir? Tal afuera no existe. Si morimos es porque vivimos hasta que se acaban los tiempos verbales de una intensidad hecha tiempo. Si morimos es por nuestra naturaleza mortal. Si morimos es porque esta posibilidad, por decirlo con Heidegger, es consustancial a nuestra naturaleza: es propiedad de la vida y, por ello, la muerte *nos pertenece*. No la podemos arrojar fuera de nosotros, aunque finjamos que tal cosa puede hacerse. De ahí que se entienda que la muerte es una *propiedad* de la vida y, en concreto, apunte a lo más propio de cada uno de nosotros, como afirma Heidegger. Simmel, en esta misma línea, mencionará la importancia de abandonar la representación de las Parcas –quienes, en un determinado momento, deciden cortar los hilos

que nos unen con la vida–, porque más bien estos hilos
son internos y van desgastándose desde el nacimiento.[1]

La muerte no es el límite externo de la vida, sino el
límite interno que la vida se da a sí misma. De nuevo
Heidegger: «Tan pronto el hombre viene a la vida, es ya
bastante viejo para morir».[2] Desde esta perspectiva, la
muerte está dentro de la vida misma: es inmanente y,
como tal, nos alcanzará. *Aún no*, pero lo hará, indefec-
tiblemente. Es lo propio o característico de la vida: lleva
escrita la muerte. De este modo, frente a la comprensión
que hace de la muerte el final de un camino, encontramos otra en la que no sólo la muerte nos acompaña,
sino que se encuentra entretejida con nuestro vivir, hasta que con ella, como acabamiento de la energía vital de
un individuo individual, se cierra activamente la imagen
de quienes somos: queda así dibujado desde dentro el
contorno de quienes somos y, por tanto, marcada la
huella de esta silueta como presencia en la vida de los
demás. En realidad, morir es una acción pasiva: no morimos, sino que *somos muertos* como apunta la forma
latina del verbo «morir», que es deponente, esto es, sin
conjugación activa, *morior*. En latín tampoco nacemos,
sino que *nos nacen* (lat. *nascor*). Desde el mundo clásico
podría entenderse que *nos nacen* o *nos mueren* desde
fuera, pero también podríamos pensar contemporánea-
mente, dado que no hay un *afuera*, que se trataría de
que hay algo en nuestra existencia, fuera de nuestro
control, e interno a nosotros mismos, por lo cual morimos. Así, decimos en castellano: «me muero», no porque yo decida voluntariamente morir, sino porque hay
algo en mí que se agota o consume desde dentro.

1. Simmel, 1994.
2. Heidegger, 2000: 268.

La filosofía sobre la muerte entendida desde esta dimensión inmanente a la vida encuentra en Martin Heidegger a uno de sus grandes representantes. A él le debemos la reflexión según la cual la muerte es «un fenómeno de la vida»,[1] y no algo externo a la misma. La muerte no es un acontecimiento terminal y extrínseco a nosotros mismos, no es la Parca que viene a por nosotros o Thánatos, hermano del sueño, sino que pertenece a la interioridad de la vida de forma tan relevante que nos define como lo que somos, seres mortales. La muerte se entiende, así, como parte de la estructura inmanente de la existencia humana. Definido el ser humano en términos de «existencia», que en alemán se dice *Existenz* o *Dasein*, y no como una esencia o alma intemporal, en la obra *Ser y tiempo* (1927), el filósofo analiza literalmente el propio concepto de *Dasein* para mostrar que el hombre es el ser que está (al. *sein*) ahí (al. *Da*), lo que quiere decir que somos inextricablemente, dice Heidegger, tiempo, e irrumpimos como un acontecer, de tal modo que lo relevante para la reflexión filosófica –toma esto Heidegger de Schelling– es *que somos*, más que *qué somos* o, según la terminología schellingiana, lo relevante es el *dass* –donde el peso se pone en el hecho de existir: el hecho de que seamos– y no el *was* –donde el centro es responder a qué somos–. La concepción heideggeriana pone énfasis en la singularidad del hombre que, como existente, «es en el mundo» (al. *in der Welt sein*) y no fuera de él ni de forma independiente a él, y dentro de una temporalidad concreta y finita.

Tras analizar la relación con el tiempo, Heidegger, en los §§ 46-53, pondrá énfasis en el «ser para la muer-

1. Heidegger, 2000: 269.

te» (al. *sein zum Tode*). Para el filósofo, el ser humano se define por una muerte que no acaece desde fuera, por lo dicho anteriormente, sino que, siendo siempre propia, siempre cierta, nos pertenece. Y por ello, no sólo le llegará inevitablemente, sino que lo hará cuando esté solo. La muerte, dirá, es lo más propio, lo que más nos singulariza: «La muerte no se limita a "pertenecer" indiferentemente al "ser ahí" peculiar, sino que *reivindica* a éste *en lo que tiene de singular*».[1] La muerte no llega, sino que hace efectiva la posibilidad cierta de morir que siempre nos acompañó. Nadie puede morir por nosotros: «La muerte es, en la medida en que "es", esencialmente en cada caso la mía».[2] Es de cada uno de nosotros, aunque no queramos pensar en ello y nos engañemos a través del lenguaje con fórmulas impersonales: «uno morirá».[3]

Esta reflexión podría extenderse a nuestros seres queridos: sabemos que son mortales, aunque no consideramos realmente la posibilidad de que vayan a morir. Siempre, pensamos, esta circunstancia se dará en algún momento indeterminado y, por tanto, difuminado y borroso en este momento; es como si no fuera a realizarse nunca. Paradójicamente, siendo lo que llegará sin duda como parte de la existencia, de forma parecida a lo sostenido por Lucrecio, nunca vivimos la propia muerte, sino sólo la de nuestros difuntos, porque cuando la muerte nos llega, nosotros ya no estamos. Por eso, nuestra experiencia de la muerte, según Heidegger, es la de la defunción de los otros. Si forma parte de nuestra estructura existencial «ser con» (al. *Mitsein*), que significa

1. Heidegger, 2000: 287.
2. Heidegger, 2000: 262.
3. Heidegger, 2000: 276.

«ser uno con otro», para Heidegger el difunto deja atrás nuestro mundo, ya no somos con él y sólo nos quedan los cuidados que dispensamos en los funerales y los entierros. La muerte se presenta como pérdida de los supervivientes.[1] De este modo, la muerte consistirá en el paso del «ser ahí» al «ya no ser más ahí», entendido por Heidegger como un «ya no ser más en el mundo» (al. *Nicht-mehr-in-der-Welt-sein*).

Desde una perspectiva existencial, la muerte será definida como un salir del mundo, como un «ya no ser ahí», como un «perderse en el mundo» (al. *in-der-Welt-sein-verlieren*).[2] Nuestra existencia se ve reducida a un mundo del que saldremos con la muerte en cualquier momento, porque nada está asegurado. Por eso, vivir haciendo equilibrios con la nada hace que la angustia nos acompañe. No nos queda otro camino que hacernos responsables de nuestra propia vida y asumir la propia muerte, a pesar de que no la experimentaremos cuando llegue, aunque sí en el proceso de morir o estar muriéndose. Nuestro yo singular, aunque sea bajo la forma de un «existente» ocupa el centro de estas consideraciones. Sin embargo, aunque, con Heidegger, podemos aceptar que la muerte no nos espera en el futuro sino que camina a nuestro lado desde el momento de nuestro nacimiento, podemos preguntarnos qué significa «ser en el mundo», «ser con los otros», «mundo» y, sobre todo, si la muerte significa un «ya no ser más en el mundo».

El análisis de Heidegger reduce la muerte a la singularidad de la muerte propia o a la angustia propia y al dolor que experimentamos con la muerte del otro. Su

1. Heidegger, 2000: 261.
2. Heidegger, 2000: 260.

preposición «con» (al. *mit*), define al ser humano como
el ser que es con los demás, entiende este «con» de manera externa al propio yo, como si la falta o la muerte
del otro afectara mi exterioridad como falta y produje-
ra una reflexión de mi propia muerte a nivel interior,
pero no se interroga por la presencia del otro, del finado, dentro de la constitución del ser ahí. Un «ser en»
que es un *inside*, no sólo porque interioricemos sino
porque nos conformamos desde estas interacciones de
tal modo que nuestro yo es resultado, no punto de comienzo. De igual manera que nuestro cuerpo se genera
por combinación de células de cuya multiplicación se
generan pliegues e interioridades, nuestra subjetividad
se configuraría con relaciones, vínculos que construyen
nuestro interior y dan forma a nuestros afectos. ¿Y si la
pérdida del otro permite ver otra forma de este «ser
con», donde lo que encontramos es la pluralidad que
alberga esa ficción que llamamos yo (que confundimos
con nuestra identidad) y al que solemos asignar una singularidad? ¿Y si cada una de nuestras singularidades
está hecha de los demás y cuando alguien importante
fallece es también este plexo singular el que queda afectado irremisiblemente? ¿Y si el duelo y el cuidado no
sólo va dirigido al finado sino al cambio interno que se
opera en los supervivientes? ¿Y si se trata, entonces, de
que la muerte que veo en el otro se lleva consigo una
parte de mí? ¿Y si con la muerte del otro hay un pequeño deceso en mí? ¿Y si la estructura del sí-mismo al que
apunta lo propio de la muerte defendido por Heidegger
en realidad esconde que esta mismidad se nutre de la
pluralidad y la diferencia del otro que conforma los pilares de nuestra identidad? Cuando un padre, una madre, un hermano o hermana, un hijo o una hija, una
amiga o un amigo muy íntimo fallecen, ¿no fallece aca-

so algo en nuestra vida como si hubiera habido un desplome, una explosión, una catástrofe? ¿No se ve alterada, acaso, nuestra vida, hasta el punto de verse modificada la temporalidad en la que vivimos como si estuviéramos «bajo el agua»?

Fue Lévinas quien, al hilo de su crítica a Heidegger, volvió sobre el *Fedón* platónico[1] para abordar, precisamente, el impacto de la muerte del otro. La muerte, para Lévinas, sólo desde este aspecto tiene sentido: dejar atrás el solipsismo heideggeriano o el sujeto aislado y solitario para entender que, antes de esta ontología existencial, encontramos una ética que apunta a la relación con los otros. La muerte es la afección por excelencia. Si la muerte es la muerte de alguien, no es para el fallecido, sino para quien sobrevive. Desde esta perspectiva, procede a analizar las repercusiones emocionales que nos deja la muerte del prójimo. Según su análisis, lo relevante de la muerte no es que nos encare a la verdad o al ser al morir, como diría Sócrates, o a la «nada» como sostiene Heidegger, sino que la puerta de entrada a este exceso que no podemos asimilar es lo afectivo: porque la muerte del otro nos afecta por algo que no procede de nosotros mismos, indagamos en ella y atendemos al otro. Tanto es así, que abre otras perspectivas de interpretación del *Fedón*: solemos centrarnos en la felicidad de Sócrates en sus últimos momentos –o en la de Aristóteles, que se narra en el *Liber de pomo*– pero no debemos olvidar la reacción afectiva de sus allegados: la muerte del otro no es soportable: «incluso allí [en el *Fedón*] el acercamiento al Sócrates moribundo no pierde su resonancia afectiva»,[2]

1. Lévinas, 2005: 20.
2. Lévinas, 2005: 29.

y un poco antes, sostiene: «todo ello subraya el carácter dramático de la muerte de los otros. La muerte es escándalo, crisis, incluso en el *Fedón*».[1] La muerte siempre afecta, quiebra, rompe a los supervivientes. La cuestión es por qué.

Lévinas menciona algunos elementos que hay que tener en cuenta. En primer lugar, la dimensión afectiva, que apunta a la importancia relacional con el otro exterior a mí mismo, de ahí que «la relación con la muerte del prójimo, una relación exterior, entraña una interioridad».[2] En segundo lugar, el afecto, que, Lévinas apunta, no se reduce a la angustia, como en Heidegger,[3] sino que también incluye la compasión, la solidaridad y, sobre todo, la culpabilidad y la responsabilidad. La muerte de otro es asunto mío, tanto que puede considerarse «la primera muerte».[4] Experimento la culpabilidad porque yo sobrevivo al difunto y no puedo acompañarle en el ámbito desconocido que se abre, porque no puedo saber lo que le sucederá en su muerte o lo que sucederá después de ella. Al fin y al cabo, le dejo solo. Se marcha, parte, y no podré recogerlo: «Nos encontramos con un final que posee siempre la ambigüedad de un viaje sin retorno, un deceso, pero también el escándalo ("¿es posible que esté muerto?") de la falta de respuesta y de mi responsabilidad. Partida sin que yo pueda asignarle ningún punto de acogida».[5] En tercer lugar, el diferente a mí no me es indiferente y, así, «afirmar la afectividad en las relaciones con la muerte del prójimo y con mi propia muerte

1. Lévinas, 2005: 25.
2. Lévinas, 2005: 25.
3. Lévinas, 2005: 33.
4. Lévinas, 2005: 57.
5. Lévinas, 2005: 50.

sitúa dichas relaciones dentro de la relación con lo Diferente, lo que no tiene medida común».[1] A Lévinas le interesa subrayar la dimensión interpersonal que, en crítica a Heidegger, implica que la ética es antes que la ontología, y donde se recalca la relevancia de una alteridad que no puede ser nunca asimilada e integrada en la mismidad del sujeto. Se debe dar una deposición de la soberanía del yo para poner el peso en la relación social con el otro.

Ahora bien, esta dimensión, que no es tanto interpersonal como intersubjetiva, no es suficiente para explicar qué sucede en la vida de los dolientes. Nuestra vida se desenvuelve en torno a la diferencia y está atravesada por la alteridad. Y precisamente este hecho es quizá lo que nos lleva a lo que, aun no teniendo medida, es común, porque, en efecto, la muerte del ser querido supone una muerte sentida en la propia piel de los supervivientes, que experimentan angustia no ante un concepto ontológico como «la nada», sino ante el vacío que deja el finado y ante la incertidumbre de la vida por delante, siempre dolor ante lo que se experimenta como cercenamiento y herida, siempre tristeza ante un futuro sin ellos, a veces melancolía porque el mundo no es ni será nunca el mismo. Nos quedamos sin palabras. La angustia, como dijera Heidegger, nos aplasta y nos oprime.[2] Nuestro mundo se ha derrumbado y sentimos el peso de un agua que, en su ingravidez, al mismo tiempo no nos deja respirar. Y, sólo a veces, culpabilidad, y otras, preocupación y congoja por saber cómo pudo sentirse de solo en el momento de su muerte. A veces, el rostro no apunta a lo infinito e inabarcable del otro,

1. Lévinas, 2005: 32.
2. Heidegger, 2001: 100.

sino a lo finito y finalizado de un rostro que ya no expresa nada. La muerte, como afirmó Lévinas, es la afección por excelencia, pero ella me permite ir más allá de la relación con la alteridad a nivel interpersonal. Me permite mirar dentro de la persona y entender la presencia del otro en mi interior, no únicamente desde la relación vincular que pueda establecer con él, sino desde el núcleo del vínculo que lo anuda a mi interior. El otro tiene una existencia exterior a mí, pero también se convierte en diferencia constitutiva dentro de mí y no porque lo convierta en mí mismo, lo unifique, lo asimile, lo convierta en una imagen del mí, sino todo lo contrario, porque el otro hace que yo me convierta en mí mismo y de él sobrevive una imagen en nuestro interior que es, y será siempre, diferencia.

En *Ética e infinito*, al hilo del insomnio, Lévinas hace una reflexión sobre lo que, dentro del yo, no es uno mismo. Aborda la cuestión del «hay» impersonal y señala cómo en el insomnio yo no «me insomnio», no soy agente activo, sino pasivo. Hay algo en mí que yo no soy, que tengo de fondo, como una música constante. Por eso, dice Lévinas, «puede que la muerte sea una negación absoluta, donde "la música ha terminado"».[1] Nuestra propia muerte implica la terminación de cualquier música, pero cuando perdemos a un ser querido, donde estaba su lugar permanece su voz y, en medio del crecimiento de las olas, el silencio que emana de su lugar desocupado se parece al sonido de una caracola vacía que se acerca al oído: como si el vacío estuviera lleno, lleno de mar, lleno de océano, un silencio de ruido de agua y viento. Y así, escribe Blanca Varela:

---

1. Lévinas, 2000: 46.

Si me escucharas
tú muerto y yo muerta de ti
si me escucharas

hálito de la rueda
cencerro de la tempestad
burbujeo del cieno

viva insepulta de ti
con tu oído postrero
si me escucharas[1]

En su novela *Las voces de Adriana*, Elvira Navarro recurre a estas voces que habitan en Adriana: «A Adriana ya no solo le faltaban las voces de las habitaciones, sino también las de su madre y su abuela. Persistían únicamente dentro de ella, mezcladas con la suya, casi imaginadas».[2] Lo propio, por tanto, sería la combinación, configuración y conformación única, que integra aportaciones de los demás, de manera interna, de tal modo que no somos punto de partida, sino resultado siempre inacabado de las relaciones con los demás que nos atraviesan y nos hacen ser quienes somos. No se trata de afirmar, como Lévinas, que la muerte del otro es lo relevante porque apunta a un reconocimiento de la alteridad y una responsabilidad para con él, sino a un reconocimiento de la alteridad dentro de nosotros: lo otro como lo más cercano, como lo más interno que se resquebraja con la pérdida, para que nos demos cuenta de que el otro es algo más que un rostro frente a mí. Es lo que configura internamente mi propio rostro. La

1. Varela, 2016: 219.
2. Navarro, 2023: 93.

muerte, como podría afirmar Lévinas, nos da profundidad, no en el sentido de una trascendencia, sino en el de la complejidad de la inmanencia. En *Ética e infinito*, Lévinas subraya que este reconocimiento va aparejado a la responsabilidad que tenemos con el otro, hasta el punto de «no dejar al Otro solo frente a lo inexorable»; de ahí que, con su muerte, aparezca el fracaso de esta tarea y la culpabilidad. Ahora bien, que el otro haya muerto no nos exime de la responsabilidad y el cuidado, por lo que, llevando la reflexión de Lévinas a otro ámbito distinto, parte de esta responsabilidad pasa por cuidarle incluso estando muerto, como bien se legisló en el mundo antiguo.

Queda todavía por pensar en qué sentido morimos un poco con nuestros seres queridos, un sentido que vaya más acá de la soledad del yo (Heidegger) o de la afirmación de una relación externa con el otro al que entiendo como distinto de mí mismo y al que estaría unido en una relación ética (Lévinas). Y aquí no puedo dejar de mencionar a otro pensador de la muerte del prójimo: Karl Jaspers. «La muerte del prójimo, del hombre más querido, con el cual estoy en comunicación, es el corte más profundo en la vida empírica. Yo me he quedado solo, cuando, en el último momento, le dejo solo, sin poder seguirle. No se puede ya revocar nada; es el fin para todo el tiempo. El que muere no se deja ya interrogar; cada cual muere solo; la soledad ante la muerte parece absoluta, tanto para el que muere como para el que se queda. Para el fenómeno de estar juntos, en tanto es conciencia, este dolor de la separación es la última desconsolada expresión de la comunicación».[1] La muerte puede verse como abismo, pero al mismo

1. Jaspers, 1958: 92.

tiempo, queda puesta positivamente de manifiesto la comunicación íntima que tenía con mi ser querido. Por eso, dice Jaspers que quien es amado «sigue siendo una presencia existencial».[1] Se experimenta la soledad, como veíamos con Heidegger, pero no sólo ante una vida finita y limitada que nos encara a nuestro propio final, sino sobre todo –y por eso duele tanto– a un vacío en nosotros: una nada en nosotros, un resquebrajamiento, un dolor indeleble.

Este lugar desocupado no puede llenarse con alguien o algo que ocupe su lugar, aunque sí puede tratar de taparse, desembocando en un mal e injusto duelo, o puede reconstruirse la vida en torno a él. Experimentamos la soledad, pero no sólo porque el difunto no ocupe su lugar en el sofá o no podamos hablar con él de nuevo, sino porque por dentro todo es agua. El difunto no está, pero el vínculo que nos une a él no ha desaparecido ni se ha cortado. La muerte no nos afecta de igual manera ante todos los seres vivos que conocemos, sino sólo ante aquellos que han sido y son significativos para la persona que una vez fuimos o ahora somos. Con su muerte nos sentimos perdidos y desorientados, pero al mismo tiempo encontramos de forma muy clara el abismo en nuestro interior. Y experimentamos el sentimiento que nos lleva a la comunidad que nos atraviesa. Por eso nos transformamos con la muerte: tenemos que reconfigurarnos para seguir viviendo.

La relación intersubjetiva se presenta con la muerte, no como ética, sino como ontológicamente constitutiva de lo que somos, de cómo somos, de quiénes somos. En la tercera de las fases del duelo descritas por Bowlby, siendo la primera el embotamiento o sensación de irrea-

1. Jaspers: 1958, 93.

lidad y la segunda, el anhelo o búsqueda de la figura perdida, preparada por la importancia de los ritos funerarios que permiten al deudo encontrarle un lugar al difunto, comienza una etapa, la de desorganización y reorganización, en la que el superviviente no sólo acepta la situación sobrevenida y considera distintas formas de encararla, sino que si lo hace es porque se da una nueva definición de sí mismo: «Esta redefinición de sí mismo y de la situación es tan penosa como decisiva», porque ha de renunciarse a la persona perdida y a recuperar la situación previa.[1] Ya todo es otro, incluido uno mismo. Una vez hecho esto, indica Bowlby, se procede a un intento de buscar otros papeles, otras habilidades, es decir, a generar otro mundo «sin el ser querido», un mundo en el que su ausencia no lo ocupe todo, pero en el que quede constancia de su aportación positiva a la existencia. A diferencia de Freud en *Duelo y melancolía*, que entiende que el duelo habrá sido realizado con éxito cuando se renuncia al vínculo con el objeto amado, para Bowlby la reorganización final en el proceso no requiere de una renuncia, sino que el vínculo puede conservarse de una forma interiorizada precisamente como recuerdos o aportaciones que se integran en la nueva identidad del doliente. Así sucede con el personaje interpretado por Juliette Binoche en la película de Kieślowski, *Tres colores: Azul* (1993): fallecidos su marido, un compositor de música clásica, y su hija, cambia de vida radicalmente, aunque no supera la pérdida, hasta que está preparada para seguir adelante. Durante toda la película suena el mismo estribillo de una música que su marido dejó sin terminar. Cuando puede recomenzar su vida, termina la composición dejada a me-

1. Bowlby, 2016: 111.

dias por su marido y sale de ese bucle sonoro en el que
estaba inmersa.

«Nacemos comenzados» como he indicado anteriormente: nacemos en un contexto, con unas condiciones
materiales, con una familia, con alguien que nos cuida-
rá (bien o mal). No somos meros sujetos singulares que
se relacionan con otros sujetos también singulares e in-
dependientes de forma externa, sino que somos en el
seno de un plexo de relaciones que nos configura, constituye y conforma incluso desde dentro. O, dicho de
otro modo, somos quienes somos como relación y nudo
trenzado con los otros y sus modos, no meramente de
forma externa, sino interiorizada: interiorizamos al
otro importante en nosotros, lo llevamos, de alguna
manera, dentro. Por eso ni seres para la muerte (o mortales), como sostendría Heidegger, ni seres natales con
todo por hacer, como diría Hannah Arendt, el ser humano está en el medio: ni el final tajante del camino o el
comienzo lleno de posibilidades, sino un devenir (gr.
gignomai) que nos enlaza con los otros; de hecho, de
gignomai proceden las palabras «genealogía», «generación» y también «genética». Este «nacer comenzados»
se completa con un «vivir relacionalmente». No en
vano, en la crítica que realiza a Heidegger en «Muerte e
inmortalidad», Gabriel Marcel pone énfasis en su «solipsismo existencial».[1] Los seres vivos no se caracterizan por estar desvinculados de todo, sino porque se desarrollan en un todo tejido y entretejido con los demás.
Es preciso hacer descender al ser humano de su ficticia
independencia identitaria con respecto a los demás,
como si fuera ajeno a lo que le rodea, y reclamar el papel constitutivo e incluso esencial de los otros en la con-

1. Marcel, 2005: 305.

formación de nuestros modos de ser. Los demás están dentro de nosotros tanto que hay personas significativas sin las cuales ya no seríamos nosotros.

La muerte puede entenderse como un «no ser ya», no ser ya del mismo modo, no ser ya como ser viviente, pero sí como existente, sí como la aportación que los demás han tenido en nuestra identidad. Por eso, la muerte no implicaría un «no-ser-ya-en-el-mundo» sino una transición a otro modo de estar en él, donde lo que se trata con el duelo no es de cortar todo vínculo con el difunto y desgajarlo de nuestro mundo, sino al contrario, ser conscientes de los nuevos modos ontológicos de ser en el mundo de aquel que hemos perdido, y generar otra relación con ellos. Cuando alguien muere, los supervivientes ven desmoronarse su mundo, no sólo porque cambia su vida, su interacción con los demás, su «ser con», sino porque la dimensión constitutiva de los otros en uno mismo se ve afectada por el fallecimiento. Sin embargo, la imagen del otro interiorizada, convertida en estructura de nuestro ser, sigue presente, sigue con nosotros. De ahí la grieta interna, de ahí la reacción de Agustín de Hipona ante la muerte del amigo, de ahí el agua que se filtra desde el océano plural y diverso que alimenta y conforma quienes somos.

Las personas que han sido significativas o relevantes en nuestra vida siguen estando en nuestro mundo. La cuestión es cómo. No tienen la misma entidad que cuando están vivos ni tienen una vida independiente con sus propias decisiones. Tampoco se trata de que los demás vivan en nosotros. En la filosofía clásica alemana, como encontramos en la deducción de las categorías de la *Crítica de la razón pura*, Kant establece una distinción entre «realidad» (al. *Realität*), que remite al término latino *realitas* y «realidad efectiva» (al. *Wirklichkeit*). Con la primera, se hace referencia, dentro de la categoría de cualidad, al hecho de lo que algo es, independientemente de que exista o no. Con la segunda, que forma parte de las categorías de modalidad, se indica aquello que es *de facto*, que existe verdaderamente. Al morir, podemos entender que la persona sigue siendo, y por tanto tiene *realitas* aunque ya no sea *de facto* y no exista. Ya no está porque ha dejado de existir, pero sigue siendo, aunque de otro modo, porque se opera en él un cambio ontológico: pasa a ser otra cosa. Ya no está él como ser viviente independiente, sino sus huellas, sus aportaciones, sus obras. Al dejar de estar, deja, por tanto, de ser lo que es (gr. *eîdos*) porque ya no es por sí mismo, sino que pasa a ser la imagen (gr. *eídōlon*) que tenemos de él. Cuando alguien está, es por sí mismo, pero cuando alguien ya no está, pasa a ser en los demás. Por eso, cuando, pasado el tiempo del deceso, recibimos información que desconocíamos del finado es como si volviera a la vida porque, de pronto, sin intervención nuestra, esa nueva información implica un cambio en la imagen fijada y debemos reconfigurar la composición que teníamos de él. Así le sucede a Juliette Binoche en *Tres colores: Azul*.

La imagen, en sus distintas modalidades (gr. *eídōlon, eikon, phantasma*), que reconstruimos de los demás en nuestro interior nos sigue acompañando, bien de forma consciente, bien, precisamente por su carácter más fundante, de forma inconsciente, bajo la forma de gestos, costumbres, inercias. No es como si el que ha muerto nunca hubiera nacido y no fuera *nada para nosotros*, sino que es ya un *algo* que nos conforma. Del «ser con» pasamos al «ser en», donde este «en» contiene interiormente el «con», y del «ya no ser ahí» o «salir del mundo» se produce la transición al «ser ahí de otro

modo», donde salir del mundo que somos y que construimos ya no es posible. No se puede hacer como si lo
que fue no hubiera sido, no puede borrarse. Nos falta
el otro. La muerte no es el fin del «ser ahí»,[1] sino el fin
de un modo de estar aquí de nuestra existencia. Y así,
dice Schelling, en correspondencia con Georgii tras la
muerte de su esposa: «No podemos conformarnos con
una perduración general de nuestros difuntos. Quisiéramos conservar toda su personalidad».[2] Quisiéramos
que nada se nos olvide, que podamos retener todo de
ellos, y creemos que si se nos olvida algo, perdemos
algo importante, tanto que ni siquiera se quiere olvidar
el dolor: «Temo que se me vaya borrando cada día un
poco más. Que se borre a medida que restaño mis heridas».[3]

III. SE ABRE UNA AUSENCIA

En *Si la muerte te quita algo, devuélvelo*, Aidt vincula el
amor con la pena: «Mi amor. / Es tan grande como la
pena».[4]

   Es un silencio negro y opaco donde los sentidos se
desbordan. Las palabras, por sí solas, no pueden designar el vacío que se ha abierto. Parece que el lenguaje no
es capaz de abarcar lo inabarcable, de etiquetarlo, de
nombrarlo para poder controlarlo. La sintaxis está rota
como roto está el mundo. Quien ha sufrido una pérdida
no puede escribir inmediatamente. Casi no puede ni

---

1. Heidegger, 2000: 270.
2. Schelling, 2005: vol. II, 249.
3. Aidt, 2021: 40.
4. Aidt, 2021: 119.

pensar, pero lo hace, lo intenta. Busca dónde agarrarse. «No consigo escribir nada [...] no consigo cantar nada».[1] Quizá sólo en ese primer impacto vale el grito o la música, el llanto y el canto. Hasta que, poco a poco, se escribe, se puede articular palabra, pero no para designar con un solo término y en perfecta sincronía lo sentido con lo pensado, sino con un lenguaje en el cual se produce un entrelazamiento de palabras y silencios, con el cual se dibuja la silueta del vacío. «Hoy he empezado a escribir. He creado el documento *El libro de Carl*».[2] El lenguaje, con sus frases y cadencias, da forma al vacío, para poder reconocerlo, para bordear sus precipicios, para dar el rodeo que nos permite no sólo reconducir el dolor, sino darle una medida a través de la cual consigamos acercarnos a una orilla. Tenemos la silueta del vacío, y la caja, el recipiente, el cuenco, para que la oquedad sea en ellos volcada.

¿Qué es la muerte y qué implica la pérdida? La pérdida se referirá a un sujeto que ha «cerrado» su forma activa y no alberga más cambios generados desde sí mismo, de tal modo que su cambio ontológico de modo de ser depende íntegramente de los vínculos que permanecen y se cuidan en la comunidad de la que formaba parte. La imagen interiorizada deja de renovarse de forma activa y en presente por parte del difunto, y si hay un cambio se debe a una información que procede del pasado y que altera la imagen que ya había quedado cerrada en la conciencia. Cuando se produce la pérdida, la muerte podría ser entendida como la separación e incluso el desgarro irreversible en el interior de una comunidad y desde la inmanencia. Con la muerte se produce

1. Christensen, 2020: 181.
2. Aidt, 2021: 119.

una disolución o desconexión de los vínculos, de tal manera que la pérdida provoca una separación interna del sujeto con el grupo del que forma parte, y conduce, en su forma más extrema, a la nada, al olvido, al borrado completo de toda huella. De este modo, aunque haya pérdida, el difunto puede permanecer bajo un cambio en su modo ontológico.

La muerte total, sigo en esto a Sartre, nos expulsa a un afuera que correspondería a lo absolutamente desligado: *absolvere*, término que apunta a la idea de una separación (prefijo lat. *ab-*) y de soltar (lat. *solvere*) es decir, como si el ser vivo nunca hubiera estado. No es tanto un dejar de ser como un dejar de estar completamente para los demás. De ahí las distintas maneras de hablar de una muerte: muerte biológica, muerte psíquica, muerte social, muerte espiritual. Se puede incluso estar muerto para uno mismo y, por encontrarse separado o desligado del mundo –«muerto en vida», sin lugar–, acabar dándose muerte. Todas implican una separación irreversible. Los rituales son los pasos necesarios para la transición de un modo de estar a otro que no lleve aparejado ni el olvido ni los estados patológicos ante la no superación de la pérdida. Podemos seguir vinculados: la cuestión es cómo. Morimos como individuos, pero no como el tú de un yo, es decir, ni como parte de una comunidad ni como parte constitutiva de otra persona.

¿Desde dónde escriben Catulo o Varela? ¿Aidt o Chacón? ¿Desde el dolor y la muerte o desde el dolor por la muerte? Ni lo uno ni lo otro: porque aun con dolor, escriben desde el amor. Nuestra relación con la muerte de los otros se construye no desde la oposición *eros* y *tánatos*, que podría deducirse desde Freud, sino desde las distintas formas que conectan *eros* (amor) y *neikos* (odio) con la muerte.[1] Dicho de otro modo, a veces es el amor por el difunto lo que nos vincula con él, no porque queramos seguirle y, por tanto, el objetivo sea la autodestrucción, sino porque lo amamos, y al buscar seguir vinculados a él podemos caer en el ritmo de la muerte de manera colateral. Con la formulación de la pulsión de muerte en *Más allá del principio del placer* (1920) y en el *El yo y el ello* (1923), Freud entendió que *eros* y *tánatos* eran pulsiones en conflicto, aunque ambas trataban de restituir algo perdido.[2] Si *eros* es la pulsión de la creación, *tánatos* es la de la destrucción. *Tánatos*, sin embargo, en ocasiones no produciría tanto la destrucción de los vínculos o la agresión contra ellos, sino un cambio ontológico en los modos de relación con lo que hemos perdido o, según la terminología psicoanalítica, con el «objeto perdido», porque es necesario modificar los vínculos, precisamente, como señala Freud, para que el doliente modifique sus enlaces con el ser perdido. Sólo así queda modificado el estatus de este objeto en la vida de los supervivientes y la forma en que estos se relacionan con el mundo y consigo mismos es reconstruida y reconfigurada.

El duelo sólo puede entenderse desde el amor, que no permanece como era antes, pero que tampoco desaparece sin más. Por otro lado, *eros* no es *póthos*. En la tradición griega, mientras que Eros es un dios al que se rinde culto, Thánatos no lo era y, por tanto, no era objeto de adoración.[3] Era más bien una bruma negra, como la tierra misma teñida con sangre, y asociado a veces con un manantial de aguas negras como metáfora

1. Cfr. Freud, 2018: 43.
2. Freud, 2018: 41.
3. Vermeule, 1984: 79.

del duelo. Tampoco Póthos era una deidad a la que adorar. Ante la ausencia, una de las pasiones nacidas de la tristeza es, precisamente, la añoranza que, más cerca de la pulsión de muerte, busca recuperar lo perdido y reunirse con el objeto de amor. Pero el amor no es nostálgico, sino que sabe renunciar a este ser perdido, no quiere recuperarlo como era, sino que busca entretejerse con él de otro modo, con otros hilos. Recordemos que Póthos era capaz de matar, y en colaboración con Hypnos, de hacer despertar a los dolientes con lágrimas en los ojos y con el lamento fúnebre en los labios, como sucedió con Diomedes.[1] Eros, en cambio, no mata, no es un deseo incontrolable de reunión con los seres queridos, no se arroja a lo profundo de las aguas en busca de un fantasma, no se dirige hacia el vacío ni trata de retener todo el dolor que experimenta ante la pérdida por no perder lo que cree el último vínculo con el ser amado.

El poeta griego Alcmán hace aparecer juntos en un verso a Póthos, Hypnos y Thánatos, para indicar que la añoranza «desmembradora» (o aquella que desata, gr. *lusimeleî*) mira con más ternura que los dos hermanos.[2] Póthos suelta (gr. *lúō*), desliga o desata, mientras que Eros busca vincularse de otro modo, pero no desde el dolor. O como lo describe Lewis: «he descubierto una cosa, el dolor enconado no nos une con los muertos, nos separa de ellos».[3] El amor enseña a relacionarse de otro modo con la ausencia. No añora, sino que aspira y, como argumenta Platón en el *Banquete*, se trata de aprender a reconocer lo bello en el presente de cada

1. *Il.* V, 413; Homero: 2019, 70.
2. Trad. de García Gual, 2020: 128.
3. Lewis, 2022: 77.

cosa, así como lo bello de lo que, a su paso, dejó huella. No porque nos falten los hemos perdido. Y de ese modo, como escribe Aidt, sólo queda «esperar que ese amor que les causa sentimiento de pérdida sea más grande que la pérdida».[1]

1. Aidt, 2021: 114.

PARTE 3

común

5

Resonando en re menor

Brahms busca reproducir el sonido de las olas de un mar en calma con sonidos brillantes y llenos de sosiego, y consigue expresar la tristeza serena y el consuelo con su música, con una aproximación a la muerte que, con suavidad y ternura, pese a los momentos de desasosiego, de profunda tristeza, de tonos graves que tienen la sonoridad de la profundidad del mar, de altos que sacuden el alma, la música consuela. Olas que van y vienen y mueren en la orilla. Olas que traen a nuestros pies aquello que una vez fue y podemos guardar en un bolsillo como el tesoro en el que consiste para un niño una concha nacarada o una piedra hermosa por su forma. Olas que parecen de oro bajo el sol del mediodía. Olas que pueden llegar a mecer, como una nana, con su vaivén. Y un sonido que nos arrulla, que nos da un espacio de reposo, donde poder, por un momento, abandonarnos, hasta que, con la marea, seamos arrastrados a un lugar sereno, lejos de la furia del mar que a veces nos ha azotado.

Con un oboe, equivalente al antiguo aulós, cuya melodía llena el espacio, comienza la elegía que Brahms compuso en 1881 a la memoria de su amigo Anselm Feuerbach, fallecido el año anterior. No vence la desmesura sino una polifonía de composición perfecta que lleva a la vida. Se escucha la luz y la esperanza y, donde parece que debiera imponerse el dolor y la añoranza, se impone el amor y un adiós cantado con cariño. La pieza se titula *Nänie Op. 82*. Como nenia y elegía, Brahms retoma el poema de Schiller para componer su despedida. El oboe acompaña, así, el primer hexámetro de la elegía de Schiller, en una composición en la que se acabará desplegando la historia de Orfeo y Eurídice, Tetis y Aquiles. La entrada del coro no es como aquella escena de las nereidas descrita por Homero y retomada por Schiller, llena de espuma en un mar embravecido y violento, sino que al músico le interesa subrayar el sentido que tenía aquel lamento: acompañar, dar salida al sufrimiento. Por eso la entrada del coro reconforta. La música respondería a la necesidad de contener la emoción en el espacio de resonancia de una geometría formal, a través de la cual hacerse con ese dolor y recogerlo con cuidado, en lugar de que se derrame y nos inunde en el espacio ilimitado de nuestra interioridad.

En su ejemplar de la *Odisea* que se conserva, el compositor subraya los tres versos que a Schiller, como vimos, le interesaban:[1] «Tu madre, advertida, salió de las olas / con las ninfas marinas, alzóse un clamor prodigioso / sobre el llano del mar». Ese clamor es ahora, como lo fue entonces, pura música. En el texto alemán se traduce el original griego *boē* («grito» o «clamor»), acompañado del adjetivo *thespésios* («desmedido», «encendido por un dios», «violento»), como *lautwehklagenden Stimmen*, es decir, por una voz elevada (al. *laut*) de doloroso lamento (al. *Wehklage*). Pero Brahms no quiere que sea la furia lo que prevalezca, y el coro, por ello, se eleva sobre el mar y abraza a los dolientes. En *Nänie* Brahms no termina con el último verso de

1. Cfr. Grimes, 2019: 64-65.

Schiller, el que habla de perdurar en el poema, sino con el penúltimo, porque lo importante es cantar al ser amado: «También ser un canto de lamento en la boca de los seres queridos es glorioso».[1] Como una canción de cuna, Brahms compone su nenia para cerrar con dulzura los párpados del querido pintor, abrazado por el sueño de la muerte.

Nana y nenia vuelven a darse la mano en el primer movimiento de la primera sinfonía de Mahler (1888), en el que el compositor convierte una canción de cuna, *Frère Jacques*, en una luctuosa marcha fúnebre, con un simple cambio de tono: la nana, compuesta en tono mayor, se oscurece al ser interpretada en re menor, porque el re menor es el tono en el que cantan los muertos y el que conduce hacia la muerte. Quizá los *thrēnoi* y las nenias estuvieran en re menor. Nada de eso podemos saber, pero sí que el tono de la composición, que nos arrastra y nos hechiza, puede conducir a la serenidad, como en Brahms, o a la más profunda congoja. La música hace vibrar al alma, la acompaña, pero también la lleva; por eso, puede o bien sanar o bien llevar a la enfermedad, como argumentó Arístides Quintiliano en su platónico texto *Sobre la música*. Recordemos a Platón, para quien la música de la lira, como la de Apolo y Orfeo, conducía al orden y a la medida, mientras que la del aulós era peligrosa, por acercarnos demasiado al abismo. Y, sin embargo, quien tocó con virtuosismo la lira, Orfeo, acabó preso del dolor y del abismo. Quizá no sea, por tanto, cuestión de instrumentación sino de tonalidad. Orfeo comienza a tocar en re menor. Con la *Nänie* de Brahms, basada en instrumentos de viento, hay, sin embargo, salida, porque su tono es otro. Ya lo

1. Schiller, 1965: 173; trad. modif.: 195.

indicó Schelling en la *Filosofía del arte* (1803): aunque
el ritmo es importante para los antiguos, es clave no
perder de vista que el tono es lo que tiene significado e
imprime alegría, tristeza, ternura o dolor a lo que se escucha. Ahora bien, sin el ritmo, dice Schelling, no hay
música; en él se revelan el orden y la unidad. La música
tendría, para el filósofo alemán, en sintonía con Platón,
una dimensión material dada por el sonido mismo, y
una espiritual, puesto que se refiere al ritmo y al tono
que encuentran, en la conciencia, una afinidad e incluso
una forma de conexión con lo más inconsciente.[1] La
música conectaría con el alma del doliente, con su sensibilidad más inconsciente si se quiere, y la ayudaría a salir de ciertos estados o a profundizar más en ellos.

Tanto el *Réquiem* de Mozart como el de Fauré co-
menzarán con una instrumentación basada en oboes,
como la marcha fúnebre de Mahler y como la pieza de
Brahms, por lo que, aunque el oboe sea el sonido de la
pérdida, el sonido de la muerte corresponde, en realidad, a la tonalidad. El re menor se convierte, de esta
forma, en el centro tonal de la música, entendida como
el acorde alrededor del cual se estructuran otros acordes. La composición se convierte en una caja sonora en
la que se despliega una emoción que, fundamentada en
el re menor, es la del dolor de la pérdida. Pase lo que
pase en la pieza, aunque haya otras armonías o momentos más luminosos, siempre se vuelve al re menor. Mozart introduce los contrastes modales entre el modo
mayor y menor, y consigue convertir el re menor en el
sonido de una tristeza particularmente incisiva.[2] En su
famoso *Réquiem*, la primera nota que se escucha es un

1. Schelling, 1999: 179-187.
2. Casablancas, 2020: 169, 189-197.

re y la segunda, un acorde de re menor. Será el re menor
el tono que se imponga cuando la Muerte haga su aparición para llevarse a Don Juan en *Don Giovanni*, de Mozart [1] y será re menor lo que escuchemos en la *Sinfonía
n.º 9 en re menor, Op.* 125, de Beethoven. Será en re
menor el *Réquiem* de Fauré, *Op.* 48 (1886-1888), compuesto poco después de la muerte de sus padres y definido por él mismo como «un arrullo a la muerte». Será re
menor la nota con la que la Muerte canta cuando viene
a buscar a la doncella en Schubert. Será re menor lo que
escuchemos cuando canta el holandés errante de Wagner (1843), condenado a estar muerto por una maldición de la que sólo puede salvarle el amor. Su canto, sin
embargo, está atrapado en re menor, es decir, que no
puede cantar en otro tono hasta que pueda redimirse:
atrapado en esa caja sonora, permanece en re menor,
vibrando en el tono de los muertos y separado, así, de la
tonalidad de los vivos.

Quien vibra en re menor experimenta la muerte
como una separación (gr. *apallássō*), pero no del alma
con respecto al cuerpo, como la describe Platón, sino
del doliente con el difunto, del sufriente con respecto a
la comunidad, de su alma con respecto a sí misma. Su
alma está, de este modo, sincronizada con la muerte y
no con la vida. Quien padece la muerte de un ser querido significativo corre el peligro de quedar atrapado en
el re menor que, si bien es el tono modal ante la muerte,
es aquella tonalidad que debe ser superada en el proceso de duelo, en el que hay salida y la vida recomienza.
Se vive, así, en el umbral entre los vivos y los muertos,
sin pertenecer ni a uno ni a otro, en el tiempo suspendido cuando la disonancia de la pérdida ha roto el estado

1. KV 527, 1787.

anterior de nuestra vida. Estar en re menor, permanecer en re menor. Es la tonalidad en la que se vibra tras haber perdido a alguien querido. Vibramos en re menor y vivimos encadenados a su tiempo. Quizá por ello, para que haya luz y un mar en calma, el *Réquiem* de Mozart acaba en re mayor y, por su parte, Brahms en su *Réquiem alemán*, compuesto durante el duelo por su madre, elabora una estructura que concluye en reconciliación y paz.[1]

I. BAJO EL PELIGRO DE LAS SIRENAS

El canto de las sirenas, las mujeres-ave según la tradición griega, atrae hacia la muerte. Vermeule ha llegado incluso a afirmar que las sirenas suceden a las nereidas como afligidas deidades que entonan cantos fúnebres.[2] Su voz se asocia con el encantamiento y con la pérdida de uno mismo debido a la música que, con diestra habilidad, interpretan. En la iconografía las sirenas aparecerán muchas veces representadas en un estado de ensimismamiento, mirándose en el espejo, y otras, como en un lécito ático del siglo V, tocando la lira e, incluso, un aulós. Así también aparecen descritas en las *Argonáuticas órficas*.[3] Las sirenas pasaron a ser, con el tiempo, las musas de los infiernos, profesionales del lamento fúnebre, por tener una actitud más controlada y, al mismo tiempo, seductora y peligrosa, que la de las nereidas. Del peligro de su poderoso (en)canto habla Platón en el

1. Trías, 2019: 356.
2. Vermeule, 1984: 330-331.
3. *Argonáuticas órficas*, trad. de Sánchez Ortiz de Landaluce, 2005: 178-179.

Banquete, cuando se compara a Sócrates, por su elocuencia, con las sirenas;[1] en el *Fedro*, cuando Sócrates asocia a las cigarras con sirenas,[2] y, finalmente, en el *Crátilo*, donde las mismas sirenas están hechizadas por los relatos que cuenta Hades.[3] Circe advierte a Odiseo en el canto XII del poema homérico: quien escucha su voz nunca regresa. Con sus cantos, atraen y atan a un destino aciago a los desgraciados que, sin poder librarse de ese hechizo, acaban convertidos en cuerpos marchitos y huesos en la playa. Por eso le recomienda que, para contrarrestar este efecto que *desliga* de la vida, se ate a un mástil, de tal forma que no renuncie al placer de escucharlas, pero tampoco pierda el sentido y se arroje a las aguas.[4] Incluso en el día más soleado puede encontrarse, a través de ellas, la muerte. Las sirenas comienzan su canto: «nadie en su negro bajel pasa aquí sin que atienda / a esta voz que en dulzores de miel de los labios nos fluye».[5] Y así, atado, las escucha sin sufrir daño alguno.

Quien también se encaró exitosamente a las sirenas, bajo la sombra del mismo peligro, fue, según Apolonio de Rodas, Orfeo, quien, en la expedición de los argonautas, contrarrestó su funesta canción con su melodioso canto. La vibrante música de Orfeo anula la fascinación que ejercen las sirenas. Un combate, por tanto, entre un canto de treno, incluso acompañado de aulós, y el canto ordenado que imprime el sonido de la lira. Vence la lira, vence la vida, vence la mesura de la cuerda a la desmesura del viento. «La lira derrotó a la voz de

---

1. *Banquete*, 216a; Platón, 2000c: 270.
2. *Fedro*, 259a; Platón, 2000c: 367.
3. *Crátilo*, 403e; Platón, 2000b: 394.
4. *Od.* 12. 37-72; Homero, 2000: 190-191.
5. *Od.* 12. 186-187; Homero, 2000: 194-195.

las doncellas».[1] Durante todo el viaje, Orfeo, hijo de la musa Calíope y el rey tracio Eagro, brinda orden y alegría. Las sirenas nada pueden hacer frente a quien proporciona una melodía que rescata del ensimismamiento más peligroso. Se podría decir que se enfrentan dos músicas, una mortífera y otra apolínea, una desmesurada y otra que apunta al orden y la medida. Sin embargo, si por algo es conocido Orfeo no es tanto por neutralizar a las sirenas, sino por aunar como pocos mitos música, amor y muerte. Por amor desciende Orfeo al Hades en busca de Eurídice, fallecida a causa de la mordedura de una serpiente. Nos cuentan Virgilio y Ovidio, cada uno a su modo, los detalles de esta trágica historia. El poeta atraviesa el Aqueronte, el Cocito y la Estige y toda sombra queda cautivada por el arte de su lira. Todo lo hace para llegar hasta ella. Hechiza con su canto a las deidades infernales para que se la devuelvan. Y así les canta que la necesita de vuelta debido a la fuerza de su «amor»: «Hubiera querido poder soportarlo y no negaré que lo he intentado; ha vencido el Amor [*vicit Amor*]». En caso de no poder recuperarla, continúa el poeta: «si los hados me niegan la gracia por mi esposa, tengo decidido renunciar al regreso; regocijaos con la muerte de los dos».[2] La petición es concedida: podrá sacarla de los infiernos con la condición de no mirarla hasta atravesar la salida. Y, en el último momento, cuando apenas un esfuerzo queda para salir del Hades con su amada, desoye la prohibición de los dioses y mira hacia atrás. La pierde, por segunda vez, para siempre.[3]

---

1. *Arg.* IV. 909-910; Apolonio de Rodas, 2022: 207.
2. *Met.* X. 25-39; Ovidio, 2019: 176-177.
3. *Geor.* IV. 453-506; Cfr. Virgilio, 2018: 178; *Met.* X. 55; Ovidio, 2020: 178.

Mucho se ha especulado sobre el motivo por el que se giró, muchas han sido las historias que se han contado desde ese momento: por temor a que desfalleciera por el largo camino y no lo acompañara, por el ansia de contemplarla, por un amor que no supo esperar, por un amor impaciente, por un amor desconfiado, por el error o por capricho... Pero lo que sí sabemos es que la vida de Orfeo nunca fue la misma. Tras perderla «permaneció sentado en la ribera, descuidado y sucio, sin probar el don de Ceres; el tormento y la pena de su alma y sus lágrimas fueron su alimento».[1] Se cuenta que ningún nuevo amor pudo tener y un día, llorando aún a su amada, las bacantes, que se sentían despreciadas por su indiferencia, lo descuartizaron y que incluso, arrastrada por las aguas, su cabeza repetía todavía un nombre obsesivamente, tanto que nada podría callarlo: «Eurídice».[2] Otras versiones ofrecen a un Orfeo que, renunciando a las mujeres, se abandonaba a los placeres efébicos. Cesare Pavese imaginó, en *Diálogos con Leucó*, un diálogo entre el poeta y una bacante. El motivo por el que se giró fue la conciencia de que, pasara lo que pasara, volvería a perderla, que ese era su sino. La bacante no da crédito y así le responde: «Antaño no eras así. No hablabas de la nada».[3] Quizá aquí tengamos un hilo del que tirar: Orfeo no sólo vio la nada, sino que la sintió dentro de sí mismo con la primera muerte: «no puede soportarlo», confiesa el poeta a los dioses, «vence el amor». ¿Pero fue amor, el mismo que el poeta invoca por lo que bajó a por ella? ¿O fue por él mismo y su vacío?

---

1. *Met.* X. 74-77; Ovidio, 2020: 179.
2. *Geor.* IV. 520-528; Cfr. Virgilio, 2018: 179.
3. Pavese, 2019: 102.

La historia de Orfeo puede ser leída de otro modo: no desde el amor (*eros*) sino desde la añoranza (*póthos*). Como el torcecuello (gr. *iynx*) asociado por Esquilo a la añoranza, Orfeo se vuelve por este doloroso sentimiento. Recordemos que la lloró «incansablemente» al perderla la primera vez y amenaza con morir él mismo si los dioses no acceden a sus plegarias. Quiere la muerte porque el vacío sin ella es demasiado doloroso. Canta a Eurídice con su lira, día y noche, hasta que decide penetrar en las fauces de la tierra. La causa ya estaba perdida desde el momento en el que decide bajar a buscarla, en lugar de vivir su vida encontrándola de otro modo. No quiso soltarla la primera vez (y por eso la perdió la segunda) ni tampoco la segunda: la sujeta, no la suelta, quiere agarrarla: «alejándose como el humo se une a las brisas sutiles, y no lo vio más, mientras él agarraba en vano las sombras y quería decirle muchas cosas».[1] Quiere recuperar «lo perdido» y por ello baja a los infiernos a por ella, pero este intento está, como decía, desde el comienzo condenado al fracaso. Por no hacer el duelo desde el amor y dejarla ir en su momento, la pierde una segunda vez al tratar de sujetarla, y ese gesto se representa a partir de una pérdida causada por mirar hacia atrás.

Mirar hacia atrás es justamente lo que hace Orfeo en lugar de mirar hacia delante: con la primera muerte sólo quiere recuperarla y pone todo su empeño y su ánimo en ello, por lo que no consigue avanzar con su vida; con la segunda pérdida, todo es llanto, está desligado completamente del mundo de los vivos, tanto como lo está de sí mismo. Por eso el mito hablaría, según esta lectura, precisamente de cómo quien no sabe soltar pierde

1. *Geor.* IV. 453-506; Cfr. Virgilio, 2018: 178.

doblemente y por dos veces: al ser amado y a sí mismo. Durante siete meses, cuenta Virgilio, no deja de llorar y contar su historia, y cada noche de esos meses llora y repite su «melancólica canción y llena de tristes lamentos todo el lugar».[1] Vive y vibra en re menor, el mismo tono que su amada Eurídice, el mismo tono del mundo de los muertos, el mismo tono que el del holandés en la ópera de Wagner, *El holandés errante* (1843). En realidad, aunque salió físicamente del Hades, lo llevaba dentro consigo aun antes de bajar a él: el infierno como vacío y noche. Orfeo está ensimismado en su dolor, de ahí que más adelante aparezca relacionado con la figura del espejo, al igual que Narciso, como puede verse en una de las películas de la trilogía órfica de Cocteau: *Orfeo* (1950). En la historia de Cocteau, Orfeo está enamorado de la Muerte y Eurídice vuelve con él a condición de que, en la vida rutinaria, Orfeo no la mire jamás. En el día a día, la presencia constante de Eurídice, a la que puede sentir pero no mirar, se le hace insoportable. No podrá, se llega a afirmar en la película, ver cómo envejece, aunque sí pueda mirar fotografías. Orfeo no puede vivir así. No se puede vivir así: con la carencia y la imposibilidad siempre presente de volver a estar juntos como antes. Recordemos que *pothos* se entiende como un sentimiento intenso y doloroso de nostalgia por alguien que no está, bien porque se ha ido, bien porque ha muerto. Puede matar y –esto es importante– arruinar toda imagen construida desde el amor. Puede convertir al vivo en un muerto viviente. Póthos bloquea el sueño, como le sucedía a Aquiles, que o no puede dormir o sólo sueña con Patroclo, y es capaz, como dice Arquíloco, de dominar el alma. Pero, a diferencia del amor, que

---

1. *Geor.* IV. 507; Virgilio, 2018: 178-179.

lleva al sentimiento de unidad, el *póthos* siempre va aparejado al desgajamiento.

Y esta es la historia: aunque antes de la muerte de su esposa Orfeo venciera a las sirenas, con el fallecimiento de su amada, su canto adoptó el tono menor del que ya no supo salir. Vivir y seguir adelante necesita el tono mayor, como el del final del *Réquiem* de Mozart, pero él continuó vibrando en el tono de la muerte. «Ningún amor, ningún himeneo cambió su alma»;[1] es decir, nada consiguió calmar su tono. No se volvió a mirar a Eurídice, por tanto, por desconfianza o deseo, sino por *póthos*, por la insoportable ausencia, por echar de menos, por no querer soltar, por llenarse él mismo de vacío y de nada, por no poder entonar un canto en tono mayor que le sacara a él mismo del infierno del dolor. Esta idea apunta a que la perdió antes de girarse: cuando no supo despedirse de ella desde el amor y quiso atraparla, movido por la añoranza. ¿Qué funerales le rindió en la primera muerte? ¿Y en la segunda? ¿Hubo ritos que le permitieran despedirse y hacer un tránsito?

La historia de Orfeo contiene una importante enseñanza: que no puede tenerse de nuevo lo que ya se ha perdido, no del mismo modo, no como si nada hubiera pasado. Por ello, ser despedazado por las bacantes es la representación física de lo que ya le sucede anímicamente: Orfeo estaba desligado ya de los vivos y de sí mismo incluso estando vivo. Ahora bien, amar a Eurídice significa cuidar el vínculo que tiene con ella y, por tanto, dejarla ir para conservar, después del duelo, lo mejor de ella, de la ganancia. No puede atraparla cuando ha devenido humo. Pero el hecho mismo de ir en su búsqueda implica que se mueve por la añoranza, no por

1. *Geor.* IV. 507; Virgilio, 2018: 179.

el amor de honrar su recuerdo. No se debiera olvidar que lo perdido, si llega a recuperarse, nunca se recupera del mismo modo. Quizá este cambio de su melodía sea el motivo por el cual los labios de su cabeza, arrastrada por la corriente del río Hebros y por las olas hasta Lesbos, siguieran murmurando el nombre de Eurídice y arrastrando con su canto a aquel que lo escuchaba: «"Eurídice", repetían las riberas a lo largo de todo el río».[1] Orfeo ya no formaba parte del mundo de los vivos. Y por eso su música era incluso peligrosa para él mismo o, como diría Alcmán, era una voz «con dientes de tiburón»[2] porque, como la magia, la música y la poesía hechizan y pueden llevar al averno en lugar de ayudar a salir de él. El poeta, incluso, emplea los mismos recursos poéticos que el hechicero: es la magia poética que puede sanar o arrojar a lo más profundo del abismo. El poeta puede, incluso, convocar a los muertos a través de secuencias de invocaciones dispuestas con ritmos y rimas fúnebres.[3] Orfeo no invoca a Eurídice al mundo de los vivos, sino que él mismo se desplaza al de los muertos porque ya está en él. Ante un nuevo combate con las sirenas, no hubiera salido victorioso, sino, más bien, les habría hecho los coros en tonalidad menor. La lira que anteriormente había permitido a Orfeo ubicarse en la consonancia armónica de un Apolo que ofrece apoyo y reconduce lo desmedido para que el dolor tome vuelo, sería tañida ahora con un tono de aulós que no permite subir, sino que lleva a lo profundo de sus aguas. No se trataría sólo de un combate entre la lira y la flauta: también la cuerda puede convertirse en

1. *Geor.* IV. 507; Virgilio, 2018: 179.
2. Cfr. Vermeule, 1984: 318.
3. Cfr. Romilly, 2019.

una soga. La propia Safo, conocida por el tratamiento del amor en sus poemas, hablará de un anhelo ante el abandono, no necesariamente ante la muerte, que la lleva a desear su propio fin.[1]

En *Sobre la música*, Arístides Quintiliano ofrece un análisis de corte platónico-pitagórico de la misma. Sostiene que la música tiene como objeto el alma, de tal modo que «ordena el alma con las bellezas de la armonía a través de los ritmos convenientes».[2] La música afecta al carácter, en particular a través de una repetición (gr. *petteía*) que marca su rumbo: «la música es rectora, modela los caracteres por medio de armonías y hace más melodioso el cuerpo mediante los ritmos».[3] De ahí el peso que ya Platón le había dado a la música en la educación: influye en el alma, enseña a sentir, enseña a reconocer lo sentido y ayuda a reconducirlo. La música, prosigue Arístides, debe ayudar al alma, no generando un movimiento circular que, aunque preciado en otros ámbitos, en el anímico genera peligrosos efectos: «en el alma lo recto y sin inclinación es lo bueno, pues es superior en igualdad e identidad, mientras que lo circular es inferior, dando a entender con la curvatura de la línea la variabilidad de la parte pasional del alma, en tanto que esta línea en sí misma expresa a la vez concavidad y convexidad».[4] Desde el psicoanálisis freudiano podríamos hablar de los efectos de la repetición (al. *Wiederholung*) cuando, en *Más allá del principio del placer* (1920), texto en el que introduce la pulsión de muerte, indica que en la vida anímica existe una

1. Luque, 2021: 57.
2. *Sobr. mús.* I. 1; Arístides Quintiliano, 1996: 37.
3. *Sobr. mús.* II. 3; Arístides Quintiliano, 1996: 116.
4. *Sobr. mús.* III. 24; Arístides Quintiliano, 1996: 217.

compulsión a repetir para generar un patrón de control de una situación ante momentos de dolor, pero que, lejos de llevar a una satisfacción, apunta «más allá del principio del placer».[1] En momentos de tristeza, el ser humano tiende a aquello que, de alguna manera, concierta con lo que siente, y para salir de ello necesita algo que opere un cambio en su sentimiento.

Platón, que apuesta por la línea recta, señalará en la *República*, justo antes de hablar de los médicos, que sólo serán admitidos en la ciudad ideal los ritmos propios de un «vivir ordenado», lo que implica rechazar a los auletas y a todo aquel que fomente la tristeza y los sentimientos desmedidos. Apartándonos de esta propuesta, la función de los cantos, sin embargo, no debería ir asociada a generar un movimiento recto en el alma doliente, como si, al estar recogida y encogida por la pérdida, se le impusiera salir ya de ese estado, enderezándolo con ritmos *rectos*. Pero tampoco debe ser circular la forma del movimiento, porque la hunde en el fondo y no la ayuda a superar ese estado. La forma del movimiento que debe proporcionar la comunidad sería la de una espiral que vaya hacia lo profundo para que, acompasándose con el dolor de los allegados, permita coralmente abrazarlos y recogerlos, darles un espacio de cobijo, una caja, un cuenco, un manto, para después proporcionar un camino hacia arriba, como el de Dante, que, al elevarlos, les permita salir del ensimismamiento del dolor y los conduzca a un estado que consuele, que ni lo niegue ni se regocije en él.

Los cantos funerarios entonados por la comunidad generaban un espacio sonoro compartido en el que los integrantes podían vibrar en el mismo tono y sentirse

1. Freud, 2020b: 26.

dentro de una misma melodía. De este modo, se proporcionaba un abrigo para los dolientes. Si el alma tiene una armonía y por ello se siente partícipe de una comunidad cuando está en consonancia con ella, en el duelo se trata de que la comunidad vibre con el doliente, lo acoja y lo ayude a salir de su estado de tono «menor», no forzándolo a salir, sino acompañándolo en la subida. Este es el poder de la música para Aristóteles: no causa una mímesis del sentimiento, sino que lleva literalmente a experimentar el sentimiento que se quiere transmitir a través de ella. Ese es su don, por el cual puede recoger a los dolientes, abrigarlos y conducirlos o bien a una salida del dolor, al proporcionarles una medida que es, en realidad, una barandilla que les permite un cambio de su estado, o bien a acentuar el sufrimiento hasta que, en la desmesura, tocan fondo, que es lo que harían las sirenas: su dulce canto hechiza a los hombres para después conducirlos a una profundidad de la que no hay escape.

Si Platón en la *República*, como Aristóteles en la *Política* o Longino en *De lo sublime*, habían advertido del aulós, seguramente fuera por la tonalidad. Frente al aulós, la lira, en cambio, al ser el instrumento del orden y la medida, introducía al alma desmesurada en una medida y así la «curaba». Donde la muerte desconcierta, la comunidad debe generar un coro que concierte a todos sus integrantes para superar un momento de crisis. Este es, pues, uno de los elementos clave a la hora de entender los ritos funerarios comunitarios: más allá de la música, se trata de recuperar a los dolientes y darles el tiempo y los pasos necesarios para aplacar lo peor del *póthos*.

La música fúnebre, como aquella que se empleaba en la Antigüedad para estas ocasiones, marca un camino de tonalidad menor que, en sincronía con el estado anímico de los dolientes, envuelve y *encanta* a quien la escucha. A través de esta música, los dolientes, la comunidad y el difunto vibran en el mismo tono y están en sincronía. De ese modo, arrastrados por este sonido, los afectados por la pérdida pueden hallar en el recorrido de la melodía un cuenco en el que depositar su dolor, pero, para no caer en lo profundo del abismo, este recorrido debe tener una salida musicalmente hablando. En este sentido, el *Réquiem* de Mozart acaba, como ya se ha hecho alusión, con un re mayor, es decir, con un cambio de tono que apunta a la vida e introduce la luz, como sucede en la *Nänie* de Brahms. La música consigue armonizar el alma con un estado anímico. Aunque, en un primer momento, capta la atención de los supervivientes porque este canto vibra con los mismos tonos tristes de los dolientes, después opera un cambio en aquellos que la escuchan porque reconduce sus estados anímicos y los lleva a otro lugar. Debe introducirse, una modificación en estos ritmos que produzca un cambio en quien la escuche.

En el caso de Orfeo, este quedaría inmerso en la repetición circular de un «Eurídice, Eurídice», como leemos en Virgilio. No sale del bucle que le hunde cada vez más en el abismo y le separa (gr. *apallássō*) del mundo de los vivos. La muerte es distancia sin posibilidad de reencuentro. Orfeo apresa la nada y la pérdida, y las lleva dentro. Esta sería, para Kristeva, la «cripta de la conciencia», es decir, un lugar que recoge lo peor de la muerte y donde no es que el mundo sea más pequeño, peor, más inhóspito, sino que el yo, al llenarse de nada, se descompone. El canto del hombre, escribe Rilke en sus *Sonetos a Orfeo*, no debe ser anhelo, sino existencia.[1] Orfeo aquí, más allá del inspirador referente que dará lugar a toda una co-

1. Rilke, 2018: 37.

rriente mistérica y de salvación o de la imagen que lo asociará, con el tiempo, a Cristo es, con Eurídice, nada más
y nada menos que un hombre.

Póthos es, por tanto, lo que mueve a Orfeo, y *póthos*
es, entre otras cosas, desesperación. Quizá por ello,
Pina Bausch, en su versión de 1975 de la ópera de Gluck
Orfeo y Eurídice (1762) modifica el final feliz que le dio
Gluck, con el fin de mostrar a un Orfeo que no es un
dios, sino sólo un hombre, un hombre que duda, que
teme, que se mueve por el miedo a volver a perder y
que, ante la pérdida, sólo puede desesperar. No hay
aquí, como sucedía en Gluck, una irrupción del dios del
amor, que en el momento en el que Orfeo decide suici-
darse, se apiade, lo detenga y resucite a Eurídice. Y esta
es la ironía: que quizá Orfeo no pudo retener a Eurídice
porque se equivocó de dios a la hora de implorar, porque quien tenía la posibilidad de hacer vivir a su amada
no era la muerte, que ni siquiera es un dios en el mundo
antiguo, sin casi entidad, ni Hades o Perséfone, sino
Eros. Quizá sea el amor quien ofrezca ante la muerte
una forma de mantener en vida no al difunto, sino lo
mejor que tuvimos de él, sin dejarnos llevar por *póthos*.
Recordemos que *Póthos* es aquel que suelta los miembros. Donde Eros generaba unión, él desmembrará el
alma. Los muertos en el mundo griego son los «*kar-
móntes*» o los «*kekmēkótes*», es decir, los exhaustos,
los vaciados, los descompuestos, los consumidos no por
carencia de acción o elaboración, sino, precisamente, a
causa de la misma. Los dolientes arrastrados por *póthos*
son los descompuestos, los que se sienten vaciados y co-
rren el riesgo de convertir su propia vida en el recipiente
de una nada que los consumirá. La añoranza devora
desde el interior sin que el que la experimenta sea consciente. Y así, pasa el tiempo.

II. QUEDAMOS SUSPENDIDOS

O más bien, quien padece *póthos* queda anclado a un momento de este tiempo: el tiempo del corte, de la separación, del desgarro. Antes de ese estado, muy próximo a la melancolía tal y como la entenderán Freud y Kristeva, quien ha perdido a un ser querido recientemente experimenta una alteración en la percepción del tiempo. No se trata de que el tiempo se haya parado, sino que la temporalidad del que lo experimenta es distinta. Porque se ama a quien ha fallecido, se permanece, sin ser consciente en un primer momento, en la suspensión del vacío que deja su ausencia, abrazados a él, por no soltar lo que sentimos como último hilo. La muerte aquí se asemeja al tiempo del amor, el dios niño, porque el tiempo de la felicidad compartida es también la suspensión de un momento intenso en el que, al mismo tiempo que se percibe que el tiempo pasa rápido, ha sido tan intenso y tan vívido, tal la sensación de plenitud de un momento compartido con aquellos a los que se ama, que parece vivirse con profundidad luminosa la eternidad sin límites dentro de los límites del tiempo. Con la pérdida, el tiempo se suspende y no pasa, apunta a un dolor profundo y a un tiempo que parece subacuático, una cueva, y al mismo tiempo, plano. El adverbio de tiempo que acompaña al momento del amor es normalmente, en la lírica griega, *dēute* (gr. δηὖτε), conformado por la crasis o fusión, como cuenta Carson, de dos términos: *dē*, que significa «en este momento» y *aute*, que lleva aparejada la idea de «de nuevo».[1] Quien se enamora experimenta el tiempo del *dēute*: un momento intenso, único, profundo, que apunta a «otra vez», a un más allá del tiem-

---

1. Carson, 1988: 118.

po presente. Cuando perdemos a alguien muy querido experimentamos la temporalidad del *dēute*: el golpe del instante, nuevo, único, unido a la sensación de «otra vez» relacionada con otras pérdidas, pero que no son comparables. Quien se enamora lo hace siempre como si fuera la primera vez y, del mismo modo, experimentamos cada muerte como una primera vez.

Los días se suceden, efectivamente, pero el re menor que late en el pecho de los dolientes genera otra temporalidad que funciona de forma simultánea al tiempo cronológico que sincroniza acciones, pero no armoniza el sentir ni la vida. La vida sigue, se dice. Pero no es verdad: es el tiempo el que no deja de pasar. En *21 gramos*, el personaje interpretado por Naomi Watts exclama, cuando ha perdido (le han matado) a su marido y a sus dos hijas: «Es mentira. La vida no sigue». Sumergidos en esa temporalidad, la sensación es la de no poder salir del agua: una especie de burbuja temporal en la que, aunque las acciones cotidianas siguen el ritmo del tiempo común, en nuestro interior el movimiento es desacompasado, como en una burbuja en la que hasta el sonido del exterior parece alejado. Es como vivir dentro de una esfera cuyos bordes, borrosos, no percibimos. Anímicamente, sin embargo, todo es lento, pesado, como quien arrastra todo un océano gris en su interior y escucha las voces mitigadas o más lejanas, como sonidos tras una cortina de agua. En re menor, ningún tiempo es, en realidad, aprovechable, como no lo es el tiempo de los muertos con el que se vive en sincronía.

De este fenómeno ha hablado Denise Riley en *El tiempo vivido, sin su fluir*, compuesto con las notas que escribe al fallecer inesperadamente su hijo: «Aparentemente, algo sigue adelante; caminas, duermes un poco, haces lo que puedes para trabajar, envejeces. Pero, en esencia, te has detenido. Estás suspendida en una suspensión cristalina. Tu impresión de tu propia interioridad se ha drenado y ahora eres pura piel estirada sobre el vacío. Permaneces». Lo califica como «estado temporal alterado» o «estado de acronicidad». Señala en él la sensación de haber sido extraída del tiempo habitual.[1] Se trata, pues, de un estado de suspensión en el que se va viviendo y que, como quien anda con el ritmo ralentizado de los difuntos que se impone desde dentro, la cadencia se va normalizando hasta vivir desincronizados, hasta que un día el ritmo cambia y eres consciente de todo lo que ha sucedido, lo que has hecho y lo que has dejado de hacer durante esos años. No has estado viviendo: has estado moviéndote con el tiempo. Volver a la vida es, como sostiene Riley, «un *jet lag* violento que sobreviene a oleadas».[2] Es como sentirse muerta, como si no llegara la sangre, como si no importara. Vacía por la pérdida o incluso llena de su fallecido hijo, a quien lleva siempre consigo, escribe Riley, seis meses después del fallecimiento: «La lógica de la convicción: para "estar a su lado", yo también he muerto», y un poco más adelante: «¿Qué te dejan los muertos? Un anclaje al instante presente en el que ahora estás incesantemente incrustada».[3] Sergio del Molino en *La hora violeta*, que escribe para hablar de Pablo, su hijo fallecido de leucemia cuando no tenía ni dos años, hablará de un tiempo de «espera» del que quiere salir, que llama «la hora violeta», como una zona de tránsito en la que está preso o «suspendido» y que implicaría volver a la vida.[4]

1. Riley, 2020: 59, 52 y 23.
2. Riley, 2020: 26.
3. Riley, 2020: 30, 32.
4. Del Molino, 2021: 185-186.

En su libro, Del Molino cita *Mortal y rosa*, de Umbral, quien también perdió a su hijo. A él, a su hijo, va dirigida su escritura, que incide en cómo el fallecimiento de personas muy queridas se lleva una parte de los dolientes, una muerte «en común»: «Te escribo, hijo, desde otra muerte que no es la tuya. Desde mi muerte».[1]

Sentimos que, efectivamente, han podido pasar meses o incluso años, pero al mismo tiempo se tiene la sensación de que fue ayer. Y dos años y medio después, la sensación en Riley persiste: «os atan a ti y al muerto en una experiencia conjunta».[2] Desatados, pues, de la vida, nos atamos al ser que se ha ido, que ya no está, bajo el precio de desligarnos de quienes siguen vivos. Se vive, así, una existencia en la que no se está ni vivo ni muerto: la vida no se experimenta de forma especialmente intensa y parece que nada nos llega. Al mismo tiempo, todo lo que tiene que ver con nuestra pérdida se percibe con dolor y honda tristeza. Lo interesante de las reflexiones que comparte Riley es la relación que ella misma establece entre este estado temporal, el sonido y el ritmo: «si el sonido es capaz de agarrarte y sostenerte», el corte en su secuencia «podría acarrear un cambio en tu ser». De ese modo, «te eriges y te sostienes sobre la secuencia del ritmo».[3] La poesía, con sus ritmos y rimas, ayuda a agavillar el tiempo, religarlo, según Riley, o, según nuestro análisis, a cambiarle el tono. No habrá retorno ni podrá recuperarse a Eurídice, pero sí será posible volver a vibrar en el tono de los vivos. Y así, con poesía, concluye Riley su libro:

1. Del Molino, 2021: 181; Umbral, 2022: 245.
2. Riley, 2020: 42.
3. Riley, 2020: 63-64.

Mis hermanas y mi madre
lloran lágrimas negras por mí,
a la deriva como pavesas
bajo mares del sur añil.[1]

El estado en re menor sostenido de forma continuada en el tiempo puede identificarse con lo que Kristeva entiende por melancolía, que consiste en no soltar al ser querido (o al objeto perdido) y llenarse, así, de vacío y de pérdida: «porque lo amo para no perderlo, lo instalo en mí».[2] De este modo, como dijera Freud, no es sólo el mundo el que parece peor, más pequeño, distinto, sino el propio yo.[3] El melancólico no es sólo aquel que ha perdido a un ser querido y no ha podido modificar su posición libidinal con respecto a él, porque lo apresa o lo devora, sino aquel que, al mismo tiempo, se pierde a sí mismo: la libido se desplaza, en realidad, hacia el propio yo, al identificarse con el objeto perdido. Y este movimiento absorbe al yo desde dentro. El resultado de esta interiorización o inscripción intrapsíquica supone la generación de una «cripta» que apresa el afecto: «Decir que la razón de mi tristeza no es tanto esta ciudad, esta mamá o este amante que me faltan aquí y ahora, sino más bien la representación incierta que guardo de ellos y que orquesto en la habitación convertida en consecuencia en mi tumba, sitúa de entrada mi malestar en lo imaginario».[4] Ciertamente, el objeto perdido, como indican Freud y Kristeva, se retiene porque no se asume su falta o carencia, que se convierte en el foco que ali-

1. Riley, 2020: 89.
2. Kristeva, 2017: 25.
3. Cfr. Freud, 2020: 243-245; Kristeva, 2017: 19-25.
4. Kristeva, 2017: 79.

menta el lugar que el otro dejó en nosotros. De lo que se trata no es tanto de desplazar la libido a otro objeto de amor, sino de reestructurar la relación con lo perdido, para convertirlo en sí mismo en otro objeto: ya no es la persona que amamos, pero sí es la ganancia y las aportaciones que nos dejó. Ese espacio negro que tapiamos para que el difunto no se vaya y que nos mantiene en el re menor se convierte, entonces, en el espacio aireado de un hueco que el otro nos deja, pero por el que no nos deslizamos hacia el Hades. En este trabajo de duelo, los otros se convierten en la mano que nos permite tejer otras líneas de afecto. Así, antes de convertirse al cristianismo y poder consolarse con Dios, Agustín de Hipona, cuando explica cómo va saliendo de la tristeza que lo asola por el fallecimiento de su amigo, menciona, precisamente, los afectos de los demás, «que amaban lo que yo amaba».[1]

Casi contemporáneo de *Duelo y melancolía*, publicado en 1917 pero escrito en 1915, es un breve texto de Freud sobre la belleza llamado «La transitoriedad» (al. *Vergänglichkeit*), que está inspirado en la conversación que mantuvo con dos amigos melancólicos, uno de ellos, un poeta que parece haber inspirado también *Duelo y melancolía*. Pareciera que estuvieran discutiendo los versos de *Nänie*, de Schiller, pues se preguntan si el objeto bello se encuentra ligado a lo perecedero y al duelo. Para el poeta, toda belleza, incluida la del arte, está condenada a desaparecer y, por tanto, queda desvalorizada. Para Freud, en cambio, el valor de lo bello estriba en su significación para nuestra vida, más allá de que vaya a desaparecer o no.[2]

1. Hipona, 1973: 78.
2. Freud, 2020: 310.

Quizá esa sea la manera de encarar la pérdida: no desde lo que nos falta, sino desde lo que significaron nuestros allegados para nosotros. Es parte de nuestra naturaleza el perecer, pero lo significativo lo sigue siendo aun en la pérdida. Si la muerte separa a los seres vivos de su comunidad, esta separación pone de relevancia por un lado el peso del otro en nosotros y, por otro, que los integrantes de una comunidad permanecen socialmente unidos, de modo que, aunque haya una pérdida que separa, al mismo tiempo existe una vinculación que se mantiene en la muerte.

III. HASTA EL DESPERTAR

Cuando Debussy se pone en contacto con Victor Segalen tras la lectura de su pequeña obra *En un mundo sonoro* (1907), lo hace para proponerle escribir el libreto para una nueva versión de Orfeo. La idea nace, precisamente, de la ficción creada por Segalen, en la que aparece el poeta tracio en una historia en la que un hombre, en principio trastornado, construye en su casa una habitación cerrada en la que una extraña disposición de objetos genera resonancias y reverberaciones para erigir un refugio sonoro. En el curso de la historia, el personaje principal retoma el mito de Orfeo para indicar que, si el poeta se volvió para mirar a Eurídice, fue por una disonancia entre ambos. Cantó, y donde antes había emoción conjunta y armonía, el poeta sintió desarmonía, y huyó.[1] Según esta lectura, Orfeo tendría el tono de los vivos, no el de los muertos, y de ahí, quizá, el horror al ser consciente de esa desincronización. La música es un

1. Segalen, 2018: 38-39.

discurso sonoro. En realidad, todo discurso tiene una sonoridad que configura mundos y brinda espacios, con ritmos y tempos.

En las exequias, la música era un componente fundamental, no un mero acompañante de una totalidad organizada para el proceso de transición en un momento de duelo. Rodeaba a la comunidad, ayudaba a guiarla y la atravesaba al mismo tiempo con sus tiempos y ritmos, para operar un cambio en quien realizaba todos los actos relacionados con las exequias. Se trataba de generar el espacio necesario –y el tiempo– para no saltar directa y abruptamente de un mundo con nuestros seres queridos a un mundo sin ellos. Como sostiene Nikolaus Harnoncourt, el hecho de que nuestra comprensión actual de la música la haya convertido en un ornamento no significa que siempre haya sido así: la música no era un mero refuerzo o profundización de la expresión hablada, sino que tenía y tiene su propio lenguaje, que transforma, produce alteraciones corporales –sensaciones, agitaciones–, así como espirituales.[1] En los momentos de duelo debe lograrse que la comunidad genere un espacio que permita a los dolientes sentirse refugiados, amparados, comprendidos, al mismo tiempo que se produce una sincronización con ellos a través de la cual puedan salir del dolor más profundo, impactante e inicial de la pérdida. Para ello, la música, como representación de las acciones realizadas por la comunidad, acompaña ritos que son necesarios para despedirse del finado sin huir de él. Así lo expresa Naja Marie Aidt: «La pérdida es / Comunidad».[2]

¿Qué significa tal cosa? Un miembro de la comunidad y una parte de nosotros no agotan la respuesta.

1. Harnoncourt, 2006: 22.
2. Aidt, 2021: 37.

Aunque el acto de fallecer pueda durar un instante, no sucede así con los que quedan tras la pérdida. Necesitan tiempo y herramientas, ritos y rituales que los ayuden en el cambio de estado. La pérdida necesita del abrigo de la comunidad a través de rituales compartidos en los que, en primer lugar, podamos aprender a experimentar el dolor sin negarlo o evitarlo y, en segundo lugar, podamos hacer el tránsito de la que fue una vida (la del difunto, la nuestra) a otra, no trascendente, sino que puede ser entendida como el estado de cosas que, con la muerte, ya no podrán volver a ser las mismas. No hay retorno. Por eso, aunque cada persona debe elaborar por sí misma su duelo, no por ello debe hacerlo sola. En este sentido, la comunidad le proporciona el espacio para darse tiempo, para reconfigurar la vida, para hacerse a la idea, de modo que, aunque el sentimiento de soledad sea inevitable, no se esté solo y a la intemperie, sino abrigado en un lugar en el que pueda volver a tejer los hilos de su cotidianidad.

En su estudio sobre la antropología aplicada a la religión, Clifford Geertz ha señalado el peso que tienen los ritos para reforzar los vínculos sociales. Estos ritos no son aquellos de los que los miembros de una comunidad son espectadores, sino que participan en ellos. Cuando estudia los cánticos que los navajos emplean para paliar la enfermedad, aprecia que hay tres actores: el «cantor» o «sanador», el «paciente» y un coro «antifonal» conformado por sus familiares y amigos. Después pasa a tratar de entender el papel del rito del cántico: «Claramente, el simbolismo del cántico se concentra en el problema del sufrimiento humano e intenta afrontarlo colocándolo en un contexto con sentido, suministrando un modo de acción por la cual el sufrimiento pueda ser expresado y al ser expresado, comprendido y al ser comprendido, soportado. El efecto reconfortante del canto [...] estriba en última instancia en poder dar a la persona enferma un vocabulario que le permita comprender la naturaleza de su mal y referirla a un mundo más amplio [...] el cántico tiene principalmente la finalidad de dar una imagen específica y concreta del verdadero sufrimiento humano, imagen lo bastante vigorosa para resistir la falta de sentido en la existencia de intensos dolores que no pueden acallarse».[1] Los cánticos sanadores de estos ritos, como los funerarios, forman parte de un complejo sistema de símbolos a través de los cuales se ofrece una formulación tangible por la que la comunidad ayuda a los dolientes a pasar por una experiencia vital que se presenta como invivible, insufrible, incomprensible y devastadora: «Como problema religioso, el problema del sufrimiento paradójicamente no es el de evitar el sufrimiento sino el de cómo sufrir, de cómo hacer de un dolor físico, una pérdida personal, de una derrota o de la impotente contemplación de la agonía de otra persona algo tolerable, soportable, algo, como solemos decir, sufrible».[2]

Los ritos funerarios suelen asociarse a creencias religiosas en el más allá, pero al margen de la fe, la pregunta que debemos plantearnos es qué hacen estos ritos con nosotros en el proceso mismo de seguirlos. No se trata del objetivo que quiere alcanzarse (que el alma del difunto se convierta en una divinidad protectora, ayudar a que el ser querido vaya a un lugar mejor), sino de lo que sucede con los dolientes, más allá de observar, cuando participan en el mismo. En el rito se provocan estados anímicos y formas de estar que convierten una

1. Geertz, 2011: 101.
2. Geertz, 2011: 100.

experiencia singular en parte de un discurso compartido soportable. Por eso, lo importante del rito no es el
acto en sí, sino sus efectos fuera de los límites del mismo. Permite cerrar una etapa y ayuda en los primeros
pasos del inicio de otra. Como señala Ochs en el caso de
los funerales romanos, la clave es su carácter performativo: nos hace algo, nos transforma o, como señala
Geertz, si «un hombre ha quedado cambiado [...] no ha
fallado la experiencia ritual».[1] El rito consiste en un esquema de significación y en una forma de interacción
social que cambia «retóricamente» a quien participa de
ellos. Las acciones simbólicas en los rituales funerarios,
como en el mundo antiguo, están realmente dirigidas
no sólo hacia el pasado en relación con la posición del
difunto, sino a recomponer el presente para construir
un futuro a través de la reestructuración de las relaciones.[2] Cada persona no es solamente un individuo singular, sino también un nudo de enlace de las relaciones
comunitarias herido por el fallecimiento. Si los deudos
no se recuperan, los lazos a nivel comunitario se ven
afectados, como un padecimiento que, al no ser tratado
en su momento, altera la totalidad de la que forma parte. El funeral tiene, por tanto, como función, restablecer
y calmar a la comunidad a través de las acciones inclui-
das en él.

Este es uno de los otros puntos en los que falla el
análisis de Heidegger porque, con los funerales, no se
trata únicamente de «cuidar al difunto» o «de sí mismo» sino de acompañar a la familia. La nada es no tener quien te abrace en esos momentos, quien te acompañe o un hombro en el que llorar. ¿Acaso no somos,

1. Geertz, 2011: 115.
2. Ochs, 1993: 30.

según el propio Heidegger, seres que se caracterizan por «ser con», entendido como un «ser uno con otro en el mismo mundo»? Sólo que, para Heidegger, ese «ser con» «en el mismo mundo» se refiere únicamente al fallecido que «ya no está más en el mundo». Los ritos, por todo lo dicho, aúnan tres objetivos: despedir al ser querido, comenzar el proceso de transición a «otra disposición de mundo» y, con este fin, acoger y recoger a los dolientes para reconducirlos al tono de la vida.

En el caso concreto de los funerales javaneses, el antropólogo describe cómo todo el proceso, que dura tres años, va encaminado a que los supervivientes vivan el dolor sin grandes perturbaciones. Por eso, desde el comienzo, todos los intercambios sociales están basados en la serenidad: «en el caso del deudo, los ritos funerarios y posteriores al funeral producen un sentimiento de *iklas*, una especie de deliberada falta de afectividad, un estado desapegado y sereno; para el grupo de vecinos, producen *rukun*, "armonía comunal"».[1] Desde nuestra perspectiva, metafóricamente podríamos decir que tratan de conducir al deudo fuera del re menor para que se imponga el ritmo de los vivos en la comunidad. No se deja a la familia sola, ni se reduce el contacto social al momento del funeral. Si respecto al difunto el deudo puede experimentar el impulso de seguirle a la tumba, unido a él en el lazo afectivo pese a la muerte, como le sucede a Orfeo, la comunidad ha de alimentar el impulso hacia la vida y la fuerza para la reconstrucción. Donde haya desintegración social y personal, triunfará el impulso de «separación» y la muerte en vida de los deudos.

¿Por qué la pérdida es comunidad? Porque en comunidad se vibra en la misma tonalidad, se acompaña, se

1. Geertz, 2011: 139.

dan las herramientas para rescatar al doliente de un re menor perpetuo. Así como la música marca un recorrido con el que el doliente se siente identificado en su sentir y, al mismo tiempo, sus ritmos le guían para encontrar una salida al dolor, los actos de la comunidad ayudan a los dolientes. En el mundo romano, como vimos, la muerte afectaba a todos los miembros de una familia y por ello la comunidad generaba, para ellos también, un espacio de recogimiento. Quien dice, por tanto, música, dice también palabras y gestos de consuelo, dice también ritos y ritmos, para recuperar la temporalidad sustraída, tiempo para regresar, pausa para hacernos un espacio en el que volver a sentirnos integrados y saber integrar, sin camuflarlo o querer llenarlo, el lugar desocupado, la pérdida. De lo que se trata, por tanto, con el apoyo de la comunidad, es de generar el tiempo necesario dentro de ese estado de acronicidad, con el fin de afrontar la pérdida y retornar al mundo de los vivos. No puede uno enfrentarse a ella solo, sin apoyo de una comunidad que ofrezca un espacio de pausa y, al mismo tiempo, genere el movimiento de salida del re menor.

Quizá por ello, en el Romanticismo, donde se afirma la soledad y el aislamiento del yo frente al mundo, las reflexiones sobre la muerte caerán en la desesperanza de un *póthos* que lleva a la muerte, como es el caso de Novalis. Pero tampoco puede superarse la muerte negándola o escondiéndola, como indica Hegel en la *Fenomenología del espíritu*. La cuestión es qué sucede en nuestro presente: si lo común de la muerte implica que una parte de nosotros queda dañada y necesitamos tiempo y cuidado para recomponer una vida que ya no puede ser la que era, ¿la pérdida se siente como comunidad? ¿Tiene un impacto en lo común no poder salir del re menor? La falta de un duelo tiene repercusiones comunitarias, pero entonces, ¿qué sucede cuando los miembros de una comunidad vibran en re menor y nuestra actual forma de vida les impone la aceleración frenética junto a un forzado modo mayor? ¿Vivimos en armonía o en absoluto desconcierto?

6

Un corte sin tránsito

¿Cómo sería una conversación entre Hegel y la Muerte? ¿Sería parecida a la que mantuvo con Sócrates? ¿De qué hablaría con el filósofo que afirmó que «nada grande se ha hecho sin pasión» cuando nada puede hacer la pasión para parar a la muerte? Si el filósofo ateniense entabló conversación con una representación medieval de la muerte, que es la que inspiró a Bergman para su película, y no con una imagen más acorde con la Antigüedad –como la del joven alado que porta el cadáver de Sarpedón, que aparece en un ánfora ática de figuras negras (500-490 antes de Cristo) o en el lécito de Hypnos y Thánatos (430-400 antes de Cristo)–, ¿qué imagen tendría la muerte en la actualidad? ¿Con cuál hablaría Hegel? Podríamos, ¿por qué no?, hacer conversar a Hegel con la que aparece en la película de Thomas Newman, ¿*Conoces a Joe Black*? (1998). ¿Haría Hegel las veces de un Anthony Hopkins que ha sido elegido por la Muerte por «su sabiduría, competencia, experiencia» y, precisamente, por «su pasión»? «Todo lo que dicen de ti los testimonios», como explica la misma Muerte ante las preguntas de Hopkins. A cambio de que el mortal «se lo enseñe todo», le dará «tiempo». Aquí, la Muerte, como sucedía con Bergman, tampoco sabe nada. En realidad, incluso en esta película, la Muerte carece de imagen. Su primera aparición es una voz sin cuerpo, sin más imagen que el desconcierto del personaje interpretado por Hopkins, que la oye dentro de su cabeza y con su propia voz. Después, la Muerte necesita ocupar el cuerpo de un mortal para poder interactuar con los vivos, pero no un cuerpo cualquiera, sino el de Brad Pitt, con el que seduce a la hija del protagonista. Una versión moderna de la muerte y la doncella, que en Franz Schubert toma el nombre de *Cuarteto para cuerda, n.º 14 en re menor* (1824). Un re menor del que, en la película, la Muerte quiere salir para experimentar los tonos mayores de la vida humana vivida adecuadamente, como parece haber conseguido Hopkins (o Hegel, en nuestro caso).

La imagen o *no-imagen* es acorde con una época, la nuestra, que no representa a la muerte por sí misma, sino que la niega, la escamotea o la esconde, pero esta *invisibilidad* ya es paradójicamente una imagen de ella porque, como sostiene Hegel, cuanto más se esconde, más «espantosa» e «inasumible» se vuelve «para nosotros». Como sucedía con Casio y Bruto en los funerales de Julia, esta ausencia «brilla» y tiene un significado, el que nuestra propia época le asigna.[1]

Habrá que preguntarse qué significa negar la muerte, porque muchos dirán que esta se impone y que somos conscientes de nuestro final. La respuesta tendrá que venir con la imagen concreta y el lugar determinado que le damos en nuestra vida. Así, en el prólogo de la *Fenomenología del espíritu*, Hegel advierte que la muerte entendida como la negatividad más pura «es lo más pavoroso, y mantener aferrado lo muerto es lo que requiere una fuerza suprema»,[2] lo que quiere decir que, al

1. *Anales*, III, 75; Tácito, 2021: 328.
2. Hegel, 2010: 91.

ser considerada como algo completamente ajeno a nuestro vivir y al ser no sólo rechazada, sino apartada, adquiere de pronto más fuerza y poder sobre nosotros. Por eso, hay que asumirla e integrarla (al. *aufgehoben*) en nuestro vivir. La apuesta fuerte de la filosofía hegeliana consiste en la afirmación de que, para nosotros, nada se presenta inmediatamente, sino a través de las mediaciones que van tejiendo los procesos históricos, sociales y culturales o, mejor dicho, lo que se aparece es el mismo proceso a través de distintas figuras que encarnan nuestros conceptos de las cosas. La muerte tiene, en nuestra época, una figura que es reflejo de nuestra mentalidad.

Para Hegel, esta mediación es tan clara que, contra Schelling, quien entiende que hay elementos que escapan a ella, sostiene que aquello que se presenta ante nosotros, el fenómeno (al. *Phänomen*) sólo existe como tal bajo la forma de su aparición, no por sí mismo; es decir, que no hay nada que no sea su fenómeno y, como tal, esta forma sería el producto de procesos históricos y culturales, de ahí que en la *Fenomenología del espíritu*, hable de «figuras» (al. *Gestalten*), que no son otra cosa que modos atravesados de historia y pensamiento, que constituyen tanto nuestra manera de ver como de entender la experiencia que tenemos del mundo. En este sentido, no es que la Muerte sea un joven alado o una figura andrógina con funesta casulla y guadaña en la mano, sino que, a través de esa forma de presentarse (o figura fenoménica), se dice algo del tiempo que la ve así.

Si la Muerte se presenta sólo como una voz en la película de Newman –como sucede también en la película basada en la novela de Markus Zusak y dirigida por Brian Percival, *La ladrona de libros* (2013)–, es porque estamos ante una figura de nuestra época que, a causa de esta ausencia de figura o esta no-imagen, es mucho más misteriosa y terrorífica. Así, la muerte, separada, aislada, entendida como final y como algo que se sitúa frente a cada uno de nosotros (o contra cada uno de nosotros), se presenta como lo más espantoso. La no-imagen es la figura (*Gestalt*) de la muerte generada para nuestra comprensión, como diría Hegel, pero al mismo tiempo, esta no-imagen nos deja desasistidos y sin herramientas ante el abismo real de la muerte, como afirmaría Schelling.

¿Qué canto nos ofrece hoy la filosofía para consolarnos? Quien busque en Hegel consolación no la encontrará si la entiende al modo de la Antigüedad clásica. Suya es la afirmación de que «la filosofía ha de guardarse de ser edificante», al menos en cuanto propósito principal del quehacer filosófico. Hegel no es Séneca ni Crantor ni Sócrates. Lo que haríamos, con el filósofo alemán, sería extraer las consecuencias que acarrea un mundo que destierra a la muerte de la vida, confinándola a hospitales y tanatorios, alejándola de casas y calles: un acto que es más bien una fantasía, porque la muerte, por mucho que se cubra o encubra, aparece en el día a día bajo otras caras o «figuras» mucho más peligrosas, precisamente por su negación, ocultación o anestesia. Se dirá, con razón, que la muerte siempre ha sido apartada hacia los cementerios, aunque este «siempre» habría que replantearlo, primero, porque la motivación inicial fue higiénica, no negadora u ocultadora, y segundo, porque hubo un momento en el que los difuntos se enterraban en el terreno de la casa familiar o incluso, en tiempos muy remotos, en una zona de la propia casa como sucede en Mesopotamia.[1] Poco a poco se fue ale-

---

1. Cfr. Liverani, 2019: 80.

jando, por motivos sanitarios y supersticiosos, fuera de la ciudad.

Pero en la sociedad occidental contemporánea, incluso el moribundo es invisibilizado, el enfermo está en el hospital y se ha borrado toda referencia a la enfermedad, al envejecimiento y a la muerte de la vida cotidiana. No se muere en casa, salvo excepciones. No hay ritos comunitarios visibles en las calles. Alguien muere y todo queda igual. De nuestra relación con la muerte sólo hay indicios: aquellos que consisten en lo que no se ve (el rito, el enfermo en casa, el luto) y lo que es visible por doquier (las escenas de muerte a través de la pantalla y, por tanto, vividas como espectáculo en la distancia, la medicación contra la enfermedad y los tratamientos antienvejecimiento). También es clara la idea de que se muere solo y de que en soledad nos dolemos de las pérdidas. También se da la extraña idea de que, del mismo modo que la muerte biológica lleva al moribundo de la vida a la muerte en un momento, con un momento nos vale para volver a la vida cotidiana. Afrontamos la muerte en la inmediatez de un mundo sin ritos de valor simbólico, y con una aceleración de los tiempos necesarios para hacernos a la idea. Y es importante recordar que, como vimos, la realización de ritos es lo que ayuda a curar a quien participa en ellos.

Lo que plantea Hegel en la *Fenomenología* es que es preciso transformar la «aparente» inmediatez de la muerte asociada a nuestra naturaleza mortal en la muerte mediatizada culturalmente, a través de procesos que nos permitan incorporarla, asumirla e integrarla. Y esto requiere de la comunidad o de mecanismos simbólicos compartidos que nos ayuden a integrar lo innombrable a nuestra vida. Nadie dijo que fuera fácil, que no sea necesario un doloroso denuedo, que no haya miedo, que no haya que pasar por el dolor, no para expulsarlo sino para calmarlo en su aceptación. Porque este es el sentido del duelo, que consiste en un proceso, una elaboración activa por parte de todos los implicados, cuyo objetivo no estriba en una atenuación pasiva, en un «ya pasará», en un «el tiempo todo lo cura», sino en una adaptación activa a una nueva situación que requiere de acciones y hechos.

Lo que hoy encontramos, en cambio, es la fácil y rápida medicación para calmar el dolor, pero sin curar la herida, que es la que ya siempre nos acompañará. No seremos los mismos. La herida es inevitable. Quien no tiene ninguna es que no ha vivido, que no se ha involucrado, que no ha formado parte de la vida de alguien o que nadie ha formado parte de la suya. Morir es una experiencia singular, por supuesto (en esto tiene razón Heidegger: nadie puede morir por mí), y que fallezca un ser querido es una catástrofe personal, íntima, que se vive dentro de la piel, que desintegra la interioridad, quizá porque la tristeza todo lo desborda y rompe la membrana que marca un dentro y un afuera: «Como si fuera a desgarrarse, hay tan poco detrás de la piel que te derramarías del lado de la pura exterioridad»,[1] pero no hay que olvidar *lo común*: somos en comunidad. Si pasamos la vida y la construimos en torno a relaciones, si los otros ocupan un lugar en nuestra vida, ¿esa pérdida no afecta a la vida común? La *philía*, entendida como un sentimiento que construye un tipo de relación, de estar uno en relación con otro en confianza e intimidad, no es sólo una relación subjetiva y privada, sino constitutiva y determinante de un modo de relacionarse con los demás y de hacer un mundo, de tal manera que conforma una comunidad.

1. Riley, 2020: 29.

Vivimos nuestra vida activamente involucrados en relaciones familiares y sociales, les damos un lugar y nos dan un lugar a nosotros. ¿Acaso con la muerte ese lugar no se resiente no sólo a nivel individual sino colectivo? Además del latido del otro constitutivo en nosotros, es también un acontecimiento que impacta en la comunidad y, dado que somos en un nosotros, si ese nosotros no acoge con su «canto», con su abrigo, con su cuidado, obtendremos una sociedad llena de nada, de vacío, incapaz de soltar a cada una de nuestras Eurídices, de aceptar la pérdida, una sociedad invadida de un *póthos* que se manifiesta en formas plurales y destructivas, siempre insatisfecha, ansiosa, inquieta, tratando de llenar un agujero imposible de colmar, con consecuencias no sólo en los dolientes, sino en la sociedad a través de la cual se afirma la singularidad y la perennidad.

En la película de Haneke *Amor*, protagonizada por dos profesores de música retirados, Georges y Anne, una paloma aparece en varias escenas. La historia, que tiene lugar únicamente en su apartamento de París, se centra en ellos dos; apenas hay otros personajes, salvo su hija, los porteros y un antiguo estudiante, ahora pianista profesional, que, cuando se entera del estado de Anne, no sabe cómo actuar. Después de un derrame cerebral, Anne se está muriendo. Georges la cuida con cariño, a veces agotado, a veces impaciente e irritado, pero siempre con amor. En el periodo hasta su fallecimiento, ambos se cuentan cosas que nunca se habían contado después de décadas de matrimonio. En un momento de la película, Anne intenta, cuando aún puede, arrojarse por la ventana y acabar con su vida, pero Georges se lo impide. Ella le pide que, pase lo que pase, no la vuelva a llevar al hospital. En la primera escena con la paloma, la grisácea ave entra por la ventana por la que quiso tirarse Anne. Georges consigue, azuzándola, que vuelva a salir por donde entró. En la segunda escena en la que aparece la paloma, Anne ha muerto por la mano de Georges. El ave vuelve a entrar por la ventana y en esta ocasión, Georges cierra la ventana y con un trapo atrapa la paloma, la recoge, la toma entre sus brazos y la abraza. No la suelta. Después, la deja salir por la ventana. La paloma representa a Anne: la retiene y, cuando está listo, deja que se vaya, con mucho cariño. Luego, siempre en la casa, siempre solos, él mismo cuida del cadáver de su esposa y lo cubre de flores en el lecho conyugal. En re menor, Georges decide seguir a su mujer allá donde esté. El cuidado final, el de preparar el cuerpo, Georges quiere realizarlo él mismo. Esa relación especial de cuidado, de dejar ir a la paloma, de cubrir a Anne de flores son gestos de amor que nos pueden volver locos de dolor. La película de Haneke es significativa en varios aspectos, porque muestra lo mismo que Louis-Vincent Thomas identificó en su ensayo *La muerte. Una lectura cultural*: que la muerte ha experimentado una desocialización porque los moribundos y sus allegados se ven abandonados por la comunidad, y que se ha instaurado una especialización, por la cual todo lo que tenga que ver con el cuidado del difunto se delega en otras personas a las que se paga.[1] Thomas también señala cómo en los hospitales se hacen cargo de la enfermedad, pero no de cuidar a la persona.[2] De ese modo, la muerte ya no es un acontecimiento social y público, sino privado y que se padece en soledad, con las herramientas que cada uno encuentre. No hay música. Todo es silencio opaco y negro.

---

1. Thomas, 1991: 87-88.
2. Thomas, 1991: 90.

La Muerte toma ahora la figura de olor a hospital, de sofá tapizado de polipiel en un tanatorio, de la soledad al volver a la casa familiar, del frío y el lugar desocupado en cada estancia del que era el hogar, de estar roto por dentro y que nadie sepa de la pérdida, que nadie o muy pocos estén contigo, de palabras y tópicos de consuelo porque la comunidad no está presente y sólo acompaña físicamente en un momento puntual de despedida que se reduce a las horas del tanatorio. Toca lidiar, cada uno, *como se pueda*. Y no se tienen herramientas. La muerte se percibe como un corte. Se pasa de la vida de *antes* a la vida de *después* como en un salto en el que, en realidad, se sigue anclado a lo anterior y a otra vivencia de la temporalidad. Y si, perdidos, se nos ocurre leer algún texto filosófico que consuele, o algo que ayude e indique qué es normal y qué no lo es, qué pasos tiene el duelo, no tenemos más remedio que ir a los clásicos griegos o latinos. Pero en ellos la comunidad y los ritos se dan por sobreentendidos y, por tanto, hay algo que no encaja con nosotros porque nuestros procesos son socialmente distintos. También se recurre a los libros de autoayuda, que parten de la soledad del proceso y en la soledad ofrecen remedios fallidos que no existen realmente sin el nosotros. Sobre lo que debe hacer la comunidad no hay manuales.

El difunto, del latín *defunctus*, por seguir su etimología, no sería solamente aquel que «ya ha cumplido», como indica el participio pasado de *defungor*, sino también quien está privado de su función social. En nuestras sociedades, como los muertos *no sirven de nada* y la muerte es una irrupción en la vida, a los muertos se los descuida y a la muerte se la aparta de la vida o se convierte en un negocio. El ritual comunitario, con sus tiempos y pasos, con su periodo improductivo, desaparece porque no es rentable. No se trata de seguir con la vida, sino de que, del mismo modo que las dinámicas de producción, rentabilidad y eficiencia hacen incompatible el trabajo con una buena vida común, se expulsa a la muerte como inconveniente que obligaría a parar la maquinaria. El ritual carece de lugar porque requiere de un tiempo que ya no se quiere dar, pero al minimizar los rituales, eliminarlos, profesionalizarlos y desocializarlos, se elimina al mismo tiempo la posibilidad de reconstrucción, readaptación y asimilación de la propia comunidad que, al asumirlos activamente, se refuerza y ayuda a integrar la muerte como parte de la vida. Es como si funcionaran simultáneamente dos niveles: el nivel del vínculo humano que necesita del cuidado, de un tiempo, de unos ritmos, de un canto, de un espacio, y el nivel de una frenética producción capitalista que, aunque se realiza a través de agentes humanos, descuida lo humano y se basa en conexiones (y no vínculos), con un ritmo, una aceleración y unos espacios propios que no son compatibles con el primer nivel afectivo de lo humano. En el primero, necesitamos los rituales; en el segundo, no son necesarios (y por eso son llevados a su mínima expresión). En el primero, es necesario el nosotros; en el segundo, se alimenta la hipercompetitividad individualista, porque genera más beneficios, como si los seres humanos, en lugar de trabajar por algo en común, trabajaran cada uno para sí mismo y no importara su estado anímico si no interfiere en su trabajo. Y si lo hace, su dolor se anestesia. El segundo nivel se impone sobre el primero, pero como lo humano no puede eliminarse, se introducen sucedáneos, apaños, falsas apologías de la autosuperación, mientras el agua interior va creciendo y en lugar de desahogo hay un ahogo continuo. Y aquí se olvida que el tiempo del duelo ayudaba a «limpiar» a la familia tocada por la muerte, y que quien regresa a la cotidianidad sumido en el dolor modifica la química de las relaciones y, por tanto, queda alterada la manera de reinscribirse de nuevo en la comunidad.

Tres preguntas surgen, por lo tanto. En primer lugar, sobre la necesidad de los rituales no sólo porque vayan dirigidos al finado sino por su importante labor reconstructiva que facilita una salida y una recuperación de los dolientes para seguir con su vida, es decir, que las exequias van dirigidas a la reconstrucción de un tejido social que ha sido desgarrado con la falta de uno de sus miembros. Si un mal duelo a nivel individual desemboca en un duelo patológico, ¿qué sucede en una sociedad en la que no se sabe hacer duelo y se ha eliminado lo *común* de la pérdida? ¿Qué impacto tiene la pérdida de un miembro de la comunidad en el todo? ¿Es sólo una cuestión *familiar*? ¿Qué sucede en una sociedad en la que no se cumple con los ritos de tránsito necesarios para los seres humanos? ¿Qué impacto tiene en la subjetividad?

En segundo lugar, en relación con la importancia de la música y la poesía para medir el dolor y que no se dé un dolor desmesurado, sino que haya cierta capacidad de asimilación gracias a una contención que se consigue gracias a la comunidad, ¿qué sucede cuando sólo puede alcanzarse en el plano personal e individual, como quien escucha una música en re menor pero sin el abrazo de un nosotros que le cante y le lleve al modo mayor?

Finalmente, por volver a Hegel, si la muerte se entiende ahora como la nada, como aquello que «ataca» nuestra vida, como lo «espantoso», como lo absolutamente irrepresentable, ¿qué podemos aprender de nuestras sociedades a través de esta negativa «figura» (al. *Gestalt*)?

I. QUE SALTAMOS AISLADOS

Hemos entendido el duelo como un trabajo individual o personal, pero hemos olvidado una dimensión fundamental: la social. Es posible que pensemos que uno de los problemas a la hora de afrontar la muerte es la ausencia de rituales en tanto en cuanto suponen un apoyo para los allegados, pero no pensamos en la necesidad de que la comunidad misma se repare de todas sus pérdidas. La función reconstructiva que tiene la dimensión simbólica de los rituales en su performatividad, como vimos con Ochs, afecta tanto para abordar *lo común* que cada uno de nosotros pierde con sus seres queridos, como *lo común* de un golpe que agrieta el tejido social y que requiere un movimiento de remodelación y reacomodo. El duelo en nuestros días, si lo hacemos, se *pasa* en soledad. El término «pasar» es sintomático de cómo confundimos dolor y duelo. El dolor es la afección que experimentamos ante la pérdida, igual que ante un golpe físico. El duelo, en cambio, está relacionado con cómo procesamos el dolor, es decir, cómo lo curamos o apaciguamos. Por eso, el duelo no *se pasa*, sino que está asociado a prácticas activas de cura. Nunca es un proceso automático. Si nos rompemos una pierna, nos duele; pero para curarla y cuidarnos, no esperamos a que *se pase*, sino que hacemos algo al respecto, como recolocar los huesos, escayolar, dar un tiempo y guardar reposo. Nuestra respuesta ante una muerte, que se percibe como una irrupción en nuestra vida, es *saltar* o *pasar* ese momento cuanto antes para *volver* a la normalidad.

Acudimos a la medicación para poder hacerlo, lo que nos ayuda tanto como un analgésico para que se suelde adecuadamente un fémur roto. El duelo no se *pasa*, se vive, se procesa. A través de él se trata de afrontar la pérdida sin rehuir el vacío innombrable que sentimos en el pecho, a través de una simbolización del mismo, con el fin de ser capaces de generar la distancia suficiente para pensar y hablar de ese agujero como parte de nuestra vida, de la experiencia que nos hace ser como somos. Y no hay atajos. De ahí la importancia de las herramientas que proporcionan los ritos que nos ayudan a reconocer(nos) nuestro dolor y a que los demás reconozcan nuestra pérdida. Escribe Darian Leader al respecto: «¿no necesitamos que otros den autenticidad a nuestras pérdidas? ¿Reconocerlas como pérdidas más que pasar ante ellas en silencio?».[1] Nada resulta más triste y doloroso –como un dolor sobre el dolor– que que se quite importancia a nuestras pérdidas y al valor que alguien tiene para nosotros, lo que también incluye a quien tiene que soportar, ante la pérdida de un animal, que los demás, al enterarse, indiquen que es sólo un animal y que *siempre se puede comprar otro*. Esta reacción no deja de ser sintomática: se entiende que ante un lugar desocupado siempre podrá haber algo que *ocupe* la ausencia, como si el vacío dejado no correspondiera a la silueta única de alguien que no es sustituible por nadie. En los afectos, cada persona y animal tiene su propio lugar. No se puede ni se debe negar ese dolor de primer orden: el dolor de la pérdida. Observamos aquí una paradoja: si, como sostenía Simmel, el consuelo no hace que cese el sufrimiento sino que elimina el sufrimiento del sufrimiento (o dolor segundo), lo

1. Leader, 2014: 80.

que encontramos es una forma de tratar a los dolientes que, al dejarlos solos por la falta de reconocimiento y de acompañamiento real, los empuja al peligro de permanecer en el dolor sobre el dolor, e incluso alimenta ese innecesario dolor de segundo orden.

Desaparecida en nuestros días la función ritual de la comunidad en el duelo, que cambia el canto, la nenia, el treno por el más absoluto y casi indiferente silencio, el duelo se convierte en un proceso privado. Cada uno está solo con su dolor, convertido a veces en sufrimiento al incorporar el segundo orden.

En *Duelo y melancolía* (1915), Freud no aborda, al estudiar el duelo, su forma comunitaria, aunque sí lo hace en *Tótem y tabú* (1913), cuando incide en cómo la comunidad está involucrada en el duelo por los muertos del grupo. Este proceso, por otro lado, no se refiere sólo a la pérdida del ser amado, sino que ayuda a los dolientes, como indica Robert Hertz en un texto publicado póstumamente en 1917, a salir ellos mismos de «la zona de los muertos», por lo que el duelo consiste, en realidad, «en una réplica directa en la persona de los vivos, del propio estado del muerto».[1] Los vivos participan, lo quieran o no, de la misma condición que el difunto. Vibran con su tono. Esa es la importancia de que los dolientes estén excluidos temporalmente de la comunidad, porque necesitan tiempo para «purificarse», lo que quiere decir que precisan tiempo y espacio para recuperarse. El duelo colectivo los ayudaría en este proceso. Hertz también recalca la importancia de los ritos de «incorporación» de la familia a la vida cotidiana cuando se encuentran preparados para hacerlo.[2]

1. Hertz, 1990: 50.
2. Hertz, 1990: 68; Van Gennep, 2008: 205-207.

La progresiva desaparición del periodo de duelo y de la visibilidad pública de los ritos no se debe, como en el caso de Solón, a una acción pensada para neutralizar las diferencias sociales y la práctica de la ostentación, sino a la eliminación de un tiempo no productivo. Se ha de volver al trabajo no porque sea mejor para el doliente, sino por la rentabilidad económica, por la eficiencia, porque cuando se dice que la vida sigue, lo que en realidad quiere decirse es que la producción no debe pararse. Por mucho que uno prefiera *tener la cabeza ocupada* hay distintos modos de lograr esa *ocupación* que no tienen que ver con seguir produciendo, entre los que se encuentra, por ejemplo, darse tiempo a uno mismo para readaptarse al cambio haciendo cosas que restituyan nuestro lugar en el mundo y nuestra relación con la «muerte interior» que implica la pérdida de alguien significativo. Quien hoy experimenta la muerte de alguien que le importa siente la triste soledad de quien no sabe qué hacer con esa pérdida, o no sabe qué decir, o de quien entiende que cada cual *hace lo que puede*, que *así es la vida*. Y aun siendo cierto, que cada persona afronta esta situación con los recursos de los que dispone, también lo es que carecemos del tiempo y el espacio que nos es preciso para reorganizar nuestra vida personal y la nueva situación social originada por la pérdida. Es cosa nuestra, se espera que volvamos pronto al trabajo. Así lo hacemos. Tenemos dos días de permiso retribuido según el estatuto de los trabajadores si muere un familiar cercano. Pero si no es el caso y fallece un amigo al que estuviéramos muy unidos, podemos tomar días de vacaciones. No es lo mejor. Aunque la vida sigue, el trabajo no espera. Los dolientes, antes acogidos por una comunidad, ven reducido su apoyo a dos momentos: un saludo en el tanatorio y el momento del enterramiento o cremación. Ese mismo día, al volver a casa, con la puerta cerrada y el vacío en el sofá, la vida ha de continuar. Y continúa sólo que sin el difunto y, en realidad, sin el doliente. Y este vuelve al trabajo y hace sus tareas, pero sin ser él mismo. Y habla con aquellos que, al enterarse, le dan el pésame, hablan del ser querido sin el doliente, porque, de forma paradójica, no está presente en realidad. Y anda por la calle y su mente sigue otro camino porque no está. No hay comunidad que ampare. No sólo se siente solo, sino que la comunidad –que antes estaba para acoger cuando las piernas fallaban y la fuerza para seguir adelante flaqueaba– ya no está. Esta función se ha delegado en iniciativas personales.

El trato hacia el finado tiene repercusiones de cara a los dolientes porque –como señaló Ochs al analizar la retórica de los funerales en Grecia y Roma, Geertz en los ritos de otras culturas y Thomas al estudiar la muerte en nuestra sociedad o Ariès desde la historia– los ritos funerarios tuvieron siempre como función principal no explícita curar y prevenir las heridas sociales, aliviar el sentimiento de culpa por haber sobrevivido, tranquilizar, revitalizar y permitir una salida al mayor momento de crisis que puede experimentar un ser humano: perder a un ser querido muy cercano. Y así, si antes doblaban las campanas, la muerte se lleva ahora a la intimidad oculta y nadie sabe nada de las pérdidas del vecino: «el doblar de las campanas convocaba al vecindario provocando actos de solidaridad que reforzaban la cohesión del grupo; el banquete funerario, con el cual en otro tiempo se asociaba al difunto, al menos simbólicamente, reunía a parientes y amigos en un acto de comunión: el hecho de compartir la mesa es propicio a la expresión de las pulsiones vitales: la abundancia de manjares y bebidas significaba el desquite de la vida ante la muerte, por otra parte, [...] desempeñaban una indiscutible función catártica».[1]

En su *Historia de la muerte en Occidente*, Philippe Ariès hace hincapié en cómo ha evolucionado la forma en la que la sociedad afronta la pérdida: antes, con gran pompa, el dormitorio del moribundo no era un espacio cerrado, sino que se invitaba a todos a verle tanto a él como a sus familiares en una especie de «muerte domesticada», que era tal no porque pudiera pararse o esquivarse, sino porque nuestra forma de afrontarla nos permitía tomar decisiones y tener, así, cierta capacidad para morir en el estado social y mental que buenamente pudiéramos. Estaba dentro de la casa, del *domus*. El moribundo no era un niño al que se le ocultara su estado. En esto, el mundo antiguo y la Alta Edad Media tienen cosas en común. Emilio Mitre, en *Morir en la Edad Media*, subraya el papel de los ritos funerarios en este sentido, que incluían la exposición del cadáver o los banquetes funerarios, a través de los cuales, concluye Mitre, se estrechan los lazos comunitarios porque los ritos y las prácticas requerían abrir un tiempo y hacer espacio en el ritmo cotidiano de los días; es decir, requería un reconocimiento de la ruptura del orden del mundo para alguien de la comunidad, que desembocaba en una pausa del ritmo normal. En su propia temporalidad, la comunidad daba un espacio de adaptación a los allegados. De ese modo, tanto el cortejo fúnebre como los gestos de luto o la comida funeraria ayudaban a reintegrar a los dolientes y reconstruir la cohesión del grupo.[2] En la Alta Edad Media, señala Ariès, también los soberanos se derrumbaban ante el

1. Thomas, 1991: 118.
2. Mitre, 2019: 150.

cuerpo de sus amigos y parientes y se golpeaban el pecho y se arañaban.[1]

Más tarde, la muerte llegó incluso a presentar una cierta fascinación, por no hablar de erotización, como encontramos en el Romanticismo. En esta época, se hace especial hincapié en el lazo afectivo que une con la persona amada aun después de muerta, algo que a nuestra sensibilidad le resulta desmesurado y mórbido,[2] de ahí la conexión que se establece entre la belleza y la muerte,[3] la literatura relacionada con el espiritismo y el vínculo con las almas de los difuntos[4] y la relación continua entre la muerte y el sueño, Thánatos e Hypnos.[5] En todos estos marcos, la muerte quedaba paradójicamente regulada con los rituales, y se proporcionaba el tiempo suficiente para afrontarla. En la evolución del modo de afrontar la muerte, Ariès indica dos momentos clave: aquel en el que la liturgia ya no va dirigida a los muertos sino a los supervivientes –desaparece pues, el sentido de cara al difunto– y aquel en el que la sociedad niega la consolación a los afectados porque resulta vergonzante tanto dolerse como conmoverse en demasía.[6] Las pompas, sin embargo, se seguían celebrando.

El rito consiste en una serie de etapas que no sólo se contemplan, sino que se llevan a cabo activamente, se caminan, se atraviesan y en base a esta secuencia, quien participa de ellos se transforma. Nos encara a la muerte, reconocemos en alguien o en nosotros mismos

---

1. Ariès, 2000: 240.
2. Ariès, 2000: 27.
3. Praz, 1999: 65-92.
4. Mülberger, 2016.
5. Beguin, 1993.
6. Ariès, 2000: 2019.

nuestro estado de dolientes, que no es el habitual, y, finalmente, nos preparamos para la reintegración en la comunidad. Los ritos no eliminan el dolor sino que nos ayudan a soportarlo y a llevar la carga. Con el tiempo, sostiene Ariès, se impone una reacción más contenida ante los fallecidos, pero nunca hasta hoy habían desaparecido de forma tan alarmante los ritos fúnebres a nivel social, nunca había desaparecido el luto, nunca se dejaba el duelo únicamente para la singularidad de los dolientes. La comunidad ya no abre espacio y, por tanto, no abre un espacio para sí misma, no reconstruye los lazos entre sus miembros, no abraza, sino que arrastra y fuerza a estar bien al día siguiente porque está movida no por los afectos comunitarios, sino por las conexiones de la producción del segundo nivel. Así, si para Ariès la muerte premoderna estaba domesticada, en la modernidad, lejos de estar «domesticada», se encuentra completamente fuera de control. Es «salvaje»[1] y mucho más terrorífica de lo que era antaño, precisamente porque se ha apartado del día a día. Ariès coincidiría con Hegel: a base de tratar de apartarla, se ha convertido en lo más espantoso o así, al menos, se simboliza en los procesos culturales de la actualidad.

Ahora bien, ¿la muerte se ha convertido en algo salvaje porque hemos eliminado los ritos o se han eliminado los ritos porque la concepción que teníamos de la muerte se ha vuelto salvaje? La muerte siempre nos ha dado miedo, pero la aceleración del tiempo y la eficiencia del mismo en el ámbito de un sistema de producción que devora nuestra vida ha generado, por un lado, el negocio de la lucha contra la muerte –con un énfasis en

1. Ariès, 2000: 288.

la salud y en la juventud– y, por otro, al ir eliminando los elementos comunitarios no rentables económicamente, ha eliminado también los ritos, de manera que hemos perdido la capacidad de afrontar un episodio de nuestra vida, la muerte de un ser querido, que ya es dura y dolorosa por sí misma.

En la últimas décadas, los ritos funerarios han quedado reducidos a la mínima expresión. En función de los órdenes coexistentes mencionados al comienzo, el de los afectos humanos y el del imparable ciclo de producción del capitalismo, asistimos a –y padecemos– el momento en el que el dolor segundo devora al primero. A ello ha contribuido que los valores simbólicos que descansaban en los rituales han sido eliminados ante la secularización de nuestras sociedades. Las agresivas economías de mercado han generado rupturas en los mecanismos de apoyo social y en el sentido de la comunidad; el tiempo para los difuntos se considera inservible y molesto porque disminuye el ritmo de producción. La vida que imprime el sistema del capital no permite pausas ni reconocimiento de que el mundo de alguien haya colapsado. El tiempo es dinero, por lo que el tiempo del funeral se ha convertido en objeto de negocio. En su lugar, aparece la fantasía de una *curación* de la muerte, como si esta nada tuviera que ver con la vida y fuera un elemento externo que puede eliminarse si se combate el envejecimiento y la enfermedad. Su figura es la de un vacío que tiene cuerpo, que nos come desde dentro, que es un fallo o un error que se podrá, quizá, corregir si controlamos este cuerpo nuestro, tan mortal, tan humano, tan orgánico. De este modo, con la desaparición del rito sólo queda espacio para la química del dolor, porque nuestras sociedades, moldeadas por el sistema de producción, lo minimiza, lo silencia y nos adormece, nos anestesia con medicación, pero no nos ofrece un canto al cual agarrarnos para soportar el dolor y salir del estado de re menor. No nos permite encontrar palabras, dar rodeos, encontrarnos a nosotros mismos cuando más perdidos estamos. Se trata de cumplir los objetivos de rendimiento productivo. Nada más. Mientras tanto, la muerte ha quedado convertida en un ataque exterior desde la propia vida, que nada tiene que ver con ella.

Louis-Vincent Thomas señala dos características de esta sociedad que entiende la muerte como algo completamente distinto –y, desde luego, no complementario– de la vida: la desocialización y la profesionalización de las costumbres funerarias.[1] Con el primer término designa la falta de cuidado y el abandono que se dispensa a los moribundos, los dolientes y, por supuesto, a los difuntos. Se consideran proscritos y, dado que ya no generan ninguna ganancia económica para el sistema que estructura nuestras sociedades, salvo para lucrarse del dolor y la desgracia, carecen de lugar. Thomas sostiene que esta falta de cuidado se aprecia en la extendida costumbre de dejar de acompañar al agonizante, no querer cuidar del cuerpo, no vestirlo, no prepararlo, no velarlo ya –*total, no se va a enterar*–, no recibir normalmente visitas de pésame más que en el tanatorio. Para Thomas, estas acciones eran, en la época en la que publica su estudio, los años noventa, opcionales. Ahora se paga a alguien para que lo haga y no hay más remedio que hacerlo obligatoriamente así. La familia que quiere velar y cuidar de su difunto no puede hacerlo y, si plantea hacer tal cosa, es considerada víctima de alguna patología mental.

1. Thomas, 1991: 87-88.

Es relevante el abandono del cuidado del difunto por parte de la familia; primero, a la hora de preparar el cuerpo, y segundo, a la hora de visitar y cuidar su lugar de reposo, si es que lo tiene. Recordemos la escena, tan significativa, tan brillante, de la última temporada de *A dos metros bajo tierra*, mencionada en el primer capítulo, cuando Ruth, el personaje que interpreta a la madre de la familia Fisher, puede, precisamente porque el negocio familiar es una funeraria, cuidar –por azar, pero también sin pensar y movida por el amor– el cuerpo de su hijo. Dulcemente empapa una esponja, con cariño le toma la cabeza y lava cuidadosamente sus cabellos. Y así, escribe también Aidt en mayúsculas: «SOLO CREO EN LA TERNURA CUANDO NOS OCUPAMOS DEL CUERPO MUERTO, CUANDO NOS VEMOS FORZADOS A DECIR ADIÓS; LA COMUNIDAD».[1]

Sin tránsito entonces, y solos, sin el apoyo de la comunidad y sin tiempo para reestructurar nada, nos encaramos a una situación que no sabemos afrontar ni aceptar. Nos reintegramos sin habernos separado de la muerte del otro *dentro*, a un ritmo que no permite las condiciones necesarias para realizar un buen duelo. En el funeral, se trata de gastar y enterrar rápido, de modo que, en una sociedad secularizada, se han condenado los ritos como parte de una superstición trasnochada o como una tradición de la que ya no nos sentimos parte[2] y se ha descuidado, precisamente, el valor simbólico y comunitario de los mismos. La inhibición ante la propia muerte y ante la muerte del otro, su alejamiento, ocultación o negación, ha generado una eliminación de los elementos que nos permitían atravesar el páramo que se

1. Aidt, 2021: 55.
2. Ibáñez Fanés, 2020: 70.

abre ante una pérdida. Ahora sólo tratamos de saltar por encima de él, pero al hacerlo llevamos el páramo dentro. Hay que pasar el duelo cuanto antes y fuera del horario laboral.

La cuestión clave aquí no es ya el difunto, sino lo que estos ritos hacen en los dolientes al cumplirlos; es decir, para qué nos preparan. Los ritos funcionan no porque paguemos a alguien para hacerlos, sino porque los realizamos nosotros. Para ello, la comunidad generaba una pausa, abría un espacio temporal para reconstruirse y permitir una reintegración en la comunidad desde el tono mayor. El luto ha desaparecido. Más allá de señalar al doliente, la función del luto en los ritos sociales era la de acoger a la persona en duelo dentro de un espacio público compartido.[1] Mientras que el duelo apunta a la vivencia penosa y dolorosa de una pérdida, y está dentro del plano más personal, el luto tiene como función codificar la tristeza y ritualizar los afectos encarnándolos socialmente. Cuando el luto cesaba, daban comienzo los ritos de reintegración, en los que se celebraba la vida.[2]

Esta desocialización va de la mano de la profesionalización o especialización de las exequias. La muerte ya no es un acontecimiento social y público. En la actualidad, no sólo los ritos funerarios han perdido su función reconstructiva del tejido comunitario al reducir el proceso a una hora anotada en la agenda para el sepelio, sino que los signos públicos de luto ya no son visibles ni reconocibles porque el duelo «se debe sufrir solo y en silencio».[3] Así, Joan Didion, habla de esta misma expe-

1. Cfr. Leader, 2014: 69.
2. Cfr. Thomas, 1991: 123.
3. Thomas, 1991: 129.

riencia en *El año del pensamiento mágico*: «Una forma de ocultar el dolor por la muerte de un ser querido deriva del hecho de que la muerte ahora casi siempre tiene lugar lejos de la atención pública»,[1] pero también de la propia casa; el hospital es no sólo el lugar de curación, sino el de la muerte, y los tanatorios, el espacio de la despedida. La casa queda alejada ficticiamente de la muerte. Atrás quedan los tiempos de *Cinco horas con Mario*, de Miguel Delibes, en los que la viuda tiene tiempo de velarlo y de echarle en cara lo que tuviera que hablar con él. Incluso lo prepara para que, cuando vengan las visitas a dar el pésame, Mario sea Mario: «Mario no era Mario. Carmen lo había advertido después de asearlo. No se parecía. Ella vacilaba. El muerto era un muerto notable, conforme, incluso más grueso, pero no era Mario. Repentinamente, como si alguien, compadecido, la hubiera depositado en su cabeza, le había asaltado la idea: ¡las gafas! [...] Le quitó las gafas [...] Mario ya no estaba allí».[2] Héctor, como dijo Cicerón, dejó de ser Héctor. No se muere ya en casa, salvo excepciones, sino siempre en el hospital.[3] A costa de alejar la muerte de nuestro día a día y de no tener las condiciones para poder hacer el duelo, llenamos la casa de nada, de vacíos, de ausencias.

Los allegados no tienen ni tiempo ni *cuerpo* para ocuparse de los últimos cuidados corporales. Esta profesionalización lleva aparejados, a su vez, dos elementos: la burocratización de la muerte, de la que hay que ocuparse eficientemente para quitarse *el muerto de encima* y volver a la vida normal, lo que hace de los pocos

1. Didion, 2021: 55.
2. Delibes, 2018: 114.
3. Cfr. Ariès, 2000: 288; Mèlich, 2021: 204.

ritos que quedan un problema de gestión que ha de re-
solverse con rapidez y eficiencia; y la mercantilización
de la muerte: todo el mundo se muere, por lo que las
exequias se han convertido en un negocio lucrativo, redondo. Y como el cuerpo no deja de ser un resto, puede
incluso convertirse en una piedra para engarzar en un
anillo o se guarda el ADN por lo que pueda pasar. Según nos han vendido un diamante es para siempre.

Si los ritos cumplían una función catártica y terapéu-
tica, su desaparición ha sido sustituida por otra cosa:
las pastillas antidepresivas, que ni curan ni permiten hacer el tránsito, ni enseñan a pasar por el dolor para
afrontar una vida que no puede entenderse sin la muerte, es decir, sin la existencia de límites ante nuestra existencia mortal. «La medicación tiene como objetivo restaurar en el paciente los niveles óptimos de adaptación
social y utilidad, con poca consideración sobre las causas a largo plazo y los posibles efectos de los problemas
psicológicos»[1]. El doliente ha sido transformado en un
paciente, en lugar de ser entendido como un prójimo
que sólo necesita tiempo y apoyo, orquestados dentro
de un nosotros. Ahora nos creemos ilimitados: todo lo
podemos. Hasta que el cuerpo y la realidad nos paran.
Tomamos antidepresivos como el *pharmakon* que empleaba Helena de Troya cuando, muertos Paris, Héctor
y Príamo, se encuentra de vuelta junto a Menelao. Con
él olvidaba el dolor, pero también a los difuntos. No da
tiempo ya ni a pensar en ellos: «al punto, en efecto,
puso en el vino, del que bebían, un brebaje mágico, /
que ahuyenta el dolor, la ira y el recuerdo de todos los
males. / El que lo tomase, después de haber sido mezcla-
do en la crátera, / durante un día, por lo menos, no de-

1. Leader, 2014: 10.

rramaría lágrimas por sus mejillas, / ni aunque se le hubieran muerto la madre y el padre, / ni en su presencia a su hermano o a su hijo / con el bronce lo mataran y él lo viera con sus ojos».[1] Recordemos que Helena no pudo enterrar a Paris, ni a nadie. Donde no hay canto ni ritual a él asociado, sólo queda el remedio de anestesiarse, con el de fin de responder a la exigencia de volver a la vida de antes. Sólo que no se vuelve a la vida, se vuelve al trabajo. El anestésico nos conduce a la insensibilidad y anula la afección y el apego. El precio de negar el dolor es negar la muerte y volverla aún más terrible: como un fantasma nunca del todo superado, como una ausencia que siempre duele. No es preciso ni se sugiere un restablecimiento nostálgico de los ritos tal y como eran, sino la importancia de repensarlos y resimbolizarlos, así como darnos tiempo para afrontar el dolor sin anestesiarlo e introducir de nuevo la conciencia de cómo la vida y la muerte están intrínsecamente relacionadas no como antagonistas, sino como complementarias.

II. DESENCANTADOS

El ritual funerario es la práctica simbólica privilegiada de reconfiguración y readaptación de una comunidad que afronta junta la vida y sus vicisitudes. De igual manera que las nenias y los trenos ayudaban a sincronizar los ritmos y los tempos del doliente con los de la comunidad para proporcionarle un acompañamiento y posteriormente una guía que lo condujera al ámbito de los vivos cuando estaba sumido inevitablemente en el do-

---

1. *Od.* IV, 220-230; Homero, 2022: 85.

lor, ya fuera con el aulós, como en el caso de las exequias, o con la proporción y la medida de la filosofía, los ritmos en la actualidad también se sincronizan, también tratan de aunarse, pero en lugar de acompañar, azuzan, arrastran e incluso hostigan a huir ante una situación que no quiere vivirse. Los ritmos y los tempos, sin embargo, no vienen dictados por la comunidad afectiva. Si alguien cercano fallece, para no pensar en ello se quiere sepultar lo sucedido en el ritmo frenético de un trabajo sin descanso. No es que «se pueda hacer», sino que todo lleva a ello, es decir, no se puede no hacer. La sociedad no ayuda a parar sino a acelerar, lo que nos lleva a alejarnos cada vez más de nuestras pérdidas al coste de llevarlas dentro. Los duelos no son elaborados sino que están estancados e, incluso, enquistados. Quizá sea esta una de las causas que coadyuvan a las altas tasas de depresión que caracterizan nuestra época, como resultado de los cambios profundos y estructurales en una sociedad que, vinculada a un sistema hipercompetitivo, acelerado, de rentabilidad, eficiencia y beneficio económico, no deja espacio para lo humano. La pérdida, y no sólo la de un ser querido, sino la pérdida de sentidos, valores, certezas, cuando no es elaborada, conlleva el peligro de sumirnos en estados depresivos. La eliminación de un duelo social alimenta la sensación de soledad y vacío.

Los rituales tienen como destinatarios a los supervivientes y a la comunidad. Por eso, su función principal no se reducía, como hemos visto en los primeros capítulos, a una dimensión supersticiosa o religiosa, ni su sentido es tal dentro de un marco de creencias religiosas, sino que tiene una efectividad en quienes participan del mismo. En su estudio sobre la muerte, Thomas señala en esta misma línea que «su función fundamental [...] es curar y prevenir», pero no al muerto, sino a la familia y a la comunidad en la que esta se inscribe.[1] Los pasos bien pautados y distribuidos en el tiempo y el espacio en rituales como el luto en el vestir, la reclusión, la reintegración, son imprescindibles para ello. Dado que la muerte es una experiencia de desorden y disgregación, los rituales, además, ayudan a la reorganización. De ese modo, propician que se den las condiciones para encontrar un nuevo equilibrio, precisamente impidiendo que los dolientes caigan en la confusión y el sufrimiento. ¿Qué sucede con la dimensión social de las exequias? También estas constituyen un mecanismo reorganizador. Los cantos, las nenias y la música eran parte de los ritos comunitarios que daban un nuevo lugar a los difuntos en nuestra vida, permitían al doliente restablecerse, pero también ayudaban a la reconstrucción de la comunidad. Sin ritos, la comunidad se encuentra ahora sin cantos: *des-encantada*. La erosión del duelo en el plano comunitario, en consecuencia, desprovee de la dimensión simbólica que los dolientes necesitan para salir de este lugar, y al mismo tiempo genera problemas en el desequilibrio generado por una pérdida. Que la comunidad acompañe no debe ser sólo por solidaridad con la familia sino porque la comunidad está herida, de ahí el carácter necesario de los procesos públicos y sociales.

Si todas las sociedades humanas documentadas tienen rituales de duelo que incluyen manifestaciones públicas se debe a que estas manifestaciones proporcionan un marco simbólico mediador por el cual, en primer lugar, a través del dolor de otros podemos conectar con nuestro propio dolor, adquirimos la capacidad de nombrar simbólicamente acontecimientos que nos desbor-

1. Thomas, 1991: 116.

dan. Reconocer que la desaparición de un miembro del grupo ha causado una perturbación la integra en la totalidad simbólica de la comunidad. No es sólo el fallecido quien ha sufrido un cambio (de vivo a muerto) o la familia, sino todo el conjunto. Y es eso lo que se manifiesta. Hay, por tanto, un reconocimiento en primer lugar. En segundo lugar, una necesaria readaptación de la totalidad a la situación. Se reconoce que el mundo no está como estaba. En algunos rituales indonesios, en concreto los de los dayaks, de Borneo, de los que habla Hertz en *La muerte y la mano derecha*, los roles sociales quedan alterados y, conforme se desarrollan los ritos, el orden va restableciéndose; es decir, se representa tanto el caos como los actos que instauran un orden. De ese modo, simbólicamente se restituye la vida y se vence la muerte. Los ritos hacen explícito lo que le sucede al doliente y al grupo con la muerte, y esto les permite ser conscientes de ello, reconocerlo, encararse mediatizadamente a esta situación de ruptura y dolor, y tomar las medidas adecuadas para remediarla y readaptarse a lo que está por venir. No en vano, todo el proceso que acompaña a los ritos se dirige, entonces, a hacer duelo por quienes éramos los supervivientes para el difunto y para el grupo, que no volveremos a ser los mismos. Tanto es así que en algunos ritos, de nuevo recogidos por Hertz, los dolientes más cercanos arrojan al interior de la tumba un mechón de su propio pelo para representar simbólicamente que una parte de ellos se va con el finado. Los ritos funerarios, por tanto, proporcionan una mediación para encarar lo innombrable de la muerte y dan un espacio y un tiempo para el proceso de despedida y de readaptación, afirmando y exteriorizando la herida que se ha sufrido en los planos individual y comunitario.

La comunidad está herida ella misma, además, por la defunción de uno de sus integrantes porque, como sostiene Hertz, «La muerte no se limita a poner fin a la existencia corporal visible de un individuo, sino que del mismo golpe destruye al ser social inserto en la individualidad física a quien la conciencia colectiva atribuía una importancia».[1] Al reconocer la muerte, la sociedad reconoce su perennidad a los individuos que la componen y, como ella se considera ajena a la muerte, con el fallecimiento de sus miembros experimenta una herida en sí misma de la que tarda en recuperarse: «todo cambio de estado del individuo que pasa de un grupo a otro implica una modificación de la actitud mental de la sociedad respecto de él que se produce gradualmente y requiere tiempo».[2] La muerte biológica puede ser de golpe, súbita, pero social, cultural y existencialmente no es de golpe. La vida sigue, pero este seguir no debe ser –y en realidad nunca lo es, aunque no queramos reconocerlo– indiferente a lo que ha acontecido.

Los cambios que había con un fallecimiento se mostraban en los rituales a través de la estructura sociosimbólica que manifestaban, pero ¿y si en nuestras sociedades, regidas por el neoliberalismo más salvaje, se entiende que no hay cambios ni desequilibrios estructurales? ¿Y si nos hemos convertido en meros medios susceptibles de rápido reemplazo y en realidad la muerte de un individuo no cambia nada siempre que haya otra pieza que lo sustituya? ¿Y si esta lógica es la que se está infiltrando en la esfera de lo humano que, precisamente porque no la soporta y necesita de lo simbólico y lo afectivo, está cada vez más atomizada y descompuesta?

1. Hertz, 1990: 89.
2. Hertz, 1990: 94.

Cuando Freud o Kristeva hablan de duelos bloquea-
dos y no exitosos emplean el concepto de melancolía,
que se suele relacionar con la depresión. Sin querer
ahondar en la diferencia entre ambos, el análisis que
efectúan de la melancolía puede ayudarnos a entender
qué sucede en una sociedad que reduce al mínimo los
tiempos para el duelo y los ritos funerarios en beneficio
de la economía. No es fácil, dice Freud, diferenciar entre duelo y melancolía, porque muchos son los puntos
en común. El comienzo sería el mismo: la pérdida de un
objeto amado lleva aparejado el sentimiento de que el
mundo es peor. Sin embargo, en la melancolía se introduce un cambio: «en el duelo el mundo se ha hecho pobre y vacío; en la melancolía eso mismo le ocurre al
yo».[1] Para entender cómo el yo se va empobreciendo,
Kristeva, que sigue a Freud en esto, sostiene que el melancólico no sabe cómo soltar los vínculos que le unen
al ser amado. No quiere hacerlo, de hecho, y por eso lo
retiene. Soltarlo sería como traicionarlo, como una segunda muerte, como afirma el personaje de Amanda en
La memoria del agua (Matías Bize, 2015), interpretado
por Elena Anaya, que ha perdido a su hijo Pedro. Después de tener un momento de felicidad con su marido
en el que se olvida de su desgracia, se siente culpable:
«Esto es como borrarlo, como si no existiera [...] Si nosotros somos felices él no existe. Se borra del universo.
Yo no quiero borrarlo dos veces».

Recuerda esta historia a la de Octavia. En su *Consolación a Marcia*, Séneca la recupera para dar cuenta,
precisamente, del desgarro que debe evitarse tras el fallecimiento de un ser querido: «Ella durante toda su
vida no dejó de llorar y lamentarse, y no admitió pala-

1. Freud, 2020: 243.

bra alguna que le ofreciera algún consuelo, ni siquiera permitió que la distrajeran; pendiente de una sola cosa y completamente obsesionada, estuvo toda su vida como en un funeral: no digo que no se atreviera a rehacerse, sino que rehusó ser ayudada y consideró una segunda pérdida el privarse de las lágrimas».[1] Sin embargo, el duelo no significa soltar del todo a quien se ama y hemos perdido, sino establecer un nuevo vínculo con él desde su cambio de estado ontológico. De hecho, aunque Freud había indicado que el duelo tiene éxito cuando hemos soltado toda relación libidinal con el difunto, en 1960 cambia su posición en una carta a Binswanger: «Encontramos un lugar para lo que perdemos. Aunque sabemos que después de dicha pérdida la fase aguda de duelo se calmará, también sabemos que permanecemos inconsolables y que no encontraremos sustituto».[2] Es preciso pues, reconocer la huella del otro en nosotros, pero no desde el vacío. El duelo se complica, sostiene Darian Leader, por un «sentido penetrante de lealtad» que incluso le «impide cualquier expresión de vínculos con los vivos»,[3] como le sucede a Amanda, que ya no quiere, no puede, no sabe volver con su marido tras la tragedia.

El melancólico es aquel que no sabe perder, que no sabe soltar. Como Orfeo, que se pierde por el *póthos*. Pero al mismo tiempo, tanto Freud como Kristeva sostienen que se siente la muerte como un abandono, de ahí que al mismo tiempo que se ama a la persona que ha muerto, se la odia precisamente por haberse ido. Y este odio, junto al vacío, se interioriza: «porque lo amo para

1. Séneca, 2022: 6.
2. Citado por Díaz Facio, 2019: 38.
3. Leader, 2011: 113.

no perderlo, lo instalo en mí; pero porque lo odio, este otro en mí es un yo malo, soy malo, soy nulo, me mato».[1] Nunca se reconocerá que se odia lo amado, de forma que ese sentimiento de ira se dirigirá hacia uno mismo, generando, entonces, un desprecio hacia el propio yo, un maltrato y una falta de cuidado, o incluso ira hacia los demás. Un duelo mal elaborado supone la interiorización de lo peor de la muerte, que es la ausencia. Nos llenamos de nada, de vacío, porque lo que se retiene no es al ser querido que se ha ido, sino la pérdida misma, el dolor mismo, lo hacemos para no serle *desleales*, quizá también porque no hemos aprendido a soltarlo, como afirmará Freud en *Duelo y melancolía*. Todo es, en el interior, vacuidad omnipresente.

La incapacidad para afrontar la pérdida está estrechamente vinculada con el duelo en la comunidad. Esta, con sus cuidados, nos permitía hacernos cargo de lo innombrable y lo inconmensurable, nos permitía dar una medida al dolor, una métrica, una forma de encararlo simbólicamente no para olvidarlo, sino para integrarlo de otra manera. El duelo no ayuda a curar ni está relacionado con renunciar a lo que amamos, sino que ayuda a restaurar nuestros vínculos con él desde otro punto de vista. En lugar de vibrar con el fallecido, la comunidad ayuda a cambiar nuestro tono y volver al mundo de los vivos. En realidad no se trata de recuperarse de la pérdida, sino de encontrar un camino para hacer que esa pérdida sea una parte fecunda de la vida y no el todo de nuestra existencia. Con los ritos, la parte *muerta* del muerto queda recluida en una zona simbólica de la que no ha de volver, y la parte *viva* de él, como ganancia, se reconoce y se recupera. Lo que late dentro no es el va-

1. Kristeva, 2017: 25.

cío, sino lo que nos aportó. Pero para ello es necesario el rito, el tiempo, el encararse al dolor, el no huir a mil tareas distintas, el no pensar que *se pasará* porque si no se trabaja esta dimensión, es la nada lo que se abrazará. Y esto no es ser leal al ser amado, sino traicionarle, puesto que nos quedamos con lo peor de él: la herida misma. Esta sensación de vacío tratará de llenarse de las más extrañas maneras: con trabajo, con personas que ocupen exactamente el mismo lugar, aunque tal cosa es imposible, con sustitutos, con reemplazos, incluso con un consumismo masivo que, al aumentar la dopamina, nos permita camuflar el vacío. Así, también, el ritmo de trabajo, el no parar, el no pensar ayudará a ello, pero cuanto más tiempo pase, más profundo y más extenso será el vacío interior. En nuestra época, ni las personas ni las sociedades hacen duelo a causa de los ritmos de trabajo, de la falta de tiempo, de la negación de la muerte, de la eliminación de ritos, lo que significa que se llenan de un vacío del que huyen o que obturan como pueden, mientras este va pesando más, y se encuentran más desligados o separados de la vida, es decir, más muertos, más necesitados de anestésicos, de sucedáneos para llenar el vacío. Por otra parte, la interiorización de lo amado que lleva a odiarlo –aunque no se reconozca– porque nos ha abandonado lleva a una crispación y a una ira contra los demás que acrecientan un odio, que no se sabe muy bien de dónde viene. Del mismo modo, persiste una herida narcisista, que nos lleva a reafirmarnos cuanto más heridos estamos. Todo nos duele. Nos volvemos susceptibles.

La ausencia de rituales funerarios tiene como efecto una mayor desintegración del tejido de la comunidad, del mundo de los vivos, de lo que merece ser cuidado porque tiene que ver con la vida, con reconocer la importancia y la singularidad de cada persona en la comunidad. Cuando se llora públicamente una pérdida, también por mímesis, lloramos las nuestras y porque las tenemos presentes, las podemos decir, medir, cantar, darles una métrica, y hacernos cargo de ellas. Pero cuantos menos rituales y menos aceptación de la pérdida tengamos, más disueltos quedarán los lazos que vinculan a la comunidad y más llena estará esta de vacío. Los seres humanos somos seres simbólicos: necesitamos simbolizar la pérdida para no cargarla dentro de nosotros como lo más terrible y espantoso. Donde no hay canto ni coro sólo hay disonancias, cortes, silencios, gritos, pero nunca una melodía conjunta que cante a la vida misma. Desencantados, pocas ilusiones vitales quedan ante el pánico que nos genera la muerte. Sabemos que existe, pero nada queremos saber de ella. Se impone la vacuidad masiva y omnipresente, el tedio de la vida y, al mismo tiempo, episodios de manía, porque no queremos parar para no afrontar esta falta de sentido y el vacío interior. Al mismo tiempo, tampoco queremos estar solos y preferimos estar *conectados*, una forma de relación también vacía, que sustituye a los vínculos. O buscamos maneras de anestesiar el dolor y de obturar el vacío a través del consumismo, hasta que nos vence el desánimo y caemos, presos de la depresión. La nostalgia, según la cual el pasado fue mejor, es también síntoma de la incapacidad para afrontar el cambio, la pérdida y la frustración de nuestras sociedades. Idealizamos lo que fue, lo que tuvimos, en lugar de pensar en la vida que tenemos por delante. La interiorización de las pérdidas de personas que *nos han abandonado* lleva también a un sentimiento de culpa, azuzado por el sistema de producción, por no llegar, por no ser suficiente. Nos insensibilizamos ante los demás porque estamos centrados en nuestros propios dolores. Repetimos patrones, ritmos, inercias porque nos sentimos más seguros. Pero la repetición es un círculo vicioso que no nos permite salir de ciertas situaciones y tomar distancia para cambiar las tonalidades que nos perjudican. Si, como sostiene Harnoncourt, la música que se compone en una época corresponde a la situación espiritual de su tiempo,[1] no deja de ser significativo que, en la actualidad, la música más comercial haya eliminado de sus partituras lo que se denomina «puente», que es lo que ofrece un cambio en el ritmo y lleva a la canción y al oyente a otro sitio. En una entrevista a Sting en el año 2022, al ser preguntado por la música comercial, el cantante señala algo que le preocupa. En una canción, dice, a veces se repite un estado de desolación o preocupación, y con el puente aparece un acorde diferente que «imprime una modificación en la coda por la que me doy cuenta de que las cosas no están tan mal» y de ese modo, añade, en la música actual «la estructura que ofrece una salida ha desaparecido y la mayor parte del tiempo estás en un círculo, una trampa, un círculo vicioso. Encaja bien en la siguiente canción y en la siguiente pero no consigues esa liberación»[2].

Finalmente, si los ritos funerarios y el tiempo para el duelo proporcionaban herramientas comunes para encarar la muerte simbólicamente y salir de ella triunfante al poder hacer el duelo y *vibrar con los vivos*, asistimos no sólo al obvio triunfo biológico de la muerte, sino

1. Harnoncourt, 2006: 17.
2. Esta cita reproduce el vídeo de una entrevista que se encuentra en redes sociales a propósito de la publicación en 2021 del álbum *The Bridge* del propio Sting. En prensa puede consultarse: https://www.lahiguera.net/musicalia/artistas/sting/disco/11534/ [consultado el 27 de diciembre de 2023].

también al simbólico: «la muerte como fenómeno social consiste en verla como un doble y penoso trabajo de desagregación y síntesis mentales, que sólo una vez concluido, permite a la sociedad, recobrada la paz, triunfar sobre la muerte».[1] En lugar de vencer la sombra de la muerte como en un proceso exitoso de duelo, esta se deposita en nosotros, bajo la forma constante del miedo a envejecer o a enfermar, que hace que también ambas dimensiones de la existencia humana sean cada vez más invisibles o se aparten de la vida cotidiana. Somos seres simbólicos; por eso, paradójicamente afirmar que el tratamiento que se daba antiguamente a la muerte es una apología morbosa y carente de sentido implica, en realidad, un triunfo de esta en el mundo de los vivos.

Con las prácticas funerarias, la muerte quedaba reducida y recluida a un espacio a través de ritos simbólicos, para que la vida siguiera libre y para que las almas de quienes morían no volvieran de entre los muertos, porque los accesos han sido cerrados. No hacer estas prácticas significa que, a nivel simbólico, la muerte carece de lugar y, por ello, está en todas partes, ubicua y descontrolada, del mismo modo que nuestros fantasmas metafóricamente nos asedian porque los tenemos presentes como vacío. Justo por eso, por estar en todas partes, se esconde, se niega y surgen los miedos continuos. La interpretación actual del *carpe diem* como *vivir al límite* cada segundo y cuantas más experiencias mejor es una muestra del cambio de mentalidad. Horacio, a quien se le debe este tópico, hacía énfasis en vivir el momento con intensidad, incluso si este consistía en disfrutar de la calma[2]. Por otro lado, no hacer los ritos

1. Hertz, 1990: 102.
2. Horacio, 2019: 270-271.

elimina el tiempo para adaptarnos y hacernos a la idea, para ser conscientes del cambio de estado del ser querido y, por tanto, para no identificarlo con el vacío que ha dejado. Por último, la eliminación de los rituales nos deja cada vez más solos, disgrega el tejido social e imposibilita la generación de vínculos afectivos. Donde no se encara la muerte adecuadamente, perduran los efectos de un mal duelo: «No se trata, pues, simplemente de la expresión espontánea de un sentimiento individual [...] Hay que dar a la muerte lo que pertenece a la muerte; de otra manera los estragos continuarán en el interior del grupo».[1] De ese modo, triunfa la muerte como separación (gr. *apallássō*) y disgregación, pero no del alma con respecto al cuerpo, sino del sujeto con respecto a sí mismo, de un sujeto respecto a su comunidad y de una comunidad respecto a sí misma. Cuanto más creemos apartar la muerte, más se extienden sus dañinos efectos, y más ubicuamente reprimida se presenta.

III. La muerte agazapada en el rellano

El dolor ante la muerte y el miedo que nos atormenta han pasado a formar parte del grupo de elementos que evitamos porque nuestra impotencia nos frustra, porque nos perjudica y nos duele. Por eso, en lugar de tratar de aceptarlos, huimos. A las incontables imágenes que aparecen en pantalla, de muertos y modos de morir, desde la distancia de un espectáculo que contemplamos y del cual estamos a salvo –como recuerda Kant al hablar del peligroso mar en tormenta en la *Crítica del juicio*–, se contrapone la ausencia de representaciones de

1. Hertz, 1999: 50-51.

la muerte cercana, y esa ausencia es la que marca y profundiza el misterio asociado a ella. Sólo podremos afrontar la muerte través de una imagen o concepto de ella que nos permita ser conscientes de ella no como misterio y ausencia, sino como presencia. «Misterio» procede del griego *myō* y alude, precisamente, a lo cerrado: a cerrar los ojos y, en origen, a cerrar los labios; de ahí la procedencia del término «miope».[1] Ante la muerte, cerramos los ojos y nada tenemos que decir, porque en realidad, esta *ausencia* o *vacío* es la imagen que tenemos de ella. Ausencia es presencia: esta es la clave del misterio. Pável Florenski ha señalado, en su obra *El iconostasio*, al hilo de las discusiones bizantinas del siglo IX sobre la iconoclasia y la iconolatría, que cualquier representación, debido a su contenido simbólico, expresa un acceso a una realidad.[2] Desde esta idea podríamos pensar que la no-imagen de la muerte es una imagen que da acceso no tanto a un más allá del que nada podemos decir, sino a una comprensión de la vida y de nuestras dificultades para encararnos a la negatividad de la misma. En esta línea, Hegel había sometido a las imágenes del arte al troquelado de un proceso histórico. De tener Hegel razón, incluso la no-imagen de la muerte –más allá de los muertos distanciados que aparecen en pantalla– sería, a su vez, una forma que reflejaría los procesos de subjetivación contemporáneos. La muerte acaba siendo para nosotros lo que se nos aparece como tal. Cuando, en la *Fenomenología del espíritu*, Hegel sostiene que no hay «espíritu» desencarnado, quiere decir que las formas que la conciencia tiene de verse y entenderse a sí misma en el tiempo no son otra

1. Chantraine, 1968: 728.
2. Florenski, 2018: 77.

cosa que su fenomenización, esto es, la figura misma que se aparece para nuestra comprensión. Con ello está diciendo precisamente que no hay «agujeros» de sentido que apunten a un más allá, sino que el «agujero de sentido» es la forma en la que se aparece aquello que no comprendemos.

En realidad, si desposeemos a la figura de la muerte del sentido que le damos nosotros, veríamos que se trata de una imagen que muestra nuestra comprensión de ella. Por supuesto que la muerte es y aparece bajo distintas figuras según la época histórica: el hermano de Hypnos, la bruma sobre los ojos, el hombre encapuchado con la guadaña, el ángel de la muerte e incluso *la nada*. Pero mientras las figuras concretas acaban teniendo cierta función apotropaica y, al tener una silueta, podemos manejarlas y pensar en ellas, la última, la *imagen de la nada*, se nos presenta inabarcable y como no sabemos hacer nada con ella, la bloqueamos con la muerte espectacular o con el frenesí de una vida disfrutada a la mayor velocidad posible. No es un concepto abstracto, no es una entidad trascendente, sino que acaba siendo para nosotros la imagen y teniendo las características que histórica y culturalmente le damos a ese soltar en el que consiste para nosotros la muerte (gr. *apallássō*).

Podría aplicarse aquí lo que Hegel dice del arte: que representa de forma concreta y figurada lo que se agota en el alma humana. Nadie nos lleva, nos arranca ni nos recoge, aunque sea simbólicamente. Nos situamos ante una concepción absolutamente indecible, irrepresentable e incomunicable de lo que es de suyo indecible, irrepresentable e incomunicable. Pero, al no poderlo limitar ni encarar simbólicamente a este no-ser, le damos tanto poder que aparece en nuestra vidas bajo otras formas que nos atemorizan y persiguen en vida. Con Hegel, la muerte la entendemos hoy con los velos de mediación de nuestra cosmovisión hegemónica. Con Schelling, podemos afirmar que, pese a esa mediación, la muerte existe más allá de nuestra forma de entenderla. Ahora bien, apartando la muerte en el rellano no la ahuyentamos, sino que, en realidad, como una obsesión de la que tratamos de escapar a través de una lucha contra el envejecimiento o contra la enfermedad –que también ocultamos–, le damos más peso en nuestra vida. Vivimos cada momento pensando en el siguiente porque la vida es breve, en lugar de vivir disfrutando del carácter único de cada segundo. Igualmente, estamos atrapados en vidas que no queremos cambiar, porque cuesta esfuerzo, porque puede ser doloroso, en lugar de ser conscientes de que sólo tenemos esta vida, para vivirla del mejor modo posible.

En Hegel, el platónico aprender a morir se convierte en un asumir el morir, donde aquel «recordar» que Sócrates había enarbolado como parte de su doctrina de la inmortalidad, en Hegel tiene otro sentido, puesto que «recordar» se dice en alemán *erinnern*, que etimológicamente implica traer algo al interior (al. *innen*) a través de un proceso de reflexión que necesita de una simbolización cultural y social que es, en sí misma, histórica. De este modo, se introduce en uno mismo algo que se muestra de una forma exterior. La muerte no deja de ser en Hegel un límite para lo finito, pero este límite no es exterior, sino que el límite mismo le sobreviene como momento constitutivo de lo finito. La muerte, apartada en el rellano, deviene aún más espantosa precisamente porque en nuestras sociedades queda *fuera* de nuestra vida, es una inmediatez que debemos afrontar como si fuera un corte que es preciso saltar solos. Esta expulsión, sin embargo, es un autoengaño. El morir está dentro de nosotros y el saltar es un esquivar. Este será el sentido con el que en el prólogo de la *Fenomenología del espíritu* encontremos formulado que «la vida del espíritu no es la vida que se asusta ante la muerte y se preserva pura de la devastación, sino la que la soporta y mantiene en ella».[1] En Hegel no hay edificación ni argumentos que consuelen ante la pérdida, pero sí una invitación a abrazar el morir como parte de lo que somos. Por eso, por muy espantoso o doloroso que nos parezca, es necesario el proceso de asumir el morir no como un elemento externo, sino como parte de un proceso. Sólo a través de los ritos puede la cultura hacer su trabajo de mediación ante el abismo. Rechazamos la muerte, la consideramos como parte de una enfermedad, como el envejecimiento que pretendemos curar, pero cuanto más la rechazamos, más poder tiene de horrorizarnos. En realidad, la muerte no apunta a la nada, porque la nada o el vacío lo es siempre de algo determinado y como tal, tiene un contenido.[2] Afrontar la naturalidad de la muerte en nuestra vida pasa por transformarla interiormente en un proceso cultural y social a través del cual se puedan tender puentes para cruzar el abismo.

Esta asunción e integración del morir no se da en las sociedades actuales, pero esto es síntoma de un proceso mucho más complejo, en el que no sólo se considera la muerte como algo ajeno a la vida misma sino en el que los rituales han quedado obsoletos por considerarse prácticas arcaicas que hacen perder lo que más renta de nuestras vidas: el tiempo. Esto ha tenido varias consecuencias entrelazadas: a fuerza de eliminar o dejar en lo

1. Trad. modif. Hegel, 2010: 24.
2. Cfr. Hegel, 2010: 151.

más escueto lo simbólico de la pérdida, se han visto
trastocados los procesos de recomposición y reinstaura-
ción, la comunidad ha perdido fuerza, el doliente se
siente más solo y no sabe cómo afrontar su dolor y, de
ese modo, estamos más inermes ante la muerte, que se
teme cada vez más y se muestra, como advirtió Hegel,
de una forma más espantosa. Paradójicamente, al re-
chazarla y ser absorbida por las lógicas de aceleración y
eficiencia del tiempo propio de nuestras sociedades hi-
perproductivas, estamos más cerca de ella, no sólo porque físicamente enfermamos, sino porque no conseguimos vivir con lo mejor de nuestros seres queridos, sino
tan sólo seguir existiendo con un vacío que tratamos de
colmar buscando sustitutos o anestésicos. Nos vemos,
así, frente a frente con un abismo, sin herramientas que
nos permitan llevar la muerte simbólicamente a su espacio propio.

Puede que la muerte no sea un misterio, sino que,
como dice Pseudo Dionisio el Areopagita en la *Teología
mística* sobre lo absolutamente incognoscible, si no hay
palabras es porque es lo más simple.[1] Sería lo más tajante, el choque de la realidad ante el no-ser. La muerte sería la separación. Ahora bien, lo que deja en el ámbito
común es lo más complejo, igual que referirse a todas
las consecuencias que trae consigo el golpe que tanto
nos cuesta nombrar: el vacío para nosotros. Y por eso,
por ser lo más simple y lo más complejo, necesitamos la
simbolización. ¿Quién puede vivir en el silencio absoluto sin volverse loco? Como escribía Schiller, lo común
(al. *Gemein*) baja silenciosamente (al. *Klanglos*) al mundo de los muertos, y somos los vivos los que cantamos,
simbolizamos, trazamos un camino de notas para poder

1. Pseudo Dionisio Areopagita, 1995: 376.

«ser un treno [*Klaglied*] en los labios» de la comunidad[1] y dar forma a nuestro dolor y a su vacío.

Al ocultar la muerte y llevarla a los límites de nuestra vida la hemos convertido en una sombra sobre nosotros mismos que nos espanta y nos aterra. Pensamos en vivir la vida al máximo a nivel cuantitativo, lo que se traduce en el mayor número de experiencias o de posesiones, que se «tienen»; pero al vivir de este modo no sabemos vivir. «Saber» y «sabor» son parte de la misma familia etimológica: ambas vienen del latín *sapere*. No se trata de aprovechar la vida viviendo muchas cosas, sino de vivir la vida aprovechando y disfrutando lo que se tiene ya, demorándose, como invitaba a hacer Horacio en la oda *Tu ne quaesieris*. La ocultación o el maquillaje de lo que nos causa la muerte –el envejecimiento y la enfermedad– y la apología de vivir mil vidas en una nos llevan a una vida de miedos, huidas e incapacidad de distinguir tanto lo bueno que está a nuestro alcance como de afrontar con herramientas los elementos dolorosos y difíciles de toda existencia. Se trata, por tanto, de dar cuerpo a la muerte. De incorporarla, no por morbo, sino para reconocer el dolor y, al mismo tiempo, poder neutralizar el absoluto horror que nos genera. La muerte es terrible, pero no deberíamos generar más terror sobre lo que tanta desazón nos causa.

Todo lo que tenemos de la muerte es inasible, pero sin su dimensión simbólica, es inconcebible, un agujero que nos arrastra. A veces es una voz. A veces necesita una figura *tomada* porque ella por sí misma carece de una, como en la película de Newman. A veces es un destino final, como en la serie de películas de terror *Destino final* (2000-2011), del que no sólo no podemos esca-

---

1. Schiller, 1965: 242; trad. modif. Schiller, 2019: 194.

par, sino que es espantoso. La imagen que tenemos hoy de la muerte es inabarcable: al representar la máxima negatividad, la nada más absoluta frente al todo de la vida como dos opuestos irreconciliables, hace que no sepamos qué hacer con ella... ni con nosotros.

7

Somos nosotros los cambiados

Un manantial lleno de agua, una fuente. Una boca que bebe, un cuerpo que se refresca. Un cuenco lleno de leche. La imagen de una copa que se llena gracias al líquido que se vierte desde otra que ofrece Sócrates en el *Banquete*, asociada a esa extraña petición del *Fedón*, cuando le preguntan por su enterramiento: «como queráis, siempre que me atrapéis y no me escape de vosotros». Una elegía que no sólo se dedica a la muerte, sino al amor. Un canto que arropa y que permite salir de la tristeza y sincronizarse con la vida. Una vida compartida que nos ha configurado y aportado y que, precisamente por su significatividad, nos hace sentir de forma profunda la pérdida. Una relación distinta con la muerte donde impere *eros* y no *póthos*.

Anne Carson, en su ensayo *Eros the Bittersweet*, título que alude al fragmento 130 de Safo, parte de algunos textos de la poeta de Lesbos, donde al parecer fue a parar la cabeza de Orfeo, entre los cuales aparece aquel epíteto de Eros como «el que suelta o desata [gr. *lysimélēs*] los miembros», tan cercano a lo que Alcmán decía de Póthos y tan próximo, a su vez, a lo que, según Arquíloco, citado por Carson, entiende que hace también Póthos, que es «desatar» (gr. *lysimelēs*).[1] Eros, por

1. Carson, 1988: 3 y 8.

su parte, había sido calificado por Hesíodo, como recuerda Vernant, como «aquel que afloja los miembros»
e incluso hace temblar las rodillas.[1] El *póthos*, como deseo erótico, se corresponde con la acción del *póthos* funerario: agota, consume, hace desfallecer y nos lleva al
re menor, que nos une con los muertos ¿Pero qué tiene
que ver Eros con la muerte? ¿Por qué «suelta», según
Safo, y qué es lo que suelta? ¿Qué relación se establece
entre el *Fedón*, diálogo sobre la muerte, y el *Banquete*,
diálogo sobre el amor? Queda por pensar la diferencia
entre los modos de amar.

Al hablar de Eros, Carson se centra, entre otros muchos aspectos, en el deseo erótico que puede encontrarse en los poetas líricos arcaicos, con énfasis en Safo, y
recupera fragmentos en los que se suceden imágenes de
este amor, que bien puede llamarse, entre otros, *eros*
(gr. ἔρος, ἔρως), *hímeros* (gr. ἵμερος) y *póthos* (gr πόθος),
y donde son utilizados verbos para designar el acto de
«amar», «querer» con o sin deseo, «pretender», «tender», «gustar» o «desear»: *eráō* (gr. ἐράω), *himeírō* (gr.
ἱμείρω), *boúlomai* (gr. βούλομαι), *philéō* (gr. φιλέω) o
pothéō (gr. ποθέω), entre otros muchos conceptos. Este
último, *pothéō*, se refiere siempre a la falta o a la carencia de algo de lo que hemos sido privados, de ahí que
signifique «echar de menos», «anhelar», «ansiar».
Himeírō, por su parte, hace referencia a desear lo presente, sexual y pasionalmente, siendo arrastrado por
este mismo deseo, como leemos en el *Crátilo*.[2] ¿Y *eros*?
La mención a los verbos es importante porque para
Carson «*eros* es un verbo»[3] y, como señala en otra de

---

1. *Teog.* 120; cit. por Vernant, 2001: 135.
2. *Crátilo*, 419e; Platón, 2000b: 421.
3. Carson, 1988: 29.

sus obras, si «los sustantivos [ing. *nouns*] nombran [ing. *name*] el mundo», «Los verbos activan los nombres [ing. *names*]».[1] ¿Qué acción es la de *eros*? ¿Qué nombre (*name*) se activa con ella? En primer lugar, *eros* y *póthos* indican la unión o el vínculo con un objeto al que queremos, estimamos, aspiramos o deseamos, pero cambia el modo, precisamente por la *activación* del nombre, de nuestra relación con él. *Póthos*, como vimos, se aferra a la privación porque el modo del echar de menos intensifica el *menos*, es decir, que se desea aquello de lo que hemos sido privados. Siendo así, nos llenamos de la nada y nuestro cuerpo es el receptáculo de ese vacío en el que vamos hundiéndonos y que acaba arrastrándonos a una temporalidad de los muertos, como la del holandés errante de Wagner. El verbo *pothéō* apunta, precisamente, a esta aspiración, a atrapar lo que no se tiene, como trataba de agarrar Orfeo a Eurídice, hasta desatarnos, así, de la vida, como indica el verbo griego *lúō*, en la búsqueda de lo que ya no está y a lo que nos aferramos. Eros, a diferencia de *Póthos* no se suelta de la vida y no se aferra a la ausencia y a la carencia del difunto, sino que atrapa la vida, soltándose del vacío y quedándose unido a la ganancia y a las aportaciones dadas por el objeto de amor, de ahí la indicación que Sócrates ofrece a sus amigos en el *Fedón*, tantas veces mencionada: «atrapadme para que no me escape de vosotros», lo que quiere decir que no escapen sus enseñanzas ni su recuerdo, integrarlas en nuestra vida y, al hacerlo, activar todo aquello que nos ha dejado, soltando, así, lo peor de la pérdida, que es ese vacío. Porque el ser querido no es el vacío ni la pérdida, sino su presencia bajo la forma de su huella en nosotros. Que Eros sea

1. Carson, 2016: 19.

calificado, como hacen Hesíodo o Safo, de *lysímenēs*, quizá pueda ser entendido desde otra perspectiva según la cual, como verbo, Eros activa una forma de vínculo que suelta el vacío, deja ir al difunto, pero al mismo tiempo, sin olvidarlo, abraza la vida para, como indicaba Plutarco, considerar la fortuna de haberlo conocido.

Por otro lado, «*lysímenēs*» está formado por los términos griegos *lúō* y *mélos*, donde *lúō* significa «desatar» y *mélos* hace referencia no sólo a los miembros, sino a la música, al canto, a la poesía lírica y a la poesía mélica.[1] ¿Eros entonces desata o *desarma* el canto? ¿O desata a través de la poesía? Como puede verse en algunas ánforas áticas, Eros es también el que toca la lira. Eros desata, hace flaquear las piernas, y en esto se asemeja a lo que haría la muerte en el campo de batalla, y en este contexto arcaico se mueve Safo, pero también, desde otro punto de vista nos ayudaría a desatarnos del vacío a través de un canto por el cual atrapamos la vida. Que duela, que se eche de menos, pero que no sea el dolor lo que se imponga. Eros forma y conforma; no debería olvidarse que es una de las tres divinidades con las que comienza el proceso teogónico en Hesíodo. En este sentido, Sócrates, en el *Fedro*, critica el concepto que tiene Lisias del amor, porque Eros no trata de inmovilizar el tiempo, de controlar al amado, de poseerlo y retenerlo, sino de vivir el tiempo y dejar ser, crecer, estar, aceptar aquello que se ama. En *Duelo y melancolía*, Freud se equivoca: no se trataría de que la libido dejara de estar vinculada a su objeto de amor perdido –y eso sería un «duelo no patológico»–, sino de soltar la pérdida para poder constituir de otro modo el vínculo con el objeto amado. Este siempre será constitutivo e inseparable de nosotros. El propio

---

1. Cfr. Colangelo, 2020: 263-267.

Freud acaba reconociendo, como vimos, que el vínculo con el ser querido no puede eliminarse ni borrarse.[1] Es más, tampoco debe buscarse un sustituto porque cada persona y cada relación que establezcamos es insustituible. No hay suplentes ni sustitutos cuando perdemos a alguien y, si los buscamos, tratamos con injusticia tanto al difunto como a los que vengan, porque no les dejamos valer y significar por sí mismos.

Identificar, como se hace a menudo, la pérdida con el ser querido hace que se produzca una suplantación y sólo percibamos el vacío que nos dejan, pero hay mucho más que nos cuesta ver. De igual modo que amar no es lo mismo que el amado, fallecer no es lo mismo que el fallecido, ni perder coincide «sin resto» con lo perdido. Por lo dicho, la pérdida es un momento de la relación, y como tal no es la totalidad de la misma. La pérdida no es la persona. Así, quedarse en el dolor hasta el desgarramiento, en realidad borra y disuelve el recuerdo y los elementos más positivos de la relación y de la persona. Como le sucede a Octavia y leemos en la *Consolación a Marcia*, de Séneca, en ese caso todo es dolor y no se puede hablar del difunto porque, al querer retenerlo en el dolor, se olvidó de lo mejor de su ser querido para vivir; así, entre lágrimas Plutarco lo dirá de forma mucho más bella: «temo que expulsemos con la tristeza su recuerdo».[2] La relación que tenemos con las personas cercanas y que tienen un impacto, bueno o malo, en nosotros mismos y en nuestra vida es compleja y muy tupida: aunque el dolor siempre persistirá, debe ser relegado a un segundo plano. Una vez que se diferencia al ser querido del momento del fallecimiento, po-

1. Díaz Facio, 2019: 38.
2. Plutarco, 2008: 314.

drán aparecer los afectos más positivos, que conviven, así, con los anteriores, y deberían imponerse. De ahí que C. S. Lewis sostenga tras su proceso que «el dolor enconado nos separa de los muertos» y que, incluso «entraña una especie de momificación. Volvía a los muertos muchos más muertos».[1] El amor, en cambio, como hará ver Sócrates en el *Fedro*, es acción y movimiento[2] y es una forma de acercarnos a nuestros seres queridos. Efectivamente, Eros, como sostiene Carson, es un verbo: disuelve (gr. *lysímenēs*) los lazos que nos atan al vacío, pero ayuda a conformar otros con aquello que nos queda. Y en este sentido, nos separa (gr. *apallássō*) de los muertos, para activar la vida.

I. EN LOS VERBOS CONJUGADOS

Carson ha señalado que el tema del *Fedro* es el daño, como el daño que se hace en nombre del deseo,[3] como al que se refiere Sócrates al hablar de los modos de amar en Lisias.[4] También pudiera ser el daño que hacemos y nos hacemos en nombre de Póthos, cuando queremos tanto a alguien que no lo dejamos ser y atrapamos, al morir, lo más doloroso de nuestra relación con él, que es la pérdida. Si recordamos la imagen de Tetis sobre la espuma de las olas, parecida a Afrodita, madre a su vez de Eros, Hímeros y Póthos, desde el dolor de la pérdida, una vez ha cambiado el estado ontológico del ser querido, puede ser conformado el vínculo del verbo «amar»,

1. Lewis, 2022: 77-78.
2. *Fedro*, 245c; Platón, 2000c: 339-340.
3. Carson, 1988: 130.
4. *Fedro*, 238e; Platón, 2000c: 327 y ss.

y dirigir, así, las aguas, para que nos inunden y sepulten o para no dejar que el oleaje arrase con lo que aportó el otro en nosotros. Tetis, como Afrodita, es quien resurge ahora del mar, en cierta medida como una diosa griega producto de un cercenamiento. Reducir al ser querido a la tormenta supone activar su nombre para entristecernos y que todos los verbos que utilicemos para dirigirnos a él estén llenos de zozobra y sufrimiento. Y es ahora, en nuestros verbos conjugados, cuando podemos activarlos y llevarlos a una zona de amor y luz o de dolor y sombra. El sujeto en singular que encarnaba el fallecido y que sostenía los verbos ya no está, pero podemos conjugarlo en nuestros verbos. Quizá por este motivo, el *Fedro* se desarrollaba cerca de la fuente consagrada a la ninfa Farmacia,[1] donde *pharmakon* es remedio y veneno al mismo tiempo. Remedio es Eros, veneno es Póthos. Todo dependerá de qué sustantivo (ing. *noun*) se active con el verbo y qué verbos elijamos para activar sus nombres (ing. *names*).

El dios Eros era un niño, como en niños nos convertía la muerte. También se parece Eros a Thánatos en la iconografía del mundo clásico porque ambos son alados, como la propia alma, según encontramos descrito en el *Banquete*. Pero ¿ambos arrebatan? Para Sócrates, según las enseñanzas de Diotima, en el *Banquete*, el amor es carencia y, al mismo tiempo, en el mismo diálogo, quien representa el amor que da y que entrega es Alcestis, quien consiguió lo que no pudo Orfeo: que por su *eros* fuera reintegrada entre los vivos.[2]

El diálogo *Fedón* no puede entenderse en toda su profundidad sin otro diálogo de Platón que con él hace

---

1. *Fedro*, 229b-d; Platón, 2000c: 309.
2. Cfr. *Bibl.* 1.9.15; Apolodoro, 1985: 72.

pareja: el *Banquete. Fedón, Fedro* y *Banquete* son, de
este modo, tres diálogos que se complementan. El *Fedón* versaría sobre la muerte; el *Fedro*, sobre el daño, y
el *Banquete*, sobre el amor. ¿Cómo se relacionarían
desde esta constelación de conceptos? El primer personaje que aparece en el *Banquete* es Apolodoro, el mismo que en el *Fedón* lloraba desconsoladamente la
próxima muerte de Sócrates. También aparece Fedro, el
mismo personaje que hablaba con Sócrates sobre el discurso de Lisias, para contarnos, en su encomio a Eros,
la historia de Alcestis quien, por amor a su marido,
ofrece su vida a cambio de la de él: «a pesar de que muchos han llevado a cabo muchas y hermosas acciones y
el número de aquellos a quienes los dioses han concedi-
do el privilegio de que su alma suba del Hades es realmente muy pequeño, sin embargo, hicieron subir la de
aquélla admirados por su acción [...] En cambio a Orfeo, el hijo de Eagro, lo despidieron del Hades sin lograr
nada [...]».[1] Cuenta el mito que, tras conseguir sortear
la muerte por mediación de Apolo, Admeto consigue
que otra persona muera en su lugar. Cree que uno de
sus padres se sacrificará por él, pero su reciente prome-
tida Alcestis es quien da el paso al frente. Morirá en la
noche de bodas. El tema reaparece en Eurípides con un
cambio sustancial porque, además de ser salvada no
por la divinidad del inframundo sino por Heracles, aunque el trato se realiza el día de la boda, se consuma años
después, cuando ya es esposa y madre, y por tanto toma
conciencia de lo que abandona y sacrifica.[2] El tema es
problemático por la imagen de la amante esposa y por
el marido que deja que su mujer muera por él. No es

1. *Banquete*, 179c; Platón, 2000c: 200.
2. Lesky, 1976: 393.

Póthos quien mueve a Alcestis ni un vínculo que la arrastre hacia el Hades, sino precisamente el vínculo con los vivos. Su gesto, como gesto de amor, lo es hacia la vida, y no hacia la muerte, y por eso será salvada por Core o rescatada por Heracles, según las fuentes. No se trata de *retener una ausencia*, sino de *dejarla ir*, para que vivan aquellos a los que ama. Alcestis quiere lo mejor para Admeto, quiere cuidarle. En principio, su esposo debería querer lo mismo y no permitir su sacrificio. En la tragedia de Eurípides, Admeto padecerá la pérdida y el temor a la mala fama que pueda traer consigo su inacción: «La soledad interior me echará fuera, cuando vea vacíos el lecho de mi esposa y las sillas en que se sentaba y por las habitaciones del suelo polvoriento y a mis hijos que, abrazados a mis rodillas, lloran a su madre»; sin embargo, lo que más le preocupa es ser «abrumado por la mala fama» por haber sido tan cobarde como para dejar morir a su mujer.[1] Seguimos, sin embargo, sin saber, más allá de la relación con el dios, qué es el amor o, como quedará formulado en el *Banquete*, qué cosa, qué cuestión es el amor.[2] Una primera respuesta será la ofrecida por el propio Fedro.

Si Alcestis es capaz de hacer este sacrificio es, según Fedro, gracias a que Eros le insufla coraje y valor. Eros aparece en esta primera intervención como un dios, no hijo de Afrodita, sino ingénito, de los primeros de los que Hesíodo hace desfilar en su *Teogonía*, que nos da valor y que es, por sí mismo, bueno y bello, precisamente por ser un dios. Tras la intervención de Fedro, hablará Pausanias, para introducir la idea de un Eros malo y un Eros bueno; es decir, hay un dios que lleva a

1. *Alcestis*, vv. 935-961; Eurípides, 2000: 50.
2. *Banquete*, 200a; Platón, 2000c: 239.

amar elementos buenos y otro que es perjudicial para nuestra alma. Cuando, en el curso del diálogo, le corresponde hablar a Erixímaco, se introduce la relación de Eros con la armonía de la mano de la medicina y de la música. Para ello, Erixímaco recurre a Heráclito, quien entiende que la armonía consiste en conseguir una concordancia entre lo que previamente es discordante; así, la salud se consigue concordando con lo que es sano, y la enfermedad, con lo que nos hace mal. La labor del médico consistiría en que el paciente concordara con la salud y la vida. En este sentido, la medicina sería como la música, y así lo dice Erixímaco, porque el acuerdo entre las partes se realiza a través de la armonía y el ritmo, del mismo modo que se emplea la «composición melódica».[1]

Este sería el Eros bueno, frente al Eros que nos lleva a la desmesura. Distingue, así, el médico, dos tipos de Eros, uno bueno y otro malo, como había hecho Pausanias en el discurso inmediatamente anterior. Sin embargo, el problema de esta lectura es que Erixímaco entiende esta armonía en un plano natural, sin dar cuenta de la profundidad de estas reflexiones, en la que sí ahondará Platón. Aristófanes introducirá el mito según el cual el amor nos conduce a buscar nuestra otra mitad porque al comienzo éramos «uno», hasta que Zeus nos parte por la mitad. Y así, pasamos nuestra vida tratando de completarnos. El amor sería una forma de carencia.

Este será el hilo de la intervención de Sócrates, para el que Eros, más que un dios hijo de Afrodita y por tanto, al ser dios, bueno y bello por sí mismo, entiende que si Eros tiende a lo bello y lo bueno es porque él mismo

---

1. *Banquete*, 187c-d; Platón, 2000c: 215-216.

no lo es. Sócrates define así el amor como falta (gr. *éndeia*) y por tanto, carente de bien y belleza. Para ello, recurre a las enseñanzas de Diotima de Mantinea: «No pretendas, por tanto, que lo que no es bello sea necesariamente feo, ni lo que no es bueno, malo. Y así también respecto a Eros [...] no creas tampoco que ha de ser feo y malo, sino algo intermedio».[1] Diotima le enseña a Sócrates el mito según el cual Eros sería el hijo de Poros, la inteligencia, y de Penía, la pobreza. Por eso Eros es pobre, duro, seco, pero siempre está en busca de lo bueno y lo bello, de la verdad, como un amante del conocimiento. De esta forma, Eros tiende, busca y pretende no *otra mitad* sino aquello que le proporcione una forma de entender lo bueno y lo bello. Eros es carencia, sostiene Sócrates, de belleza y bien, pero a las que se tiende y que están asociadas a una aspiración. Eros es carencia, repite una y otra vez Anne Carson en su ensayo.[2] Ahora bien, en el diálogo platónico sería una carencia relacionada con una aspiración al conocimiento, pero no porque nada se sepa de aquello que quiere conocerse, sino precisamente porque algo de ello nos interpela y por eso podemos «recordar» y queremos saber más.

¿El amor es, entonces, carencia o falta? ¿Qué cosa es el amor? Eros no será para Sócrates ni lo amado ni lo amante, es decir, que la «cosa del amor», adelantamos ya, no es el objeto que se ama, sino cómo se le ama: el tipo de vínculo que medie en la relación entre ambas partes. Es «el mediador»: «Al estar en medio de unos y otros llena el espacio entre ambos, de modo que el todo queda unido consigo mismo».[3] O, como sostiene Reale,

1. *Banquete*, 202a; Platón, 2000c: 243.
2. Carson, 1988: 10, 12, 16.
3. *Banquete*, 202 e-203a; Platón, 2000c: 245.

Eros es aquello que conecta.[1] Si Erixímaco había presentado a Eros como armonía de fuerzas opuestas en el
ámbito físico de la medicina, ahora Platón entiende que
Eros garantiza la estabilidad y continuidad en todos los
ámbitos.[2] Eros entonces, desde esta perspectiva y más
allá de ella, podría ser entendido como la forma de relacionarse el amante con el amado y el amado con el
amante. ¿Cómo se relacionaría el *Banquete* con el *Fedón*, es decir, el amor con la muerte?

Para Carson, Eros no sólo es un verbo, sino el que
corresponde a una carencia, y así, se pregunta: «¿De
quién es el estar careciendo [ing. *lacking*]? Del que
ama. Si seguimos la trayectoria de Eros, lo encontramos trazando coherentemente la misma ruta: sale del
que ama hacia el amado, luego vuelve hacia el propio
amante y al hueco en él, antes inadvertido. ¿Quién es el
sujeto real de la mayor parte de los poemas de amor?
No es el amado. Es ese hueco [ing. *hole*]».[3] Nosotros
podemos preguntarnos desde esta reflexión: ¿la muerte
hace visible el espacio que hacemos a los demás en
nuestra vida, es decir, el hueco que alguien deja? ¿O
deja ver el vacío que tenemos como punto de partida
antes de amar? La pérdida nos pondría frente a la vivencia de la separabilidad. La falta que implica el fallecimiento de un ser querido nos lleva a la nostalgia de la
comunidad, cuando la construcción que hace de nosotros un todo queda herida. Necesitamos del otro para
ser, precisamente porque somos intersubjetivos. Eros,
Hímeros y Póthos, como hijos de Afrodita,[4] responden

1. Reale, 2004: 180.
2. Reale, 2004: 186.
3. Carson, 1988: 44.
4. Luca, 2017: 178.

a la necesidad inextirpable del ser humano de ser y hacerse con los otros, pero cómo hacerlo da lugar a distintos tipos de relación afectiva.

El amor como verbo conformará una relación entre las partes que estén vinculadas en esa relación. El vínculo con nuestros difuntos tendrá que ser repensado en función de hacia dónde se centren nuestros sentimientos cuando perdemos a alguien y qué tipo de relación reconstruyamos tras el fallecimiento: si se centran en lo que perdemos o en lo que nos dejan como ganancia. Porque el amor por el que se ha marchado y que este nos dejara, más que imponerse como aflicción, debe dejar paso, tras el dolor primero, a la fuerza y las pasiones alegres de todo lo que hemos vivido y compartido. Todo ello forma ya parte para siempre de nosotros, motivo por el cual «la única utilidad que se puede ofrecer a los difuntos es el honor de un buen recuerdo».[1] Efectivamente, no se ama lo que se tiene, porque Eros no es posesión ni propiedad, pero tampoco, en realidad –aunque le llevemos la contraria a Diotima y a Sócrates–, aquello de lo que se carece. ¿Y si se ama lo que nos acompaña? A esta lectura parece apuntar el propio Sócrates cuando habla de reminiscencia: porque tenemos ya un conocimiento de algo y podemos reconocerlo, tendemos a ese objeto, pero no para poseerlo, sino para cuidarlo y cuidarnos; es decir, que porque reconocemos lo bello y lo bueno de este mundo, incluso en las cosas más pequeñas, lo amamos.[2] De modo que amar, aun estando relacionado con la carencia, no es la pura carencia y la falta, sino también lo que llevamos ya dentro como ganancia.

1. Plutarco, 1986: 91.
2. Cfr. *Banquete*, 211c; Platón, 2000c: 262.

Eros es *lysimelēs* precisamente porque suelta, desata y deja ir y no hace que sean lo mismo la pérdida y lo perdido. Donde se impone Eros y no Póthos, los difuntos siguen unidos cuando se los recuerda por sí mismos, y están reconstruidos los lazos que nos vinculan a ellos: no desde el olvido, no desde el descuido, no desde el vacío o la ocultación, sino desde la aceptación y la presencia, desde el cuenco lleno, desde el manantial del que beber, alimentado por aquellos a los que hemos querido. Lo que ellos nos han dado permanece.

En el *Fedro*, a las orillas del Iliso, Sócrates había definido a Eros como hijo de Afrodita, capaz de generar en los seres humanos una forma de locura, de tendencia y de aspiración que, lejos de ser insana, es una «manía» dada por los dioses para nuestra fortuna y nos mueve, nos activa, incentiva el movimiento tanto de nuestra alma como de aquello que amamos, porque lo que mueve está animado, pero lo que se atrapa y petrifica necesariamente lleva a lo inanimado y a la muerte. Eros mueve y conduce hacia la vida. Aprender a morir, aquello que había afirmado Sócrates en el *Fedón*, es lo mismo que aprender a vivir con sentido, es decir, a aceptar lo que la vida es. A ella no se le opone la muerte, pese a lo que podamos pensar: lo contrario de vivir es malvivir o atrapar la pérdida y el vacío en lugar de atrapar lo bueno y constitutivo que nos dejan nuestros seres queridos. Amar sería, de este modo, que armonicemos la parte que nos queda de nuestros seres queridos con la vida al conseguir salir del re menor, no porque no duela sino porque no hemos dejado que el sufrimiento nos aleje de lo bueno y lo bello que los demás nos dieron.

El amor no sería el anhelo de un objeto, sino el deseo de cuidarlo. Tampoco es un sentimiento que hace daño, como diría Erixímaco, porque no se trata de poseer lo

amado, sino de soltarlo y dejarlo libre. Como sentimiento que todos hemos experimentado (amor frater-
nal, maternal o erótico), creemos que no es preciso
aprender a amar, que llegamos queriendo de serie y,
aunque sea cierto que el ser humano como ser afectivo
necesita y genera vínculos afectivos de forma natural,
no por ello hay que dar por sentado que sabemos amar.
Así lo sostiene Fromm cuando entiende que solemos
pensar en el amor como problema en tanto «ser amado» (o correspondido) o no serlo, pero no en lo que él
llama «capacidad de amar» y así, dice: «La gente cree
que amar es sencillo y lo difícil, encontrar un objeto
apropiado para amar».[1]

El amor, de ese modo, se reduce a una pasión, o una
«pasión fuerte», como incluso llega a sostener Simone
Weil,[2] porque, como tal, como *páthos*, es algo que pa-
deceríamos y nos movería a actuar de un determinado
modo. Al fin y al cabo, en principio no elegimos a quién
queremos. Sin embargo, sí podemos elegir cómo amar.
El amor nos libera, dice Sócrates. Cuando, en *El arte de
amar*, Fromm aborda qué es el amor, entiende que, lejos
de ser un mero sentimiento, amar es de nuevo una acción que puede realizarse de múltiples modos. Amar no
es enamorarse, sino permanecer en el vínculo o, como
lo define Fromm, «el amor es una actividad, no un afecto pasivo; es un "estar continuado", no un "súbito
arranque"».[3] Si Eros es un verbo, podemos aprender a
vincularnos, lo que implica, según Fromm, cuatro elementos: cuidado, responsabilidad, respeto y conocimiento. Como cuidado, el amor está asociado a la preo-

1. Fromm, 1992: 14.
2. Weil, 2023: 53.
3. Fromm, 1992: 31.

cupación por la vida y el crecimiento y desarrollo de lo que amamos. El que ama, por otro lado, «responde» al bienestar del ser querido o, al menos, lo escucha, por eso está implicado el respeto, a través del cual vemos a la persona tal y como es de forma autónoma y le dejamos distancia, incluso la dejamos ir. Amar es también saber dar un paso atrás. Finalmente, para amar hay que conocer, porque no se puede amar lo que se desconoce. Por volver al *Banquete*, si conocer es recordar y por eso el filósofo tiende, gracias a Eros, al conocimiento, es porque algo de lo amado conoce. En nuestra reflexión sobre la muerte, podemos pensarlo como dar un paso atrás, dejar ir al ser querido y quedarse con lo mejor de él: su presencia en nuestra vida. Para Freud, Eros era la fuerza que tiende a la formación y unión,[1] pero Eros a veces debe desatarse de la pérdida para preservar lo perdido. Cuidar lo que fue y lo que nos dejó, responder y ser consciente de lo que de él y con él aprendimos.

No nos queda, por tanto, sólo su nombre, ese que repetimos, sino que tenemos también el verbo, el Eros, que lo activa. La vida, *de facto*, no es un sustantivo, sino un verbo conjugado que crece en los gerundios hasta que se transforma en participio. Y florece y se marchita. Y así, convertida en un *fue*, se incluye en el verbo conjugado de aquellos que estamos viviendo en gerundio. Y vuelve a florecer de otro modo. La muerte forma parte constante de ese recorrido que es la vida. No como sombra, no como sentido, sino como la cara iluminada –a veces no reconocida– de lo que somos: mortales. No es un final del camino, sino parte de este. Puedo conjugar la muerte como puedo hacerlo con la vida aunque no acostumbre a emplear los tiempos ver-

---

1. Martínez, 2018: 89.

bales del morir a no ser que sea en forma de metáfora. Pero siempre llega. El final de la metáfora. No llega porque te encuentre o porque lleguemos al final, sino porque la encontramos: de pronto un día la vemos. En el rostro del otro. En nuestro propio rostro. Y no tenemos nada que decir. Siempre estuvo ahí, como parte consustancial de nuestra propia existencia, bajo la máscara de una vida que, malentendida, la camuflaba. Y se buscan las huellas de lo que dejó a su paso y se trazan siluetas en torno a la ausencia y se buscan olores y los lugares se llenan de nada y, al mismo tiempo, de una nada que lo llena todo. Esa es la maldición del melancólico. Portar la nada dentro y, por eso, vivir muriendo y con miedo. Miedo a perder. Pero eso, por lo dicho, portar la nada no es vivir. De ahí la famosa frase de Spinoza: «El hombre libre en nada piensa menos que en la muerte». Porque el miedo a morir y el miedo a perder es el mismo y no otro que el miedo a vivir y a ganar, porque no reconocemos lo que ganamos con los vínculos de amor con el otro. Se piensa que nada perdura. Y nos equivocamos. Lo que acaba no es la vida, sino el modo de vivirla: que vivas en el otro y que tu verbo lo conjuguen los otros al nombrarte. Y eso es la ganancia de los verbos conjugados. «[V]ives en tu nombre», escribe Aidt,[1] que activamos con nuestros verbos, es decir, con nuestro amor:

Es

Era

Ha sido

Será[2]

1. Aidt, 2021: 102.
2. Aidt, 2021: 66.

El verbo es, para Aidt, el movimiento por el cual su hijo sigue cantando dentro de ella,[1] un poder decir:

> Puedo decir de ti: Como si cantases.
> Puedo decir: Cantabas.
> Puedo decir: Cantas dentro de mí[2]

También cantos escuchará Blanca Varela: «sus palabras sus cantos / sus suspiros».[3]

Por lo dicho, el amor no es un sentimiento, no es una emoción que todos sintamos y que todos sepamos manejar: hay que saber amar, hay que saber cómo realizar la acción, es decir, hay que saber cómo vincularse, hay que no dejar, como decía Plutarco, que la tristeza ocupe el lugar de la alegría de quien fue para nosotros. No hay que identificar la pérdida con la persona que se ha perdido. Cuando eso sucede, cuando se considera que lo perdido coincide con la pérdida, a veces se trata de buscar sustitutos o suplentes con los que cubrir la ausencia, con consecuencias fatales. Nadie ni nada puede ocupar el lugar de otra persona porque cada una es singular y única y genera sus espacios. Sólo queda asumir la pérdida y pensar en las ganancias que nos aportó quien ya no está pero sigue siendo en nosotros.

II. ESCUCHAMOS AHORA

¿Qué cantos quedan de Sócrates en sus amigos? ¿Con qué melodía nos quedamos, la del final o la de todo el

1. Aidt, 2021: 23
2. Aidt, 2021: 17.
3. Varela, 2016: 230.

camino? Recordemos el final del *Banquete*, cuando Alci-
bíades comienza su elogio al propio Sócrates y lo compara con Marsias: «en efecto, éste encantaba a los hombres mediante instrumentos con el poder de su boca y
aún hoy encanta al que interprete con la flauta sus melodías [...] Mas tú te diferencias de él sólo en que sin instrumentos, con tus palabras haces lo mismo [...] cuando
se te oye a ti o a otro pronunciando tus palabras, ya sea
de mujer, hombre o joven quien las escucha, quedamos
pasmados y posesos».[1] ¿Qué escuchamos, por tanto, en
esta filosofía «como la música más alta»? Que no con-
fundamos la pérdida con lo perdido, el cuerpo presente
con la persona que queda. Y así, preocupado por hacer
entender esta diferencia, Sócrates reprende con cariño a
Critias: «es preciso tener valor y afirmar que sepultas mi
cuerpo, y sepultarlo del modo que a ti te sea grato y
como te parezca que es lo más normal».[2] En otro fragmento del diálogo, Sócrates vuelve a repetir: «no logro
persuadir, amigos, a Critón, de que yo soy este Sócrates
que ahora está dialogando y ordenando cada una de sus
frases, sino que cree que yo soy ese que verá un poco
más tarde muerto».[3] Critias quiere *retener* a Sócrates, y
por eso el maestro de Platón pide: «sedme fiadores de
que no me quedaré después que haya muerto, sino que
me iré abandonándoos».[4] Al mismo tiempo que dice que
él no es el cuerpo (la pérdida), que no se reduce a este, y
dice que los «abandonará», sostiene todo lo contrario.
Y ante la pregunta de sus amigos de si les encarga algo
una vez se haya ido, esta será su respuesta: «Lo que con-

1. *Banquete*, 215b-d; Platón, 2000c: 271-272.
2. *Fedón*, 115d-116a; Platón, 2000c: 137.
3. *Fedón*, 115c; Platón, 2000c: 136.
4. *Fedon*, 115d; Platón, 2000c: 136.

tinuamente os digo, nada nuevo [...] Que cuidándoos de
vosotros mismos haréis lo que hagáis a mi agrado y al de
ellos míos y de vosotros mismos, aunque ahora no lo re-
conozcáis. Pero si os descuidáis de vosotros mismos, y
no queréis vivir tras las huellas, por así decir, de lo que
ahora hemos conversado y lo que hemos dicho en el
tiempo pasado, por más que ahora hicierais muchas cosas y vehementes promesas, nada más lograreis».[1] Lo
que les deja Sócrates es toda una historia que es también
la suya. Miles de conversaciones, miles de momentos,
miles de alegrías y de enfados, de momentos de luz y de
desconcierto. Es eso con lo que deben quedarse, lo que
deben «atrapar». Sócrates está ya en ellos y es de ahí de
donde les pide que, asumida la pérdida, aceptada su
muerte y enterrado su cuerpo, no permitan que el verdadero Sócrates «se escape». Sus aportaciones, interiorizadas, van encaminadas no a atarse al dolor, a dejarlos
huérfanos, sino a haberles dado las herramientas para
seguir viviendo sin él, pero en su compañía, aunque ahora «no lo reconozcan», porque en el mortal momento de
dolor nada puede verse. Y esta enseñanza se refiere ya
desde el principio cuando comienza su canto: «¿de dónde, Sócrates, vamos a sacar un buen conjurador?». «Debéis buscarlo vosotros mismos y unos con otros».[2] En
cierto sentido, los vivos, como dice Platón, nacen de los
muertos y de ellos se nutren, es decir, de todo lo aportado. Cuando Sócrates, por tanto, *canta* en el *Fedón*, se
trata de una consolación que trata de poner el peso no
en el dolor de la pérdida, sino en el amor a lo amado. El
cuerpo no es Sócrates. Y de alguna manera, Sócrates se-
guirá estando en ellos.

1. *Fedón*, 115a-b; Platón, 2000c: 135-136.
2. *Fedón*, 78a; Platón, 2000c: 66.

Eros, el amor, activa la libertad y la fuerza en re mayor, como acaba el *Réquiem* de Mozart, para seguir buscando, vinculándonos, construyéndonos, soltando lo que nos hace daño y amando la vida. Quizá por eso en el *Fedro* el amor está asociado a una forma de manía que es lo mejor de nosotros mismos y, dándonos alas, nos hace seguir adelante: «alguien contempla la belleza de este mundo, y, recordando la verdadera, le salen alas y, así alado, le entran deseos de alzar el vuelo, y no lográndolo, mira hacia arriba como si fuera un pájaro».[1] Los demás, en el recuerdo, nos dan alas y fuerza. El poemario que Inma Chacón dedica a su hermana se titula *Alas*.

A veces activamos la añoranza en lugar de escuchar el canto que nuestros difuntos nos dejan porque la vida, aunque la entendemos hoy en día como el tiempo que nos queda, en realidad se constituye por todas las experiencia que somos y nos construyen, por los cruces de caminos y los encuentros con los otros. En el mundo antiguo, algunas aves eran señal de encantamiento y muerte, de magia y embrujo, como el *iynx* o torcecuello, que era también el ave que acompañaba a Afrodita, señal de amor, pues, a su vez entendida como un ave transmisora y por tanto de mediación entre lo divino y lo humano, como Eros en el *Banquete*.[2] Se ha llegado a sostener que bajo la influencia de Platón, el *iynx* llegó a significar «fuerza vinculante» entre dos términos.[3] Si Eros es mediador, un mal amor, en el que se imponga Póthos, daña tanto a lo amado (a la persona querida) como al amante (el doliente), así como a la comunidad

1. *Fedro*, 249d; Platón, 2000c: 348.
2. Pollard, 1977: 130-131.
3. Cfr. Fernández Fernández, 2015: 249.

a la que ambos pertenecen. Recordemos lo que Sócrates dice del discurso de Lisias en el *Fedro*: que es terrible.[1] Su concepto de amor *daña*. El amor que en este diálogo defiende Sócrates «no es a las tinieblas de un viaje subterráneo» adonde conduce, como en el caso de Orfeo, sino a «una vida clara y dichosa», gracias «a las alas que con él se obtienen».[2] El amor del que habla Lisias y su retórica, que no es la del canto de la filosofía, conduce a un «amor llamado siniestro» y a una «insania en el pensamiento».[3]

Sócrates, como sostienen en sus consolaciones Plutarco y Séneca, no querría que sus seres queridos padecieran por su causa: «así como cuando vivía entre nosotros no veía con agrado que tú y su madre estuvieseis abatidos, del mismo modo [de dejarse llevar por el duelo y el dolor extremo] tampoco ahora [...] se sentiría satisfecho con vuestra actual forma de vivir».[4] Si nos quiso y quiso lo mejor para nosotros, no querría que viviéramos en re menor, en una muerte en vida, y si le hubiera gustado que, tras su muerte, tuviéramos una vida entera de padecimiento y lágrimas, entonces no merece que le guardemos, a quien tan mal nos quiso, semejante duelo infinito. Al comienzo del *Fedón*, Sócrates se refiere al placer que experimenta tras ser liberado del dolor de las cadenas que lo ataban. Dice lo siguiente: «¡Qué extraño, amigos, suele ser eso que los hombres denominan "placentero"! Cuán sorprendentemente está dispuesto frente a lo que parece ser su contrario, lo doloroso [...] pero si uno persigue a uno de los dos y

1. *Fedro*, 242d; Platón, 2000c: 334.
2. *Fedro*, 256d-e; Platón, 2000c: 362.
3. *Fedro*, 265e-266a; Platón, 2000c: 381.
4. Plutarco, 1986: 113.

lo alcanza, siempre está obligado, en cierto modo, a tomar también el otro».[1] Amar a alguien, hacerle espacio en tu vida, que forme parte constitutiva de ti –cuidarlo, respetarlo, conocerlo– implica también dolor cuando le pase algo, pero sin correr ese riesgo, ni se ama ni se vive. Y es preferible la fortuna de haber conocido y haber amado, a estar lejos del dolor pero no haber sentido ninguna de las grandes alegrías que implica el vivir o a no haber podido descubrir muchos de los significados que se manifiestan en el convivir.

III. EL COLIBRÍ

Vivimos en una sociedad en la que no sabemos perder y en la que parece no entenderse que a veces lo que resta no es lo que se pierde, sino precisamente lo que apresamos. Los otros nos constituyen y nos cambian. También su fallecimiento. Pero debemos saber qué activar cuando se han ido, qué soltar y qué quedarnos, como los personajes de *Las gratitudes* de Delphine de Vigan, que aun en la tristeza de la pérdida, se quedan con lo más tierno de Michka y le dan las gracias.[2] Olvidar esa parte, confundirla con el dolor y, al no soltar, llenarse de nada, de vacío, de sufrimiento, constituye las dos auténticas pérdidas: la del ser querido y la de la vida de los que quedan. Cómo nos relacionemos con nuestros seres queridos forma parte de cómo nos reconstruyamos. Por eso, los poemas de Aidt «hablan también de devolver lo que los muertos nos dieron cuando vivían. De que el ser de los muertos, por así decirlo, sigue precisando un lu-

1. *Fedón*, 60b; Platón, 2000c: 30.
2. De Vigan, 2021: 145.

gar en la vida, de que hay que hacer llegar a los demás el
amor que ellos nos dieron. Ahí radica la esperanza. La
esperanza de que aquello que me diste crezca en otros si
me veo capaz de compartirlo. De que mi amor crecerá
en fuerza y belleza porque ahora incluirá el tuyo. Eso no
debe destruirlo la pena».[1]

En el monólogo final de *21 gramos* se suceden varias
preguntas en torno a un dato que en principio se aplica
a la propia muerte: «Dicen que todos perdemos 21 gramos en el preciso instante de nuestra muerte. Todos. ¿Y
cuánto cabe en 21 gramos? ¿Cuánto se pierde? ¿Cuánto
perdemos en 21 gramos? ¿Cuánto se va con ellos?
¿Cuánto se gana? ¿Cuánto se gana [*gained*]?». Podemos seguir preguntando: ¿Cuánto pesa nuestra vida?
Los 21 gramos, ¿los pierde el difunto o los perdemos
nosotros al enterarnos de la noticia o ya en el momento
en el que estamos cercenados, sin saberlo? ¿Qué hay en
la profundidad de esos 21 gramos? ¿Por qué se repite la
pregunta sobre la ganancia? ¿Cuánto nos pesan esos 21
gramos? ¿Durante cuánto tiempo? ¿Y cuánto nos liberan? *To gain*, ¿qué sustantivo se activa con este verbo
que significa «obtener», «alcanzar» o «conseguir»?
¿Qué perdemos con esos 21 gramos y qué queda al descubierto cuando los perdemos? ¿Qué se alcanza? El monólogo prosigue: «21 gramos. Lo que pesan cinco mo-
nedas de cinco centavos. Lo que pesa un colibrí».
¿Cuánto nos pesa un ser querido? ¿Cuánto, su pérdida?
¿Cuánto, su ganancia?

Un ser querido nunca termina. Heidegger entendió
que el finar (al. *enden*) no caracteriza nunca adecuadamente la muerte porque el que muere no alcanza ninguna plenitud, ninguna culminación, una maduración o

---

1. Aidt, 2021: 113.

una simple terminación: «En la muerte, ni ha llegado el "ser ahí" a su plenitud, ni ha desaparecido simplemente, ni menos está "concluido" o está totalmente a nuestra disposición como algo "a la mano"».[1] Tampoco, dice Heidegger, «desaparece» (al. *verschwinden*), porque incluso cuando decimos que un camino termina, ese cesar no hace desaparecer el camino. El camino permanece. Y sigue dentro como ganancia, como parte de quienes somos, aunque a veces no lo veamos. Como las alas de un colibrí, que en vuelo no pueden verse, pero gracias a las cuales pueden sostenerse y vivir. Eso es lo que queda, el cuenco lleno de alegrías, de momentos compartidos, de amarguras, de dolor, de aportaciones, en definitiva, de todo lo que implica vivir. Nos quedan las alas. Ante la muerte, la propia y la ajena, sólo podemos confiar, en el primer caso, que hemos hecho lo posible para aportar a los demás y enriquecer su vida, como hizo Sócrates y como confía en hacer en el tiempo de prórroga el caballero Antonius Block; y con respecto a los que se nos han ido, activar lo bueno que nos han dejado, reconocerlos y, pese a todo, seguir celebrándolos. Más allá y más acá de cualquier poema, más allá de su nombre, están en nuestros verbos conjugados, que nos sostienen. Como las alas al colibrí.

---

1. Heidegger, 2000: 268.

La muerte nos convierte en niños
desconsolados, desubicados, desconcertados

Que cantan en una ciudad sin muros
dentro de una prisión palabras de consuelo
ante lo irremediable.

Como quien derrama el dolor en el interior
        de un poema
su contorno es el vaso que llenamos
la caja negra que construimos tras el golpe

en nosotros.

Y allí por donde vamos
un océano interior nos encuentra
y en ese encuentro se abre una ausencia

común.

Resonando en re menor
bajo el peligro de las sirenas
quedamos suspendidos hasta despertar.

Un corte sin tránsito
que saltamos aislados desencantados.
La muerte agazapada en el rellano.

Somos nosotros los cambiados
en los verbos conjugados escuchamos ahora

el colibrí.

Bibliografía

ABELLO BLANCO, A. y LIBERMAN, A., *Una introducción a la obra de D. W. Winnicott. Contribuciones al pensamiento relacional*, Madrid, Ágora Relacional, 2011.

ACAMPORA-MICHEL, E. (ed.), *Liber de pomo. Buch vom Apfel*, Fráncfort, Vittorio Klostermann, 2001.

ACOSTA, M. del R. (ed.), *Friedrich Schiller: estética y libertad*, Bogotá, Universidad Nacional de Colombia, 2008.

AGUIRRE, M., «Linus fr. 2: Music and Death», en: Herrero de Jáuregui, M., Jiménez San Cristóbal, A. I., Luján Martínez, E. R., Martín Hernández, R., Santamaría Álvarez, M. A. y Torallas Tovar, S., *Tracing Orpheus. Studies of Orphic Fragments*, Berlín, De Gruyter, 2012, págs. 355-360.

AIDT, N. M., *Si la muerte te quita algo, devuélvelo*, Madrid, Sexto Piso, 2021. Traducción de Blanca Ortiz Ostalé.

ALEXIOU, M., *The Ritual Lament in Greek Tradition*, Nueva York, Cambridge University Press, 1974.

ANTONINI, S., «Los instrumentos musicales de la elegía latina», en *Anales de Filología Clásica*, vol. 2, n.° 34, marzo 2022, págs. 5-40.

APOLODORO, *Biblioteca*, Madrid, Gredos, 1985. Edición y traducción de Margarita Rodríguez de Sepúlveda.

APOLONIO DE RODAS, *Las Argonáuticas*, Madrid, Cátedra. Edición y traducción de Máximo Brioso Sánchez, 2022.

ARCAZ POZO, J. L., «Estructura y estilo del poema 101 de Catulo», en *Cuadernos de filología clásica: Estudios latinos*, n.º 11, 1996, págs. 9-16.

ARCE, J., *Funus Imperatorum. Los funerales de los emperadores romanos*, Madrid, Alianza Editorial, 1988.

ARENDT, H., *Responsibility and Judgment*, Nueva York, Schocken Books, 2003 [H. Arendt, *Responsabilidad y juicio*, Barcelona, Paidós, 2007. Traducción de Miguel Candel].

ARIÈS, P., *Historia de la muerte en Occidente. Desde la Edad Media hasta nuestros días*, Barcelona, Acantilado, 2000. Traducción de Francisco Carbajo y Richard Perrin.

ARÍSTIDES QUINTILIANO, *Sobre la música*, Madrid, Gredos, 1996. Edición y traducción de Luis Colomer y Begoña Gil.

ARISTÓFANES, *Comedias II*, Madrid, Gredos, 2007. Edición y traducción de Luis Gil Fernández.

ARISTÓTELES, *Metaphysica*, Londres, Oxford Classical Texts, 1963 [Aristóteles, *Metafísica*, Madrid, Gredos, 2000b. Edición y traducción de Tomás Calvo Martínez].

—, *Política*, Madrid, Gredos, 2000a. Edición y traducción de Manuela García Valdés.

—, *De Arte Poetica Liber*, Londres, Oxford Classical Texts, 1975 [Aristóteles, *Poética*, Madrid, Gredos, 2018. Edición trilingüe y traducción de Valentín García Yebra].

ARISTOXENO, *Elementa Thythmica. The Fragment of Book II and the Additional Evidence for Aristoxe-*

nean Rhythmic Theory, Oxford, Oxford University Press, Clarendon Press, 1990. Edición y traducción de L. Pearson.

ARTEMIDORO, *La interpretación de los sueños*, Madrid, Gredos, 2002. Edición y traducción de Elisa Ruiz García.

ASSMANN, J., *Der Tod als Thema der Kulturtheorie*, Fráncfort, Suhrkamp, 2000.

ASTUR, M., *La aurora cuando surge*, Barcelona, Acantilado, 2022.

ÁVILA ESPADA, A. (ed.), *La tradición interpersonal. Perspectiva social y cultural en psicoanálisis*, Madrid, Ágora Relacional, 2013.

BACHELARD, G., *El agua y los sueños*, México, Fondo de Cultura Económica, 1978. Traducción de Ida Vitale.

BADIOU, A., *Que pense le poème?*, París, Nous, 2016.

BALTUSSEN, H., «A grief observed: Cicero on remembering Tullia», en *Mortality*, vol. 14, n.º 4, noviembre 2009, págs. 355-369.

— (ed.), *Greek and Roman Consolations. Eight Studies of a Tradition and its Afterlife*, Swansea, Classical Press of Wales, 2013.

BÉGUIN, A., *El alma romántica y el sueño*, Madrid, Fondo de Cultura Económica, 1993. Traducción de Mario Monteforte Toledo.

BERGMAN, I., *Cuaderno de trabajo (1955-1974)*, Madrid, Nórdica libros, 2018. Traducción de Carmen Montes.

BERNABÉ PAJARES, A., *La voz de Orfeo. Religión y poesía,* Córdoba, Editorial Universidad de Córdoba, 2019.

BERNABÉ PAJARES, A. (ed.), *Himnos homéricos*, Madrid, Gredos, 1988. Traducción de Alberto Bernabé Pajares.

BESANÇON, A., *La imagen prohibida. Una historia intelectual de la iconoclastia*, Madrid, Siruela, 2003. Traducción de Encarna Castejón.

BIONDI, G. G., «Il Carme 101 di Catullo», en *L&S*, vol. 11, 1976, págs. 409-425.

BLUMENBERG, H., *Descripción del ser humano*. Buenos Aires: Fondo de Cultura Económica, 2010. Traducción de Griselda Mársico.

BOWLBY, J., *La pérdida*, Barcelona, Paidós, 2016. Traducción de Alfredo Báez.

BORREGO GALLARDO, F. L., *Las escenas de amamantamiento en los complejos funerarios regios del Reino Antiguo. Una aproximación semiológica*, Madrid, Asociación Española de Egiptología, 2011.

BOTTÉRO, J. (ed.), *La epopeya de Gilgamesh*, Madrid, Akal, 2004. Traducción de Pedro López Barja de Quiroga desde la traducción francesa de Bottéro.

BURKERT, W., *Homo necans. Interpretaciones de ritos sacrificiales y mitos de la antigua Grecia*, Barcelona, Acantilado, 2013. Traducción de Marc Jiménez Buzzi.

CALAME, C., *Eros en la Antigua Grecia*, Madrid, Akal, 2002. Traducción de Estrella Pérez Rodríguez.

CALERO, L., *La voz y el canto en la Antigua Grecia*, Madrid, Universidad Autónoma de Madrid, 2016. Tesis doctoral. Disponible en: https://repositorio.uam.es/handle/10486/676433

CALERO, L., «El treno en el contexto heroico de la antigua Grecia: identidad de género y etnomusicología», en: *Forum classicorum: perspectivas y avances sobre el Mundo Clásico*, vol. 1, 2021, págs. 519-526.

CALÍMACO, *Himnos y Epigramas*, Madrid, Akal, 1999. Edición y traducción de Jordi Redondo.

—, *Epigramas*, en: Suplemento de *Estudios Clásicos*, tomo 19, n.º 74-76, págs. 1.000-1.021, 1975. Edición de Luis Alberto de Cuenca.

Canetti, E., *El juego de ojos*, Barcelona, DeBolsillo, 2022. Traducción de Andrés Sánchez Pascual.

—, *El libro contra la muerte*, Barcelona, Galaxia Gutenberg, 2017. Traducción de Juan José del Solar y Adan Kovacsics.

Carrasco-Conde, A., «El videoincordio: medidas para remediar, medidas para envenenar», *La Marea*, 2 de octubre de 2020. Disponible en: https://www.lamarea.com/2020/10/02/el-videoincordio-medidas-para-remediar-medidas-para-envenenar/

Carson, A., *Economy of the Unlost*, Nueva Jersey, Princeton University Press, 1999 [Anne Carson, *Economía de lo que no se pierde. Leyendo a Simónides de Ceos con Paul Celan*, Madrid, Vaso Roto, 2020. Traducción de Jeannette L. Clariond].

—, *Si no, el invierno. Fragmentos de Safo*, Madrid, Vaso Roto, 2019. Edición trilingüe de Anne Carson y Aurora Luque.

—, *Autobiografía de Rojo. Una novela en verso*, Valencia, Pre-Textos, 2016. Edición bilingüe de Jordi Doce.

—, *Nox*, Nueva York, New Directions, 2010 [Anne Carson, *Nox*, Madrid, Vaso Roto, 2018. Traducción de Jeannette L. Clariond].

—, *Hombres en sus horas libres*, Valencia, Pre-Textos, 2007. Traducción de Jordi Doce.

—, *Eros. The bittersweet. An essay*, Nueva Jersey, Princeton University Press, 1988 [Anne Carson, *Eros. Poética del deseo*, Madrid, Dioptrías, 2015. Traducción de Inmaculada C. Pérez Parra].

—, «La palabra, un cianotipo», entrevista a Anne Carson por Diana Torres, *Elipsis*, n.º 6, 2021. Disponible en: https://www.elipsis.ec/dialogos-entrevistas/la-palabra-un-cianotipo

CASCÓN DORADO, A., «El amor de Catulo y Lesbia en tres novelas modernas», en *Universidad de La Habana*, n.º 282, 2016, págs. 117-12.

CATULO, *Poesías*, Madrid, Alianza, 2021. Edición y traducción de Antonio Ramírez de Verger.

CASABLANCAS, B., *Paisajes del Romanticismo musical. Soledad y desarraigo, noche y ensueño, quietud y éxtasis. Del estancamiento clásico a la plenitud romántica*, Barcelona, Galaxia Gutenberg, 2020.

CAVAFIS, C, *Poesía completa*, Madrid, Alianza, 2007. Edición y traducción de Pedro Bádenas de la Peña.

CELAN, P., *Obras completas*, Madrid, Trotta, 2020. Traducción de José Luis Reina Palazón.

CICERÓN, *Cicero on the Emotions: Tusculan Disputations 3 and 4*, Chicago, University of Chicago Press, 2002. Edición y traducción de Margaret Graver.

—, *Cartas II. Cartas a Ático (Cartas 162-426)*, Madrid, Gredos. Edición y traducción de Miguel Rodríguez-Pantoja Márquez.

—, *Las leyes*, Madrid, Gredos, 2009. Edición y traducción de Carmen Teresa Pabón de Acuña.

—, *Tusculanas*, Madrid, Alianza, 2010. Edición y traducción de Antonio López Fonseca.

CIORAN, E., *Desgarradura*, Barcelona, Tusquets, 2004. Traducción de Amelia Gamoneda.

CHACÓN, I., *Alas*, Alicante, Editorial Mankell, 2023.

CHANTRAINE, P., *Dictionnaire étymologique de la langue grecque. Histoire des mots*, 4 vols., París, Éditions Klincksieck, 1968-1980.

CHRISTENSEN, I., *El valle de las mariposas*, Madrid, Sexto Piso, 2020. Traducción de Daniel Sancosmed Masiá.

COLANGELO, E., *Éros cosmète et ses noms. Ordres et parures, beautés et chants en Grèce ancienne*, Université de Paris, Università degli studi, Pisa, 2020. Tesis doctoral.

COMOTTI, G., *La música en la cultura griega y romana*, Madrid, Turner, 1986. Traducción de Rubén Fernández Piccardo.

CORBEILL, A., *Nature Embodied. Gesture in Ancient Rome*, Princeton, Princeton University Press, 2004.

CORTÉS GABAUDÁN, H., «Introducción: El Archipiélago. Versos para un mar con destino histórico», en Hölderlin, F., *Der Archipelagus*, Madrid, La Oficina de Arte y Ediciones, 2011. Edición bilingüe de Helena Cortés Gabaudán.

CSAPO, E., «The Politics of the New Music», en Murray, P. y Wilson, P. (eds.), *Music and the Muses. The Culture of Mousike in the Classical Athenian City*, Oxford, Oxford University Press, 2004, págs. 207-248.

DAVID-MÉNARD, M., *La vie sociale des choses. L'animisme et les objets*, Burdeos, Le Bord de l'eau, 2020.

DE BEAUVOIR, S., *Una muerte muy dulce*, Barcelona, Edhasa, 2003. Traducción de María Elena Santillán.

DE LA VILLE DE MIRMONT, H., «La Nenia», en *Études sur l'Ancienne Poésie Latine*, París, Albert Fontemoing, 1903, págs. 359-406.

DEL BARRIO VEGA, M.L. (ed.), *Epigramas funerarios griegos*, Madrid, Gredos, 1992.

DEL MOLINO, S., *La hora violeta*, Barcelona, DeBolsillo, 2021.

DELEUZE, G., *Nietzsche et la philosophie*, París, Presses Universitaires de France, 1999 [G. Deleuze, *Nietzsche y la filosofía*, Barcelona, Anagrama, 2013. Traducción de Carmen Artal Rodríguez].

DELEUZE, G. y GUATTARI, F., *Capitalisme et schizophrénie 2: Mille Plateaux*, París, Les Éditions de Minuit, 1980 [G. Deleuze y F. Guattari, *Mil mesetas. Capitalismo y esquizofrenia*, Valencia, Pre-Textos, 2015. Traducción de José Vázquez Pérez].

DELIBES, M., *Cinco horas con Mario*, Barcelona, Planeta, 2018.

DERRIDA, J., *La diseminación*, Madrid, Editorial Fundamentos, 2007. Traducción de José Martín Arancibia.

DÍAZ FACIO LINCE, V. E., *La escritura del duelo*, Bogotá, Ediciones Uniandes y Universidad Eafit, 2019.

DIDION, J., *Noches azules*, Barcelona, Penguin Random House, 2019. Traducción de Javier Calvo.

—, *El año del pensamiento mágico*, Barcelona, Penguin Random House, 2021. Traducción de Javier Calvo.

DIÓGENES LAERCIO, *Vidas y opiniones de los filósofos ilustres*, Madrid, Alianza, 2016. Edición y traducción de Carlos García Gual.

DUTSCH, D., «*Nenia*: Gender, Genre, and Lament in Ancient Rome», en Sue, A. (ed.), *Lament: Studies in the Ancient Mediterranean and Beyond*, Nueva York, Oxford University Press, 2008, págs. 258-279.

DUQUE, F., *El cofre de la nada. Deriva del nihilismo en la modernidad*, Madrid, Abada, 2006.

ENGEL, G. L., *Psychological Development in Health and Disease*, Philadelphia, Saunders, 1963.

EPICURO, *Filosofía para la felicidad*, Madrid, Errata Naturae, 2013. Traducción de Carlos García Gual.

ESQUILO, *Tragoediae*, Londres, Oxford Classical Texts, 1966. [*Tragedias*, Madrid, Gredos, 2000. Edición y traducción de Bernardo Perea Morales; *Tragedias II*, Madrid, CSIC, 1999. Edición y traducción de Mercedes Vílchez].

EURÍPIDES, *Tragedias I*, Madrid, Gredos, 2000. Edición y traducción de Alberto Medina González y Juan Antonio López Férez.

FELDHERR, A., «*Non inter nota sepulcra*: Catullus 101 and Roman Funerary Ritual», en *Classical Antiquity*, vol. 19, n.º 2, octubre 2000, págs. 209-231.

FERNÁNDEZ CORTE, J. C., «Catulo en Horacio», en Cortés, R. y Fernández Corte, J. C. (eds.), *Bimilenario de Horacio*, Salamanca, Universidad de Salamanca, 1994, págs. 39-64.

FERNÁNDEZ FERNÁNDEZ, A., «La ἴυγξ mediadora: ornitología, magia amorosa, mitología y teología caldaico-neoplatónica», en *Cuadernos de Filología Clásica. Estudios griegos e indoeuropeos*, vol. 25, 2015, págs. 223-271. Disponible en: http://dx.doi.org/10.5209/rev_CFCG.2015.v25.48488

FERRER, A., *Hölderlin*, Madrid, Síntesis, 2004.

FLORENSKI, P., *El iconostasio. Una teoría de la estética*, Salamanca, Sígueme, 2018. Traducción de Natalia Timoshenko Kuznetsova.

FOESSEL, M., *El tiempo de la consolación*, Valencia, Pre-Textos, 2022. Traducción de Daniel Rudy Hiller.

FREUD, S., *Tótem y tabú*, Madrid, Alianza, 2013. Traducción de Luis López-Ballesteros y de Torres.

—, *El malestar en la cultura*, Madrid, Alianza, 2014. Traducción de Luis López-Ballesteros y de Torres.

—, «El yo y el ello», en *Obras completas. Vol. XIX*, Buenos Aires/Madrid, Amorrortu, 2018, págs. 1-66. Traducción de José L. Etcheverry.

—, «Duelo y melancolía», en *Obras completas. Vol. XIV*, Buenos Aires/Madrid, Amorrortu, 2020, págs. 235-255. Traducción de José L. Etcheverry.

—, «La transitoriedad», en *Obras completas. Vol. XIV*, Buenos Aires/Madrid, Amorrortu, 2020, págs. 305-311. Traducción de José L. Etcheverry.

—, *Más allá del principio del placer*, Madrid, Akal, 2020b. Traducción de Joaquín Chamorro Mielke.

FROMM, E., *El arte de amar*, Barcelona, Paidós, 1992. Traducción de Noemí Rosenblatt.

FUBINI, E., *La estética musical desde la Antigüedad hasta el siglo XX*, Madrid, Alianza, 2005. Edición y traducción de Carlos Guillermo Pérez de Aranda.

GABILONDO, A., *Mortal de necesidad. La filosofía, la salud y la muerte*, Madrid, Abada, 2004.

GALÁN, L., «Introducción», en Catulo, *Poesía completa*, Buenos Aires, Colihue, 2013. Edición bilingüe de Lía Galán.

GARCÍA GUAL, C., *Epicuro*, Madrid, Alianza, 2022.

— (ed.) *Antología de la poesía lírica griega (siglos VII-IV a. C.)*, Madrid, Alianza, 2020.

— y HERNÁNDEZ DE LA FUENTE, D., *El mito de Orfeo. Estudio y tradición poética*, Madrid, Fondo de Cultura Económica, 2015.

GARCÍA-HERNÁNDEZ, B., «El origen de la reduplicación en *nēnia* y *lalla*; y de la geminación en *amma* (> *mamma*)», en *Revue de Linguistique Latine du Centre Latine du Centre Alfred Ernout* (De Lingua Latin), n.º 21, 2021, págs. 1-27.

GEORGE, A. R., *The Babylonian Gilgamesh Epic: Introduction, Critical Edition and Cuneiform Texts*, vol. I, Oxford, Oxford University Press, 2003 [A. George, *La epopeya de Gilgamesh*, Barcelona, DeBolsillo, 2008. Traducción de Fabián Chueca Crespo].

Geertz, C., *La interpretación de las culturas*, Barcelona, Gedisa, 2011. Traducción de Alberto L. Bixio.

Goethe, J. W., *Elegías romanas*, Madrid, Machado Libros, 2005. Edición y traducción de Salvador Mas.

González González, M., *Creencias y rituales funerarios. El Más Allá en la Grecia Antigua*, Madrid, Síntesis, 2018.

González Zymla, H., «La iconografía de Thanatos, el dios muerte en el arte griego, y la percepción de lo macabro desde la sensibilidad clásica», en *Eikón / Imago*, vol. 10, n.º 1, 2021, págs. 107-128.

Grimal, P., *Diccionario de mitología griega y romana*, Barcelona, Paidós, 2007. Traducción de Francisco Payarols.

Grimes, N., *Brahms's Elegies: The Poetics of Loss in Nineteenth-Century German Culture*, Cambridge, Cambridge University Press, 2019.

Guthke, K. S., *The Gender of Death: A Cultural History in Art and Literature*, Nueva York, Cambridge University Press, 2009.

Habinek, T., *The World of Roman Song. From Ritualized Speech to Social Order*, Baltimore, The Johns Hopkins University Press, 2005.

Harnoncourt, N., *La música como discurso sonoro. Hacia una nueva comprensión de la música*, Barcelona, Acantilado, 2006. Traducción de Juan Luis Milán.

Hegel, G. W. F., *Fenomenología del espíritu*, Madrid, Abada, 2010. Edición bilingüe de Antonio Gómez Ramos.

Heidegger, M., «La cosa», en *Conferencias y artículos*, Barcelona, Ediciones del Serbal, 1994. Traducción Eustaquio Barjau.

—, *Arte y poesía*, Madrid, Fondo de Cultura Económica, 1999. Traducción y prólogo de Samuel Ramos.

—, *Sein und Zeit*, Tubinga, Max Niemeyer Verlag, 2001 [M. Heidegger, *El ser y el tiempo*, Madrid, Fondo de Cultura Económica, 2000. Traducción de José Gaos].

—, «¿Qué es metafísica?», en Heidegger, M., *Hitos*, Madrid, Alianza, 2001, págs. 93-108. Traducción de Helena Cortés Gabaudán y Arturo Leyte Coello.

—, *Aclaraciones a la poesía de Hölderlin*, Madrid, Alianza, 2005. Traducción de Helena Cortés Gabaudán y Arturo Leyte Coello.

HELLER, J. L., «Festus on Nenia», en *Transactions and Proceedings of the American Philological Association*, vol. 70, 1939, págs. 357-367.

—, «Nenia 'παίγνιον'», en *Transactions and Proceedings of the American Philological Association*, vol. 74, 1943, págs. 215-268.

HERDER, J. G., *Ensayo sobre el origen del lenguaje*, Oviedo, KRK Ediciones, 2022. Edición y traducción de Pedro Ribas Ribas.

HERTZ, R., *La muerte y la mano derecha*, Madrid, Alianza, 1990. Edición y traducción de Rogelio Rubio Hernández.

HESÍODO, *Obras: Teogonía; Trabajos y días; Escudo*, Madrid, Consejo Superior de Investigaciones Científicas, 2014. Edición y traducción de José Antonio Fernández Delgado.

—, *Obras y fragmentos*, Madrid, Gredos, 2000. Edición y traducción de Aurelio Pérez Jiménez y Alfonso Martínez Díez.

HIPONA, A. de, *Confesiones*, Madrid, Espasa-Calpe, 1973. Traducción de Eugenio Ceballos.

HÖLDERLIN, F., *Der Archipelagus*, Madrid, La Oficina de Arte y Ediciones, 2011. Edición bilingüe de Helena Cortés Gabaudán, con epílogo de Arturo Leyte.

—, *Poesía esencial*, Madrid, La Oficina de Arte y Ediciones, 2017. Edición y traducción de Helena Cortés Gabaudán.

—, *Sämtliche Werke und Briefe. Vol. I*, Múnich, Carl Hanser, 2019. Edición de Michael Knaupp.

—, *Pan y vino*, Madrid, Abada, 2022. Edición bilingüe de Félix Duque.

HOMERO, *Odisea. Vol. I* (Cantos I-IV), Madrid, Consejo Superior de Investigaciones Científicas, 2022. Edición de Mariano Valverde Sánchez y traducción de José García López.

—, *Odisea*, Madrid, Gredos, 2000. Traducción de José Manuel Pabón.

—, *Ilíada. Vol. III (Cantos X-XVII)*, Madrid, Consejo Superior de Investigaciones Científicas, 2013a. Edición bilingüe de Luis M. Macía Aparicio.

—, *Ilíada. Vol. IV (Cantos XVIII-XXIV)*, Madrid, Consejo Superior de Investigaciones Científicas, 2013b. Edición bilingüe de Luis M. Macía Aparicio y Jesús de la Villa.

—, *Ilíada. Vol. I (Cantos I-III)*, Madrid, Consejo Superior de Investigaciones Científicas, 2014, Edición bilingüe de José García Blanco y Luis M. Macía Aparicio.

—, *Ilíada. Vol. II (Cantos IV-IX)*, Madrid, Consejo Superior de Investigaciones Científicas, 2019. Edición bilingüe de José García Blanco y Luis M. Macía Aparicio.

HORACIO, *Q Horati Flacci Opera*, Londres, Oxford Classical Texts, 1967. Edición de H. W. Garrod.

—, *Sátiras, Epístolas, Arte Poética*, Madrid, Gredos, 2019a. Edición y traducción de José Luis Moralejo.

—, *Odas, Canto secular, Epodos*, Madrid, Gredos, 2019b. Edición y traducción de José Luis Moralejo.

HORVILLEUR, D., *Vivir con nuestros muertos*, Barcelona, Libros del Asteroide, 2022. Traducción de Regina López Muñoz.

IBÁÑEZ FANÉS, J., *Morir o no morir. Un dilema moderno*, Barcelona, Anagrama, 2020.

JANKÉLÉVITCH, V., *La muerte*, Valencia, Pre-Textos, 2009. Traducción de Manuel Arranz.

JASPERS, K., *Filosofía. Vol. II*, Madrid, Revista de Occidente / Universidad de Puerto Rico, 1958. Traducción de Fernando Vela.

JESI, F., *Literatura y mito*, Barcelona, Barral Editores, 1972. Traducción de Antonio Pigrau.

JOHNSON, M., «Catullus' Fantastical Memories – Poem 68 and Writing Trauma», en *Antichthon*, n.º 55, 2021, págs. 136-154.

KARANIKA, A., *Voices at Work: Women, Performance, and Labor in Ancient Greece*, Baltimore, Johns Hopkins University Press, 2014.

KEATS, J., *Poesía completa*, Madrid, Berenice, 2022. Edición bilingüe de José Luis Rey.

KERÉNYI, K., *La religión antigua*, Barcelona, Herder, 1999. Traducción de Adan Kovacsics y Mario León.

KOJÈVE, A., *Dialéctica de lo real y la idea de la muerte en Hegel*, Buenos Aires, Leviatán, 2010. Traducción de Juan José Sebreli.

KOUSOULINI, V., «A satyric lullaby in Aeschylus' "Net-Haulers" (fr. 47a Radt)?», en *Euphrosyne: Revista de filología clássica*, n.º 43, 2015, págs. 9-22.

KRISTEVA, J., *El lenguaje, ese desconocido. Introducción a la lingüística*, Madrid, Fundamentos, 1999. Traducción de María Antoranz.

—, *Sol negro. Depresión y melancolía*, Girona, WunderKammer, 2017. Traducción de Mariela Sánchez Urdaneta.

LAÍN ENTRALGO, P., *La curación por la palabra en la Antigüedad Clásica*, Madrid, Revista de Occidente, 1958.

LEADER, D., *La moda negra. Duelo, melancolía y depresión*, Madrid, Sexto Piso, 2011. Traducción de Elisa Corona Aguilar.

LESKY, A., *Historia de la literatura griega*, Madrid, Gredos, 1976. Traducción de José María Díaz Regañón y Beatriz Romero.

LÉVINAS, E., *Ética e infinito*, Madrid, Machado Libros, 2000. Edición y traducción de Jesús María Ayuso Díez.

—, *Dios, la muerte y el tiempo*, Madrid, Cátedra, 2005. Traducción de María Luisa Rodríguez Tapia.

—, *Totalité et infini. Essai sur l'extériorité*, París, Kluwer Academic, 2001 [E. Lévinas, *Totalidad e infinito. Ensayo sobre la exterioridad*, Salamanca, Ediciones Sígueme, 2020. Edición y traducción de Miguel García-Baró López].

LEWIS, C. S., *Una pena en observación*, Barcelona, Anagrama, 2022. Traducción de Carmen Martín Gaite.

LIDDELL, H. G. y SCOTT, R., *Greek-English Lexicon*, Oxford, Simon Wallenberg Press, 2007.

LIVERANI, M., *El antiguo Oriente. Historia, sociedad y economía*, Barcelona, Crítica, 2019. Traducción de Juan Vivanco. Revisión de Joaquín María Córdoba.

LONGINO, *Acerca de lo sublime*, Madrid, Alianza, 2022. Traducción de Haris Papoulias.

LÓPEZ DE MUNAIN, G., *Máscaras mortuorias. Historia del rostro ante la muerte*, Vitoria-Gasteiz, Sans Soleil ediciones, 2018.

LUCA, R., *Labirinti dell'Eros. Da Omero a Platone*, Venecia, Marsilio Editori, 2017.

LUCRECIO, *La naturaleza*, Madrid, Gredos, 2010. Edición y traducción de Francisco Socas Gavilán.

Luque Moreno, J., *El dístico elegíaco. Lecciones de métrica latina*, Madrid, Ediciones Clásicas, 1994.

Luque, A. (ed.), *Grecorromanas. Lírica superviviente de la Antigüedad clásica*, Barcelona, Austral, 2021.

Malinowski, B., *Coral Gardens and Their Magic*, Londres, Routledge, 1935.

Marcel, G., *Homo viator*, Salamanca, Ediciones Sígueme, 2005. Traducción de María José de Torres.

Marco Aurelio, *Meditaciones*, Madrid, Gredos, 2011. Introducción de Carlos García Gual y traducción de Ramón Bach Pellicer.

Martínez Ruiz, R., *Eros. Más allá de la pulsión de muerte*, Ciudad de México, Siglo XXI Editores, 2018.

Mas, S., *Pensamiento romano. Una historia de la filosofía en Roma*, Valencia, Tirant Lo Blanch, 2006.

Mèlich, J. C., *La fragilidad del mundo. Ensayo sobre un tiempo precario*, Barcelona, Tusquets, 2021.

Mendelssohn, M., *Fedón o Sobre la inmortalidad del alma*, Valencia, MuVIM, 2006. Introducción y traducción de Josep Monter.

Messina, L. I., *Las palabras que confiamos al viento*, Barcelona, Salamandra, 2022. Traducción de Irene Oliva Luque.

Míguez Barciela, A., *La visión de la Odisea*, Madrid, La Oficina de Arte y Ediciones, 2014.

—, *Mortal y fúnebre. Leer la Ilíada*, Madrid, Dioptrías, 2016.

—, *El llanto y la pólis*, Madrid, La Oficina de Arte y Ediciones, 2019.

Miller, A., *Las brujas de Salem y El crisol*, Barcelona, Tusquets, 2013. Traducción de José Luis López Muñoz.

Mitre, E. *Morir en la Edad Media. Los hechos y los sentimientos*, Madrid, Cátedra, 2019.

MOMMSEN, T., *Historia de Roma. Desde la fundación de Roma hasta la reunión de los estados itálicos. Vol. I*, Madrid, Turner, 2022a. Traducción original de 1876 de A. García Moreno revisada por Luis Alberto Romero.

—, *Historia de Roma. Desde la reunión de Italia hasta la sumisión de Cartago y de Grecia. Vol. II*, Madrid, Turner, 2022b. Traducción original de 1876 de A. García Moreno revisada por Luis Alberto Romero.

—, *Historia de Roma. La revolución. Vol. III*, Madrid, Turner, 2022c. Traducción original de 1876 de A. García Moreno revisada por Luis Alberto Romero.

—, *Historia de Roma. Fundación de la monarquía militar. Vol. IV*, Madrid, Turner, 2022d. Traducción original de 1876 de A. García Moreno revisada por Luis Alberto Romero.

MONTAIGNE, *Ensayos*, Barcelona, Galaxia Gutenberg, 2021. Edición bilingüe y traducción de Javier Yagüe Bosch.

MONTALBETTI, M., *El más crudo invierno. Notas a un poema de Blanca Varela*, Lima, Fondo de Cultura Económica, 2016.

—, *El pensamiento del poema. Variaciones sobre un tema de Badiou*, Barcelona, Kriller71 Ediciones, 2020.

MORAN, W. L., «Rilke and the Gilgamesh Epic», en *Journal of Cuneiform Studies*, vol. 32, n.º 4, 1980, págs. 208-210.

MORRIS, I., *Burial and Ancient Society: The Rise of the Greek City-State*, Nueva York, Cambridge University Press, 1989.

MOUTSOPOULOS, E. A., «Musique et musicalité dans les Oracles chaldaïques», en *Kernos*, 3, 1990, págs. 281-293.

—, *La musique dans l'Oeuvre de Platon*, París, Presses Universitaires de France, 1959.

MOZART, *Cartas al padre*, Barcelona, Ken, 2012. Traducción de Miguel Sáenz.

MÜLLER, G. M. y ZINI, F. M. (eds.), *Philosophie in Rom - Römische Philosophie? Kultur-, literatur- und philosophiegeschichtliche Perspektiven*, Berlín/Boston, De Gruyter, 2018.

MUÑOZ GARCÍA DE ITURROSPE, M., «Los poetas latinos en *The Waves* de Virginia Woolf: autoridad y rechazo», en *Cuadernos de filología clásica. Estudios latinos*, vol. 25, n.º 2, 2005, págs. 141-171.

—, «Frater, ave atque vale (Catull. 101.10). Fortuna literaria de una fórmula epigráfica», en *Studia philologica valentina*, vol. 13, 2011, págs. 159-179.

MÜLBERGER, A. (ed.), *Los límites de la ciencia. Espiritismo, hipnotismo y el estudio de los fenómenos paranormales (1850-1930)*, Madrid, Consejo Superior de Investigaciones Científicas, 2016.

NIETZSCHE, F., *El nacimiento de la tragedia*, Madrid, Alianza, 1997. Traducción de Andrés Sánchez Pascual.

NUSSBAUM, M. C., *La terapia del deseo. Teoría y práctica de la ética helenística*, Barcelona, Paidós, 2015.

OCHS, D. J., *Consolatory Rhetoric. Grief, Symbol, and Ritual in the Greco-Roman Era*, Columbia, University of South Carolina Press, 1993.

OLIENSIS, E., *Freud's Rome. Psychoanalysis and Latin Poetry*, Cambridge, Cambridge University Press, 2009.

OVIDIO, *Fastos*, Madrid, Gredos, 2001. Edición y traducción de Bartolomé Segura Ramos.

—, *Tristezas*, Madrid, Consejo Superior de Investigaciones Científicas, 2005. Edición bilingüe de Eulogio Baeza Angulo.

—, *Metamorfosis. VI-X*, Madrid, Gredos, 2019. Traducción de José Carlos Fernández Corte y Josefa Cantó Llorca.

—, *Metamorfosis. XI-XV*, Madrid, Gredos, 2020. Traducción de José Carlos Fernández Corte y Josefa Cantó Llorca.

PARMÉNIDES, *Poema. Fragmentos y tradición textual*, Madrid, Akal, 2007. Edición bilingüe de Alberto Bernabé, con introducción de Jorge Pérez de Tudela.

PAVESE, C., *Diálogos con Leucó*, Madrid, Altamarea, 2019. Edición y traducción de Carlos Clavería Laguarda.

PENNER, E., *Character and Mourning: Woolf, Faulkner, and the Novel Elegy of the First World War*, Charlottesville, University of Virginia Press, 2019.

PESTANO FARIÑA, R., «La elegía latina. Origen y caracterización», en *Revista de Filología*, n.º 23, 2005, págs. 231-246.

PLATÓN, *Platonis Opera. Tomus I*, Londres: Oxford Classical Texts, 1967. Edición de Ioannes Burnet.

—, *Platonis Opera. Tomus II*, Londres: Oxford Classical Texts, 1967b. Edición de Ioannes Burnet.

—, *Platonis Opera. Tomus IV*, Londres: Oxford Classical Texts, 1962. Edición de Ioannes Burnet.

—, *Diálogos I*, Madrid, Gredos, 2000a. Edición y traducción de J. Calonge Ruiz, E. Lledó Íñigo y C. García Gual.

—, *Diálogos II*, Madrid, Gredos, 2000b. Edición y traducción de C. García Gual, M. Martínez Hernández y E. Lledó Íñigo.

—, *Diálogos III*, Madrid, Gredos, 2000c. Edición y traducción de C. García Gual, M. Martínez Hernández y E. Lledó Íñigo.

—, *Diálogos IV*, Madrid, Gredos, 2000d. Edición y traducción de Conrado Eggers Lan.

—, *Diálogos V*, Madrid, Gredos, 2000e. Traducción de María Isabel Santa Cruz, Álvaro Vallejo Campos y Néstor Luis Cordero.

—, *Diálogos VI*, Madrid, Gredos, 2000f. Traducción de María Ángeles Durán y Francisco Lisi.

—, *Diálogos VII*, Madrid, Gredos, 2022. Traducciones de Juan Zaragoza y Pilar Gómez Cardó.

—, *Diálogos IX. Leyes (Libros VII-XII)*, Madrid, Gredos, 1999. Traducción de Francisco Lisi.

PLUTARCO, «Sobre la música», en *Obras morales y de costumbres*, Madrid, Akal, 1987. Edición de Manuela García Valdés.

—, «Escrito de consolación a Apolonio», en *Obras morales y de costumbres (Moralia). Vol. II*, Madrid, Gredos, 1986. Edición y traducción de Concepción Morales Otal y José García López.

—, «Escrito de consolación a su mujer», en *Obras morales y de costumbres (Moralia)*. Vol. VIII, Madrid, Gredos, 2008. Edición y traducción de Rosa María Aguilar.

POLIBIO, *Historias. Libros V-XV*, Madrid, Gredos, 1981. Edición y traducción de Manuel Balasch Recort.

POLLARD, J., *Birds in Greek Life and Myth*, Londres, Thames and Hudson, 1977.

PRAZ, M., *La carne, la muerte y el diablo en la literatura romántica*, Barcelona, Acantilado, 1999. Traducción de Rubén Mettini.

PRESCENDI, F., «Le deuil à Rome: mise en scène d'une émotion», en *Revue de l'histoire des religions*, n.º 2, 2008, págs. 297-313.

PSEUDO DIONISIO AREOPAGITA, *Obras completas*, Madrid, Biblioteca de Autores Cristianos, 1995. Edición de Teodoro H. Martín, traducción de Hipólito Cid Blanco y Teodoro H. Martín.

QUESNAY, I. du y WOODMAN, T., *Catullus. Poems, books, readers*, Cambridge, Cambridge University Press, 2017.

REALE, G., *Eros, demonio mediador. El juego de las máscaras en el* Banquete *de Platón*, Barcelona, Herder, 2004. Traducción de Rosa Rius y Pere Salvat.

REQUENA JIMÉNEZ, M., *Los espacios de la muerte en Roma*, Madrid, Síntesis, 2021.

RILEY, D., *El tiempo vivido, sin su fluir*, Barcelona, Alpha Decay, 2020. Traducción de Núria Molines Galarza.

RILKE, R. M., *Sonetos a Orfeo*, Madrid, Visor, 2018. Edición de Otto Dörr.

RILKE, R. M., *Elegías de Duino*, Madrid, Abada, 2022. Edición bilingüe de Juan Barja.

RODRÍGUEZ ADRADOS, F. (ed.), *Líricos griegos. Elegíacos y yambógrafos arcaicos (Siglos VII-V A. C.). Vol. I*, Madrid, Consejo Superior de Investigaciones Científicas, 1981a. Traducción de Francisco Rodríguez Adrados.

—(ed.), *Líricos griegos. Elegíacos y yambógrafos arcaicos (Siglos VII-V A. C.). Vol. II*, Madrid, Consejo Superior de Investigaciones Científicas, 1981b. Traducción de Francisco Rodríguez Adrados.

RODRÍGUEZ ALONSO, C. y GONZÁLEZ GONZÁLEZ, M. (eds.), *Poemas de amor y muerte en la Antología Palatina*, Madrid, Akal, 1999. Traducción de Cristóbal Rodríguez Alonso y Marta González González.

RODRÍGUEZ LÓPEZ, M. I., «La presencia de la música en los contextos funerarios griegos y etruscos», en *Espacio, Tiempo y Forma. Serie II. Historia Antigua*, Madrid, n.º 23, 2010, págs. 145-175.

Romilly, J. de, *Magie et rhétorique en Grèce ancienne*, París, Les Belles Lettres, 2019. Traducción del inglés de Monique Trédé-Boulmer.

Sabot, A., «L'élégie à Rome: essai de définition du genre», en *Collection de l'Institut des Sciences et Techniques de l'Antiquité*, n.º 273, 1983, págs. 133-143.

Sáinz Bermejo, F., *Winnicott y la perspectiva relacional en el psicoanálisis*, Barcelona, Herder, 2017.

Safranski, R., *Schiller o la invención del idealismo alemán*, Barcelona, Tusquets, 2011. Traducción de Raúl Gabás.

—, *Hölderlin o el fuego divino de la poesía*, Barcelona, Tusquets, 2021. Traducción de Raúl Gabás.

Sánchez Ortiz de Landaluce, M., *Argonáuticas Órficas*, en Montes Cala, J. L., *et al.* (coords.), *Studia Hellenistica Gaditana I*, Cádiz, Universidad de Cádiz, 2005.

—, *Estudios sobre las Argonáuticas Órficas*, Ámsterdam, Adolf M. Hakkert, 1996.

Sartre, J. P., *La náusea*, Madrid, Alianza, 2018. Traducción de Aurora Bernárdez.

Schelling, F. W. J., *Schellings Werke*, vol. 3. Múnich, C. H. Beck / R. Oldenburg, 1927. Edición de Manfred Schröter.

—, *Filosofía del arte*, Madrid, Tecnos, 1999. Edición y traducción de Virginia López-Domínguez.

—, *Investigaciones filosóficas sobre la esencia de la libertad humana y los objetos con ella relacionados*, Barcelona, Anthropos, 2000. Edición bilingüe de Helena Cortés y Arturo Leyte.

—, *Clara. Über den Zusammenhang der Natur mit der Geisterwelt*, Dießen am Ammersee, Dingfelder Verlag, 2004.

—, *Aus Schellings Leben. In Briefen*, vols. I, II y III, Leipzig, Elibron, 2005.

SCHILLER, F., «Nänie», en *Sämtliche Werke*, vol. 1, Múnich, Carl Hanser, 1965 [Friedrich Schiller, *Lírica de pensamiento*, Madrid, Hiperión, 2009. Edición bilingüe de Martín Zubiría].

SCHLESINGER, K., *The Greek Aulos. A Study of its Mechanism and of its Relation to the Modal System of Ancient Greek Music*, Groningen, Bouma's Boekhuis N. V. Publisher, 1970.

SCHOPENHAUER, A., *El mundo como voluntad y representación. Vol. II*, Madrid, Trotta, 2009. Edición y traducción de Pilar López de Santa María.

SCHUBERT, G. H., *El simbolismo del sueño*, Barcelona, MRA, 1999. Traducción de Luis Montiel Llorente.

SEGALEN, V., *En un mundo sonoro. Entrevistas con Debussy*, Segovia, La Uña Rota, 2018. Traducción de Regina López Muñoz y Pablo Moíño Sánchez.

SÉNECA, *Diálogos. Apocolocintosis*, Madrid, Gredos, 1996. Traducción de Juan Mariné Isidro.

—, *Consolaciones*, Madrid, Gredos, 2022. Traducción Juan Mariné Isidro e Ismael Roca Meliá.

SEVERINO, E., *El parricidio fallido*, Barcelona, Destino, 1991. Traducción de Francesca Bassots.

SHAKESPEARE, W., *Hamlet*, Oxford, Oxford University Press, 2008. Edición de G. R. Hibbard [William Shakespeare, *Tragedias. Obra completa 2*, Barcelona, Penguin Clásicos, 2015. Traducción de Andreu Jaume].

SIMMEL, G., *Fragmente und Aufsätze aus dem Nachlass*, Múnich, Drei Masken, 1923.

SLATER, N. W. (ed.), *Voice and voices in Antiquity. Orality and literacy in the Ancient World. Vol. 11*, Boston, Brill, 2016.

Sófocles, «Filoctetes», en *Tragedias*, Madrid, Gredos, 2021. Traducción de Assela Alamillo.

Solana Dueso, J. (ed.), *Los sofistas: testimonios y fragmentos*, Madrid, Alianza Editorial, 2013.

Suetonio, *Vida de los doce césares*, Barcelona, Espasa, 2010. Traducción de Alfonso Cuatrecasas.

Tácito, *Anales*, Madrid, Akal, 2021. Edición y traducción de Beatriz Antón Martínez.

Teócrito, *Bucólicos griegos*, Madrid, Gredos, 1986. Edición y traducción de Manuel García Teijeiro y María Teresa Molinos Tejada.

Thomas, L.-V., *La muerte. Una lectura cultural*, Barcelona, Paidós, 1991. Traducción de Adolfo Negrotto.

Todorov, T., *Vivir solos juntos*, Barcelona, Galaxia Gutenberg, 2011. Traducción de Noemí Sobregués.

Tolstói, L., *La muerte de Iván Ilich. Jadzhí Murat*, Madrid, Alianza, 2021. Edición y traducción de Frances López-Morillas.

Trías, E., *El canto de las sirenas*, Barcelona, Galaxia Gutenberg, 2019.

Umbral, F., *Mortal y rosa*, Barcelona, Planeta, 2022.

Unamuno, M., *Del sentimiento trágico de la vida*, Madrid, Alianza, 1997.

Vallejo, C., *Los heraldos negros*, Madrid, Cátedra, 2018. Edición de René de Costa.

Van Gennep, A., *Los ritos de paso*, Madrid, Alianza, 2008. Traducción de Juan Aranzadi.

Varela, B., «Concierto animal», en *Poesía reunida 1949-2000*, Lima, Casa de Cuervos / Librería Anticuaria, 2016.

Vermeule, E., *La muerte en la poesía y en el arte de Grecia*, México, Fondo de Cultura Económica, 1984. Traducción de José L. Melena.

Vernant, J. P., *La muerte en los ojos. Figuras del Otro en la antigua Grecia*, Barcelona, Gedisa, 2013. Traducción de Daniel Zadunaisky.

—, *Mito y sociedad en la Grecia antigua*, Madrid, Siglo XXI, 2003. Traducción de Cristina Gázquez.

—, *El individuo, la muerte y el amor en la Antigua Grecia*, Barcelona, Paidós, 2001. Traducción de Javier Palacio Tauste.

Vieillard-Baron, J. L., *Platon et l'idéalisme allemand (1770-1830)*, París, Éditions Beauchesne, 1979.

Virgilio, *Eneida*, Madrid, Gredos, 2010. Traducción de Javier de Echave-Sustaeta.

Virgilio, *Bucólicas. Geórgicas*, Madrid, Alianza, 2018. Traducción de Bartolomé Segura Ramos.

Waern, I., «Greek Lullabies», en *Eranos*, n.° 53, 1960, págs. 1-8.

Weil, S., *El amor*, Madrid, Hermida Editores, 2023. Edición y prólogo de Mónica Mesa Fernández. Traducción de José Luis Piquero.

Wohlleben, J., «Ein Gedicht, ein Satz, ein Gedanke - Schiller's "Nänie"» en Deterding, K. (ed.), *Wahrnehmungen im Poetischen All. Festschrift für Alfred Behrmann*, Heidelberg, Winter, 1993, págs. 54-72.

Woolf, V., *The Diary of Virginia Woolf. Vol. 5 (1936-1941)*, Orlando, A Harvest Book, 1985. Edición de Anne Olivier Bell y Andrew McNeillie.

—, *The Diary of Virginia Woolf. Vol. 4 (1931-1935)*, Orlando: A Harvest Book, 1982. Edición de Anne Olivier Bell y Andrew McNeillie.

—, *La señora Dalloway*, Madrid, Unidad Editorial, 1999. Traducción de Andrés Bosch.

— *Al faro*, Madrid, Alianza, 2021. Traducción de José Luis López Muñoz.

— *Las olas*, Barcelona, Edhasa, 2022. Traducción de Dámaso López.

WULF, A., *Magníficos rebeldes. Los primeros románticos y la invención del yo*, Barcelona, Taurus, 2022. Traducción de Abrahan Gragera.

WYSLUCHA, K., «Tibia and Tuba at the Crossroads of Funerary and Nuptial Imagery», en *Greek and Roman Musical Studies*, vol. 6, n.º 1, 2018, págs. 79-95.

ZAINA, E., «Catulo, c. 101 y las formas vacías de la tradición», en *Paideia*, LXXIV, 2019, págs. 395-402.

Filmografía

Alan Ball, *Six Feet Under* [*A dos metros bajo tierra*], 2001-2005. Serie de televisión. Cinco temporadas.

Vincent Batallion y Pina Bausch, *Orphée et Eurydice de Christoph W. Gluck*, 2008. Ballet de la Ópera Nacional de París.

Ingmar Bergman, *Det sjunde inseglet* [*El séptimo sello*], 1957.

Ingmar Bergman, *Smultronstället* [*Fresas salvajes*], 1957.

Matías Bize, *La memoria del agua*, 2015.

Jean Cocteau, *Orphée* [*Orfeo*], 1950.

Isabel Coixet, *Mi vida sin mí*, 2003.

Stephen Daldry, *The Hours* [*Las horas*], 2002.

Alejandro González Iñárritu, *21 Grams* [*21 gramos*], 2003.

Michael Haneke, *Amour* [*Amor*], 2012.

Krzysztof Kieślowski, *Trois couleurs: Bleu* [*Tres colores: Azul*] 1993.

Terrence Malick, *The Tree of Life* [*El árbol de la vida*], 2011.

Nanni Moretti, *La stanza del figlio* [*La habitación del hijo*], 2001.

Thomas Newman, *Meet Joe Black* [*¿Conoces a Joe Black?*], 1998.

Brian Percival, *The Book Thief* [*La ladrona de libros*], 2013.

Yōjirō Takita, *Okuribito* [*Despedidas*], 2008.

VV., *Final Destination* [*Destino final*], 2000-2011.

Agradecimientos

Activo en estas últimas líneas algunos nombres. Y los conjugo con mis verbos y me vinculo a ellos dando cuenta de mis agradecimientos. Hace poco un amigo, Haris Papoulias, me·explicaba que en la poesía griega existe una expresión para describir un tipo específico de «abrazo»: «abrazo del cielo» (*agkálē tou ouranoú*) o «del mar» (*agkálē tēs thalássēs*). Y así pensaba que en cierta medida abrazar implica relacionar lo finito con lo infinito. Puede que aquello cuyos límites no vemos (el cielo o el mar) nos rodee por doquier a nosotros, que somos limitados, pero también en el abrazo que damos se limita lo ilimitado cuando lo rodeamos con nuestros brazos. Por eso podríamos entender que un abrazo es una manera de dar forma a un sentimiento cuyos límites no podemos expresar. El dolor puede no tener medida, como hemos visto en este libro, pero también sucede lo mismo con el amor que nos une a los que queremos. Activo en primer lugar los nombres de aquellos con quienes construyo la vida día a día y vuelvo algo locos con mis escrituras y maneras. Abrazos y agradecimientos quiero dar a Patricia, con quien conjugo mis mejores verbos, a mi hermana Victoria que escuchó algunas de las ideas germinales de este libro mientras deformábamos arcilla y a Rita porque su cariño es mi balsa. No quiero dejar de agradecer a mis estudiantes de «Historia de la Filosofía Antigua» del Doble Grado en C. Políticas y Filosofía de la UCM, que me acompañaran, aun sin saberlo, mientras trabajaba en este libro. Gracias a Luis Calero, de la UAM, por haberme hecho notar, con su propio trabajo, la importancia del canto y la danza en Grecia, y Antonio Cascón, quien me hizo detenerme en el poema 101 de Catulo. Este libro por otro lado, ha recibido el II Premio Eugenio Trías, por lo que agradezco a cada uno de los miembros del jurado, presidido por Victoria Camps e integrado por Marina Garcés, Antonio Monegal, Miguel Trías, Joan Tarrida y David Trías, su lectura y confianza. Dobles gracias doy a Joan Tarrida y sumo a él a Blanca Navarro: publicar en Galaxia Gutenberg es estar en el cielo, entre otras cosas por todo el equipo, maravilloso, que tanto cuidado y tanto tiempo ha invertido para que tengamos este libro entre las manos.

Quedan por conjugar otros verbos que activan los nombres de quienes están en mí de otro modo y son parte de mi vida. Este es el agradecimiento más importante. A ellos, con ellos, para ellos: gracias por esos tiempos, esos días, este presente y lo que me queda por vivir.